사유할수록 깊어지고
넓어지는 문화유산

사유할수록
깊어지고

넓어지는
문화유산

안목

김종수 지음

시간
여행

문화유산은 우리 삶과 영감의
대체할 수 없는 원천이며 휴머니즘, 혁신,
(재난과 질병으로부터 일상으로 되돌아 가게 하는)
회복력의 원천이다.

– 유네스코 '세계유산 의의(意義) 설명문'

치유와 힐링의 문화유산 인문여행

    현대를 살아가는 우리가 과거의 산물인 문화유산을 보존하고 관리하며 계승한다는 것은 무슨 뜻일까? 그것은 유용성이 있기 때문일 것이다. 한마디로 말해, 우리에게 혜택을 준다는 말이다. 문화유산이 어떤 혜택을 준다는 것인가? 그 대답은 유네스코를 통해 들을 수 있다.

    유네스코는 세계유산(world heritage)의 의의를 설명하면서 '유산(heritage)은 우리 삶과 영감의 대체할 수 없는 원천이며, 휴머니즘, 혁신, (재난과 질병으로부터 일상으로 되돌아 가게 하는) 회복력(resiliency)의 원천'이라고 했다. 필자는 유산에 대한 의미를 이보다 더 훌륭하게 설명하는 문구를 찾지 못했다. 이 가운데서 필자의 마음을 사로잡은 단어는 '회복력의 원천'이라는 말이었다. 이를 다른 말로 치환하면, '문화유산이 치유와 힐링의 원천'이 될 수 있다는 말이다. 필자가 이번에 책을 펴낸 동기는 바로 문화유산을 통해 치유와 힐링으로 가는 길을 안내해 주고 싶었기 때문이다. 그래서 안내 글에서 '치유와 힐링의 문화유산 인문여행'이라 한 것이다.

그러면, 질문이 생긴다. 문화유산을 통해 어떻게 치유와 힐링을 얻을 수 있을까? 그것은 문화유산에 대해 교감과 공감을 가져야 한다. 흔히, '아는 만큼 보인다'는 말을 자주 사용한다. 그러나 이는 지식 중심의 문화유산 관점이다. 지식이 많이 축적되어 있다고 해서 반드시 공감과 통찰이 생기지는 않는다. 안목과 통찰을 얻기 위해서는 사유(思惟)가 수반되어야 한다. 그래서 필자는 문화유산을 바라볼 때 '사유할수록 깊어지고 넓어지는 안목(眼目)'이라는 말을 하고 싶다. 사유 없이 지식만 축적하여 문화유산을 본다면 유산에 대한 이해는 될지언정 통찰과 안목은 깊어질 수 없다.

이 책은 문화유산을 인문적으로 풀어낸 것으로 세 개의 범주로 구성되어 있다. 1부는 '달빛에 서린 전설은 천년을 가고'로 정했다. 주로 경주 지역을 중심으로 14편의 신라시대 문화유산과 역사를 다루었다. 필자는 신라의 역사를 생각할 때 유발 하라리가 《사피엔스》에서 한 말이 생각난다. '사피엔스가 세상을 지배하게 된 것은 다수가 유연하게 협동할 수 있는 유일한 동물이기 때문이며, 그것을 가능하게 한 것이 오로지 상상 속에서만 존재하는 것을 믿을 수 있는 독특한 능력 덕분'이라는 것이다. 다시 말하면, 신화와 같은 지어낸 허구가 믿음을 창조하면 의외로 상상의 질서를 낳고 그 질서가 다수의 사람을 단결시키고 협동하여 정치 체제나 국가를 강력하게 만드는데 원동력이 될 수도 있다는 말이다. 좀 복잡한 말 같으나 이 원리를 신라에 적용하면 쉽게 이해가 될 것이다.

잘 알다시피 신라는 한반도 동쪽에 위치한 작은 변방 국가였다. 그런 신라가 고구려와 백제를 통합하여 삼한일통의 대업을 이루었다. 그 원동력과 힘은 어디서 나왔을까 궁금할 것이다. 필자는 그 힘이 신화를 창조하고 이를 효율적으로 잘 활용한 신라의 지도자들 역량에 있었다고 생각한다. 진평왕의 천사옥대나 이차돈의 흰 우윳빛 피, 황룡사 9층 목탑 이야기, 만파식적 설화 등은 모두 신화이다. 그런데 중요한 것은 허구인 신화를 백성들이 믿게끔 유도하여 국민통합을 이뤄낸 당시 지도자들의 혜안과 통찰이다. 이것이 고구려나 백제가 아닌 신라가 삼국을 통일할 수 있었던 힘의 원천이라고 생각한다. 1부에서는 이러한 신라인의 예지와 불심에 녹아 있는 애국심을 들여다보았다.

2부는 '전설과 역사의 변주곡'이란 주제이며, 백제의 유산과 역사에 관한 내용이다. 백제인들은 개방적이어서 일찍부터 중국과 통교하였고 그들의 선진 문화를 받아들여 백제 고유의 미를 창조하였다. 이는 백제금동대향로를 보면 단박에 알 수 있다. 우아하면서도 품격 높은 문화를 이룬 백제이지만 결국 정치적 몰락으로 인해 망국의 이미지가 유산에 덧씌워졌다. 그래서 현존하는 절과 탑, 산성 등의 유적은 화려했던 문화의 표징보다는 우수 혹은 비애의 미라고 평가되기도 한다. 백제의 구도(舊都)였던 공주, 익산, 부여 지역의 유적을 통해 백제인의 개방성과 망국의 프레임을 함께 살펴보았다.

3부는 '그림자도 쉬어가는 식영정 마루에 앉아'라는 주제로 그

시대를 살아간 사람들의 애환과 다양한 삶의 모습들을 담아보았다. 시간 위를 살아가는 사람들의 삶은 예나 지금이나 큰 변화가 없는 것 같다. 다만, 그 시간과 공간이 빚어낸 자연과 인간의 교호가 차이가 있을 뿐이다. 14편의 글을 통해 자신을 성찰하고 반추하며 또한 유산과 교감하고 공감함으로써 이 시대를 살아가는 삶의 지혜와 통찰을 얻을 수 있다면 글쓴이로서는 더할 나위 없는 기쁨일 것이다.

E.H. Carr는 역사를 '현재와 과거와의 부단한 대화'라고 규정한 바 있다. 여기서 중요한 것은 '현재'를 '과거' 앞에 두었다는 사실이다. 현재를 사는 우리가 과거에 살았던 사람들을 만나서 소통하고 대화를 나누기 위해서는 먼저 그들을 불러내야 한다. 그들이 대화에 응할 때까지 꾸준히, 부단하게 시도하여야 그들은 현대로 올 수 있다. 그것을 가능하게 하는 중개자가 바로 문화유산이다.

이 책을 통해 모쪼록 독자들이 치유와 힐링을 느끼는 즐거운 문화유산 인문여행이 되시길 기대해 본다.

2025년 1월 25일
문화유산 인문여행자
김종수

2부

전설과 역사의
변주곡

3부

그림자도 쉬어가는
식영정 마루에 앉아

1부

달빛에 서린 전설은
천년을 가고

그곳은 저절로 허백(虛白)이 생길 만하고 마음을 쉬고
도를 즐길 만한 신령스러운 땅이다.

- 무장사지 아미타불 조상 사적비문

—————————— 01 ——————————

흰 우윳빛 피의 진실,
이차돈의 순교

신라를 불교 국가로 만드는 데 가장 강렬했던 단어, 이차돈의 '흰 우윳빛 피'
때론 신화가 백성의 마음을 하나로 통합하는 원동력이 되기도 한다.

신라 제23대 군주는 법흥왕이다. 법흥(法興)이란 시호에서 보듯
그는 불법을 일으킨 왕이다. 신라는 이때에 이르러 불교가 공인되
었다. 불교 공인에는 한 인물의 멸신(滅身)이 있었다. 삼국사기 신
라본기 법흥왕 15년(528년)의 기록이다.

이차돈이 홀로 말하길 '지금 여러 신하들의 말은 옳지 않습니다. 무릇
비상한 사람이 있은 연후에야 비상한 일이 있는 법이니 들건대 불교
는 그 뜻이 깊다고 하오니 불가불 믿어야 하옵니다.'하였다. 왕이 말
하길 '여러 사람들의 말은 깨뜨릴 수 없고 너만 홀로 다른 말을 하니
양쪽을 다 따를 수는 없다.'하고 마침내 그를 형리에게 내리어 장차
목을 베려 하니 이차돈이 죽음에 임하여 말하길 '나는 불법을 위하여
형을 받음이니 부처께서 만일 신통력이 있다면 내가 죽은 뒤 반드시

이상한 일이 있으리라'라고 하였다. 이윽고 목을 베자 잘린 곳에서 피가 솟구쳤는데 색깔이 우윳빛처럼 희었다. 여러 사람들이 괴이하게 여겨 다시는 불사를 반대하지 아니하였다.(이것은 김대문의 계림잡전에 기록된 것에 의거 썼다.)

위의 삼국사기 기록은 이차돈이 신료들과 다른 의견을 내며 불교의 신봉을 주장하다가 사형을 받는 장면을 기술한 것이다. 사형 장면에서 신이한 현상이 일어났지만, 이차돈이 왜 죽어야 했는지 법흥왕이 이차돈을 죽인 죄명은 무엇인지 알 수가 없다. 왕이 죄 없는 무고한 측근을 신이한 기적이 일어나길 바라는 마음에서 죽였단 말인가? 그런 모험을 위해 사람을 죽일 수는 없었을 것이다. 그 이유는 삼국유사 흥법조와 해동고승전 유통조에 나온다. 정리가 일목요연한 고승전 내용을 인용해 본다.

박염촉(이차돈)은 정직한 사람인데 마음이 진실하고 생각이 깊어서 의로운 것을 보면 용기를 떨쳤다. 그는 왕의 큰 소원을 돕고자 하여 가만히 아뢰었다.

"폐하께서 만약 불교를 일으키고자 하신다면 청하옵건대 신이 거짓으로 왕명이라 하여 유사(有司)에게 전하되 '왕께서 불사를 창건하려 하신다.'라고 하겠습니다. 그렇게 하면 신하들은 반드시 간할 것이니 이때 왕께서는 바로 칙령을 내려 '나는 그런 명령을 내린 일이 없는데 누가 거짓으로 왕명이라 꾸며대었는가?' 라고 하십시오. 그러면 그들은 반드시 신의 죄를 추궁할 것입니다. 그때에 만일 왕께서 그 신하들

의 아룀이 옳다고 하신다면 그들은 복종할 것입니다." 하였다. 왕이
말하기를 "그들은 완고하고 오만하니 비록 그대를 죽인다 한들 어찌
복종하겠는가?"라고 하였다. 염촉이 아뢰기를 "대성(大聖)의 가르침
은 천신이 받드는 바이오니 만약 소신을 베시면 마땅히 천지의 이변
이 있을 것입니다. 과연 이변이 있다면 누가 감히 오만스럽게 거역하
겠습니까?"하였다. 왕이 이르기를 "본래 이로운 것을 일으키고 해로
운 것을 제거하려 하거늘 도리어 충신을 해한다면 어찌 슬픈 일이 아
니겠는가?"하였다. 염촉은 대답하기를 "몸을 희생하여 인(仁)을 이룸
은 신하 된 자의 큰 절개이거늘 하물며 불일이 항상 밝게 빛나고 왕조
의 기초가 더욱 오래감이겠습니까? 신이 죽는 날이 바로 다시 태어나
는 해가 될 것입니다."라고 하였다.

왕은 크게 감탄하고 칭찬하여 말하기를 "그대는 베옷을 입었지만 뜻
은 비단을 품었구나"하며 이에 염촉과 함께 큰 서원을 깊게 맺었다.

위의 법흥왕과 이차돈의 대화를 들어보면 이차돈의 죽음은 사
전에 왕과 이차돈이 합의한 각본이라는 것을 알 수 있다. 이차돈의
공식적인 사형 이유는 '왕명을 사칭해 절을 창건하려 했다.'는 것이
다. 즉 왕명 사칭죄인 것이다. 그것도 귀족들이 반대하는 사찰 건립
을 가짜 왕명으로 건립하려 했다는 것이니 귀족들은 이차돈이 죽
을 죄를 지었다고 여겼을 것이다. 물론 이것은 불교 공인을 위해 자
신의 목숨을 버릴 각오를 한 이차돈의 멸신이고 계책이었다. 왕은
이차돈의 숭고한 뜻을 이해하고 그의 뜻대로 하기로 한 것이다.

마지막 이차돈의 말은 지금 생각해도 가슴 뭉클한 말이다. '신이

죽는 날이 바로 다시 태어나는 해가 될 것입니다.' 이 말은 종교적 신념(신앙)을 위해 목숨을 버리는 순교의 참 의미를 잘 나타내주고 있다. 그런데, 법흥왕은 왜 이차돈을 죽이면서까지 불교를 공인하려고 했을까? 그리고 신료(귀족)들은 왜 그토록 왕의 뜻을 어기면서 사찰 건립과 불교 공인에 반대해야 했을까 하는 점이다.

당시 신라의 사정을 돌아보면, 신라 왕실의 시조인 박혁거세, 김알지, 석탈해 등은 모두 이주민 집단이다. 그들은 신라 땅에 와서 자신들을 천손족 또는 천손족의 후예라고 선전하고 토착민들을 지배하고 있었는데 이는 왕족뿐만 아니라 귀족들도 그리 생각하고 있었다. 귀족들은 왕도 자신들과 같은 천손족일 뿐이며 귀족의 대표자에 불과하다고 여겼던 것이다. 그래서 왕은 귀족들과 차별화되는 더 높은 지위가 필요하다고 생각했다.

불교에서 천신(帝釋天)은 부처의 하위 개념으로 수호신에 불과했다. 만약 왕즉불(王卽佛)이 된다면 이는 천손을 뛰어넘는 우위를 점할 수 있다고 생각했을 것이다. 출가하면 부처이고 출가하지 않으면 전륜성왕이다.

법흥왕은 바로 전륜성왕을 자처하고자 한 것이다. 실제로 법흥왕과 왕후는 출가했다는 기록이 있다.(삼국유사에는 법흥왕의 법명이 법운이고 자는 법공이라 했다.) 법흥왕의 후계자인 진흥왕 부부도 말년에 출가하였고, 그 다음 대인 진평왕은 아예 이름을 백정(白淨, 석가의 부친)이라 하였다. 왕비의 이름을 마야부인(석가의 어머니)이라 하여 신라 왕가와 석가모니의 계보를 일치시키기도 했다. 즉, 신라 왕들은 불법과 왕법을 일치시키고자 했으며 왕이 곧 부처라는 동일화를 지향한 것으로 볼 수 있다.

법흥왕은 귀족들을 누르고 그들과는 차별화되는 신성한 권위를 가진 부처를 지향했던 것이다. 아니나 다를까 귀족들은 불교의 수용을 반대하고 나섰다. 신라의 고유 습속과 맞지 않는다는 것이 그 이유였다. 이제까지 천손족을 자처해온 신라의 지배층이 전통과 맞지 않는 외래 습속을 어찌 받아들일 수 있겠느냐 하는 것이 귀족들의 생각이었다. 특히 절의 건립 장소가 고유 신앙의 성소로 대대로 신성시 되어 온 천경림이었으므로 더욱 반대했다.

그런데 이차돈의 죽음까지는 이차돈과 법흥왕의 밀약에 의해 그대로 실행했다. 그러나 목을 쳤을 때, 흰 우윳빛깔의 피가 솟구친 것은 어떻게 설명할 수 있을 것인가? 이것은 인위로 할 수 없는 일이다. 이것까지 왕과 이차돈은 계산했을까? 본문에 보면 이차돈은 자신이 죽을 때 이적(異蹟)이 생길 것이라고 믿었던 것 같다. 그렇지 않으면 자신은 헛되게 죽는 것이기 때문이다.

이차돈이 순교할 당시 잘린 목에서 흰 우유빛의 피가 솟구쳤다는 일화(色白如乳)는 계림잡전 기록을 인용한 삼국사기와 남간사의 승려 일념(一念)이 지은 《촉향분예불결사문(髑香墳禮佛結社文)》(817~818년 작성)을 인용한 삼국유사 그리고 국사 등 옛 전기를 참고하여 썼다는 각훈의 《해동고승전》에 공통적으로 나오는 대목이다. 아마 이차돈의 순교 일화에서 이 우윳빛 피가 솟구쳤다는 내용이 가장 드라마틱하고 결정적인 내용일 것이다. 만약 이 내용이 없었다면 이차돈의 순교 설화는 무미건조한 스토리에 지나지 않았다.

이 일화는 진짜일까? 종교적 신성함은 동서고금의 역사에서 두루 있는 법이니 그 진위 여부를 가리는 것은 무의미할 수 있다. 다만, 불교경전의 설화(《付法藏因緣傳》권6 師子比丘傳 '卽以利劍 用斬師子 頂中 無血 唯乳流出')에 유사한 내용이 있는 것에 착안하여 후대에 경전의 설화를 가져다가 이차돈의 죽음을 성화(聖化)한 것으로 보기도 한다.

그런데 이차돈의 목을 벨 때 비상한 일이 발생했을 수 있다고 본다. 기록에는 우윳빛 피가 솟구친 것 말고도 그 순간 '햇빛이 어두워지고 하늘에서는 아름다운 꽃비가 내렸으며 땅이 크게 진동하였다'고 나와 있다.

종교적 체험 기록에서 주목되는 것은 이적(異蹟)의 진위보다 당시 사람들이 이를 어떻게 받아들였는가 하는 점이다. 삼국유사의 기록은 드라마틱하다.

"하늘은 사방이 침침해지고 사양(斜陽)이 빛을 감추고, 땅이 진동하면서 꽃비가 내렸다. 성왕(聖人)은 슬퍼하여 눈물이 곤룡포를 적시고 재상은 근심하여 조관에까지 땀이 흘렀다. 샘물이 갑자기 마르매 고기와 자라가 다투어 뛰고 곧은 나무가 먼저 부러지니 원숭이가 떼를 지어 울었다. 춘궁에서 말고삐를 나란히 했던 친구들은 피눈물을 흘리며 서로 돌아보고, 월정(月庭)에서 소매를 맞잡던 친구들은 창자가 끊어지듯 이별을 애석해 하였다. 상여를 바라보며 장송곡을 듣는 이들은 마치 부모를 잃은 듯하였다."

이차돈의 순교가 갖는 역사적 의미는 바로, 이 내용들에 잘 함축되어 있다. 상하가 그의 죽음을 애통해하면서 그 의미를 되새겼으니 이차돈과 법흥왕의 입장에서는 원하던 대로 된 것이다. 이것이 각본에 있었는지는 몰라도 결과적으로 그들이 원하는 것을 성취한

| 백률사 석당기, 높이 106cm 한 면의 넓이 29cm, 국립경주박물관 소장

셈이다.

이차돈의 순교 후, 무슨 일이 있었을까? 삼국유사는 향전의 기록을 인용하여 이차돈의 머리가 날아가서 금강산(경주의 북쪽 교외에 있는 산) 꼭대기에 떨어졌고 그곳에 장사를 지냈으며 나인들이 이를 슬퍼하여 좋은 터를 잡아서 난야 사원을 짓고 이름을 자추사(刺楸寺)라 하였다고 한다. 이때 이차돈의 나이 22세 또는 26세였다. 1910년 경주 소금강산 백률사(栢栗寺) 부근서 뒹굴고 있던 비석 하나가 발견되었다. 백률사지 석당기(石幢記)이다. 그런데 석당기의 비문이 이차돈 순교에 관한 기록이었다.

이 백률사 석당기 또는 이차돈 순교비는 이차돈을 추모하기 위하여 건립한 것으로 삼국유사 염촉멸신(厭髑滅身)조에 의하면, 헌덕왕 9년(817년)에 이차돈의 옛 무덤을 수축하고 비를 세웠다는 기록이 있어 이 비의 건립연대를 추정할 수 있다.(비문 서두에는 원화 10년이라고 나와 헌덕왕 10년, 818년을 건립연대로 보기도 함) 비는 모두 6면으로 구성되어 있는데, 한 면에는 이차돈이 순교할 때 목에서 흰 피가 솟구치고 하늘에서 꽃비가 흩날리는 장면을 묘사하고 있다. 비문의 내용은 삼국유사 내용과 비슷하다. 5면에 글자를 새겼는데 마멸이 심하여 판독할 수 있는 글자가 많지 않다. 근래 비문의 내용을 근거로 이차돈의 무덤을 굴불사지 사면 석불 남쪽 110m 지점에 있는 산등성이 폐고분 건물지로 추정하기도 한다.

신라에서 군주의 칭호로 왕을 칭한 이는 법흥왕이 처음이다. 그만큼 왕권이 강화되었고 위상이 높아진 것이다. 그 배경에는 이차돈의 순교로 인한 불교의 공인이 있었다. 그래서 당시 사람들은

"삼한을 병합하여 하나가 되고 온 세상을 합하여 한 집안을 만들었기에 그 덕명(德名)을 천구(天鉤)의 나무에 새기고 신성한 행적을 은하수 물에 그림자로 남겼으니 어찌 세 성인(아도, 법흥왕, 이차돈)의 위덕으로 이룬 것이 아니랴."라고 생각했다. 훗날 헌덕왕 9년(817년)에 옛 무덤을 수축하고 비석을 세워 기렸는데 백률사 석당기가 바로 그것이다.

이차돈(異次頓)

또는 박염촉이라고도 한다. 신라 법흥왕(514~540) 때 귀족들이 반대하는 사찰 건립공사를 강행하여 이에 대한 책임을 지고 목숨을 바친 법흥왕의 측근이다. 그의 순교를 계기로 신라에서는 불교가 공인되었으며, 천경림에는 흥륜사라는 신라 최초의 사찰이 건립되었다. 신라가 불교 국가로 가는데 지대한 공헌을 한 인물이다.

02

천년의 미소,
마애불의 신비

장인은 바위 안에 자리를 잡고 계시는 부처님을 발견하고 기쁜 마음으로
정과 끌을 사용해서 부처님의 모습 중에서 앞부분만 살짝 드러나게 하고
나머지 뒷모습은 중생이 불공의 수준에 따라 뵐 수 있도록 한 것이 아니었을까.

마애불은 바위의 앞면을 쪼아서 선각(線刻) 또는 부조(돋을새김)로 부처의 형상이 드러나게 한 것을 말한다. 마애불은 주로 산의 정상 또는 계곡의 중턱과 절벽 등 햇볕이 잘 드는 곳에 조성하였다.

서산 마애여래삼존상은 가야산을 따라 들어가는 계곡 절벽 면에 자리하고 있다. 가운데 본존불을 중심으로 왼쪽은 반가사유상, 오른쪽은 보살 입상으로 구성되어 있는데, 이 삼존상을 법화경의 수기삼존불(授記三尊佛), 즉 가운데가 석가불, 왼쪽이 미륵보살, 오른쪽은 제화갈라보살(연등불)을 나타낸 것으로 본다. 학자들은 조성 시기를 6세기 말엽에서 7세기 초엽으로 추정한다.

삼존불 도상에서 협시보살은 비슷한 형식을 취하는데 여기서는 좌협시가 좌상(坐像)이고 우협시는 입상(立像)으로 조각이 되었다. 우선, 구조가 비대칭이다. 6세기 말엽과 7세기 초엽이라면 백제의

| 서산 마애여래삼존상(상), 태안 마애삼존불입상(하)

사비시기로서 위덕왕과 무왕의 재위 연간에 해당한다. 태안반도는 바다를 끼고 중국의 산동반도와 마주하고 있고 도읍인 사비(부여)로 들어가는 길목이다. 이 길목에 서산 마애여래삼존불상과 태안 마애삼존불입상이 자리하고 있다.

태안 마애삼존불입상은 백화산 정상 부근 부채꼴 바위 면에 사각형의 감실을 만들어 가운데 보살상을 두고 좌우에 불상을 배치한 특이한 삼존불상 형식을 취하고 있다. 원래 삼존불은 가운데에 불상이 위치하고 좌우에 보살상이 협시하는 구도로 그 계위가 비교적 뚜렷한데 태안 마애삼존불입상은 보살상을 가운데 배치하고 불상을 좌우에 둔 구도이다. 물론 보살상은 작게, 좌우 불상은 크게 조성하여 계위를 분명히 하고는 있으나 이러한 구도는 다른 곳의 삼존불상에서는 찾아볼 수 없는 파격이다.

태안 마애삼존불상의 조성 시기는 서산의 그것보다 약간 이른 6세기 말엽으로 본다. 불상의 마모가 심하고 유례가 없는 구도의 독특함으로 인하여 불상의 존명을 규정짓기가 어려우나 백화산이란 명칭으로 볼 때, 가운데 보살상을 관음보살로 보고 이를 기준으로 왼쪽 불상은 약사불, 오른쪽 불상은 석가불 또는 아미타불로 본다. 태안반도에 조성된 비슷한 시기의 선후관계에 있다고 추정되는 이두 마애삼존불상은 누가 언제, 왜 그곳에 조성하였을까.

위덕왕과 무왕은 호불 군주로서 많은 사찰을 건립하고 불상을 조성하였다. 6~7세기경 서산과 태안이 위치한 태안반도는 중국으로 가는 교통의 요지로서 중국과의 교류나 무역을 위해서는 이 지역을 경유하여야 했다. 사람들이 오가는 교역로에 조성되어서 불보살상의 모습이 활달해 보이는 것인가?

태안 마애삼존불입상은 마모가 심해서 얼굴 모습을 정확하게 유추하는 데 어려움이 있지만, 양감이 풍부한 얼굴에 미소를 머금고 있음을 확인할 수 있다. 해맑게 미소를 짓고 있는 서산과 태안의 마애삼존불상에 대하여 이를 불상의 개방적 특징으로 보기도 하고 한편으로는 백제 특유의 토속적 성격으로 이해하기도 한다.

5~6세기 태안지역은 백제, 신라, 고구려 삼국이 서로 자웅을 겨루며 쟁패를 다투었던 접경지대였다. 전쟁으로 고달픈 삶을 살아야 했던 백성들은 평화를 갈구하였고 난세를 구원해 줄 수 있는 부처가 필요했을 것이다.

태안과 서산 마애불의 밝은 표정과 미소는 잦은 전쟁으로 인해 피폐한 삶을 살아야 했던 백성들의 고통과 고달픈 생활을 위로하고 구원해 주는 자비의 미소가 아니었을까? 그래서 경전에 구애받지 않고 서로 다른 독존으로 삼존불을 구성하게 되었고 그것이 자비의 화신인 관음보살상과 미래의 희망을 교시하는 미륵 보살상으로 나타난 것이 아닐까?

장인이 불상을 조성할 때는 경전의 교리 외에도 당대의 시대정신과 백성의 마음을 고려하여 구도와 조상의 형태를 구상한다. 경주 석굴암의 본존불상은 가히 불상으로서 구족 원만한 이상형을 충족하고 있는데 그것은 그 당시 신라문화의 극성기를 반영하고 있기 때문이다.

백제의 마애불이 두 눈을 뜬 상태로 환하게 웃는 표정으로 조성되었다면 신라의 마애불은 두 눈을 지그시 감고 미소를 머금은 상태로 조성되었다. 눈을 지그시 감은 반개안(半開眼)은 석가모니가 보드가야 보리수 아래에서 득도하고 선정에 든 모습을 표현한 것이다. 경주 남산에 있는 마애불은 한결같이 두 눈을 지그시 감고 있다. 이는 8~9세기 신라의 백성들이 석가세존이 깨달음을 얻은 정각의 순간과 선정을 표현한 불상을 좋아했기에 장인은 그것을 마애불로 조성한 것이리라.

마애불은 주로 산의 정상이나 계곡의 기슭에 조성하여 아침에 떠오르는 햇살과 자연스럽게 조우(遭遇)할 수 있게 설계하였다. 아무 곳, 아무 바위에 그냥 불상을 조성할 수는 없는 일이다. 백제인들이 서산과 태안 마애불을 보면서 고달픈 일상을 위로받고 구원을 희구하였다면 신라인들은 두 눈을 지그시 감은 채 선정에 든 남산의 마애불을 보고 마음의 평화와 고요를 경험했을 것이다.

신라인들은 경주 남산에 수많은 절과 탑 그리고 불상을 조성하였다. 대부분이 마애불과 선각불(線刻佛)이다. 마애불과 선각불은 바위에다 부처의 형상을 새긴 것이다. 원래 불상의 재질로는 흙, 돌, 철, 금, 나무, 직물, 청동 등 다양한 재질을 사용했다. 나라마다 지역마다 구하기 쉬운 재료를 사용하여 불상을 만든 것이다. 불상은 생전의 석가세존 형상을 본뜬 것으로 인간을 닮은 모습으로 조성하였다.

서기 8세기 말엽부터 신라의 불교는 종전의 왕실과 귀족 중심에서 벗어나 민간으로 더욱 확산되어 갔다. 불사(佛事)는 서라벌 시내에서 인근 산악으로 번져갔으며 남산은 민간 불교의 새로운 성지로 등장하였고 백성들에게는 더할 나위 없는 좋은 안식처였을 것

| 경주 남산 신선암 마애보살반가상

이다. 사람들은 신령스러운 기운이 있다고 믿는 남산에 큰 비용을
들이지 않고도 바위에다 불상을 새길 수 있었다. 마애불은 이러한
백성의 간절한 마음에서 탄생하였다.

　신라의 마애불이든 백제의 마애불이든 바위에 불상을 조성하는
마애불은 공통적인 입지가 있다. 햇볕이 잘 드는 양지를 선택했다
는 점이다. 그래서 산과 계곡의 중턱이나 정상에 조성하였다. 그것
은 싯다르타 태자가 보리수 아래에서 정각을 이루었을 때, 아침 햇
살이 비쳤다는 고사를 모티브로 한다. 햇살은 무명을 깨고 광명을

나타내는 깨달음의 상징이기도 하므로 마애불상 또한 양지바른 곳을 택하여 조성했다고 볼 수 있다.

그런데, 마애불은 부처의 앞부분만 형상을 새기고 뒷부분은 새기지 않았다. 장인은 왜 부처의 앞모습만을 바위에 새겼을까? 부처의 뒷모습은 어디 있을까? 마애불 부처의 뒷모습은 바위 안에 숨겨져 있어 보이지 않는다. 그러나 불심이 깊은 사람이라면 부처의 뒷모습도 볼 수 있을 것이다. 아마 장인은 그리 생각하지 않았을까 싶다. 그런데 장인은 어떤 바위에다 마애불을 조성했을까?

어느 날 장인은 깨끗하게 목욕재계하고 성스러운 장소로 여기고 있는 남산에 올라가 부처님이 입주해 계시는 바위를 찾아다녔을 것이다. 마애불은 무조건 크고 넓은 바위라고 해서 새길 수 있는 게 아니다. 장인은 불상을 새길 수 있는 바위를 찾아다닌 게 아니라 부처님이 상주해 있는 바위를 찾아다녔을 것이다.

바위 안에 자리를 잡고 계시는 부처님을 발견하고 공손히 예배를 드린 다음 출세(出世)를 허락받았을 것이다. 그리고 장인은 기쁜 마음으로 정과 끌을 사용해서 부처님의 모습 중에서 앞부분만 살짝 드러나게 하고 나머지 뒷모습은 중생이 불공의 수준에 따라 뵐 수 있도록 한 것이 아니었을까.

즉, 인간이 바위를 쪼아 불상을 새긴 것이 아니고 원래 바위 속에 계시는 부처님께서 인연으로 만난 장인을 통해 그 모습의 반만 중생에게 보이신 것이다. 그래서 마애불은 신비롭다. 어찌 부처님의 심오한 깨달음과 법열의 미소를 인간의 손으로 만들 수 있겠는가. 부처님 스스로 중생을 구제하기 위하여 여여(如如)하게 모습을

| 경주 남산 용장사지 마애여래좌상(상)
| 경주 율동 마애여래삼존입상(하)

드러내신 것이다. 장인은 그것을 도왔을 뿐이다.

◇

위덕왕(525~598, 재위 554~598)

이름은 창(昌), 백제 제27대 왕. 한강 하류 지역 회복을 둘러싸고 벌어진 관산성 전투에서 대패해 성왕이 전사하자 즉위했다. 태자로서 이 전쟁을 적극 주장했기 때문에 즉위 초 패전으로 인한 혼란 수습에 어려움을 겪었으나 귀족 세력과의 합의를 통해 체제 정비에 전념했다. 불교 이념을 통한 배타적인 왕족 의식 고양과 왕권 강화를 위해 왕흥사 등 많은 사찰을 창건하였다.

무왕(재위 600~641)

이름은 장(璋), 백제 제30대 왕이다. 삼국유사에 인용된 서동 설화의 주인공으로 알려져 있다. 재위 초부터 동진정책에 주력하여 신라의 여러 성을 함락시켰다. 수·당·왜와 외교관계를 유지했으며, 사비궁 중수나 미륵사 창건 같은 대규모 역사를 시행할 정도로 왕권이 안정·강화된 시기였다.

03

남산 칠불암
가는 길

불국토 남산의 상징 칠불암,
신라인들의 염원과 소망이 서려 있는 살아있는 정토 세계.

경주 남산은 신라인 마음의 안식처이며 부처 세상을 염원했던 왕과 백성들이 함께 만든 지상의 불국토였다. 남산에는 총 78구의 불상과 96기의 탑이 산재해 있다. 물론 원래는 이 숫자보다 몇 배 더 많았을 것이다. 그 많은 불상 중에서도 으뜸인 남산 칠불암을 가 보려고 한다.

GPS로 거리를 재어보니 호텔에서 2km이다. 거리상으로 만만 해 보여 쉽게 갈 수 있다고 생각한 것이 나의 오산이었음을 알게 되기까지는 채 30분도 걸리지 않았다. 산길은 험하고 멀었다. 숨은 혁혁 차고 하늘이 노랗게 보이며 뱃속은 어울렁더울렁 한다. 더 이 상 올라갈 수 없다고 생각하는 순간, 고개를 들어보니 천상의 소리 가 들리는 게 아닌가.

'어서 오라, 애썼다.'

| 남산 칠불암 마애삼존불, 일제강점기 유리건판 사진(좌)과 현재의 마애삼존불 모습(우)

우아, 눈 앞에 펼쳐진 천상세계에 나는 말문이 막혔다. 부처님의 세계를 쉽게 보려고 했던 것이 부끄러웠다. 칠불암은 그렇게 온전하게 모습을 드러냈다.

칠불암은 경사가 급한 남산의 동남쪽 봉화골 정상 부근에 있다. 사역은 협소한 편으로 가파른 산비탈에 동북쪽으로 석축을 높게 쌓아 올려서 평평하게 터를 닦았다. 사역의 서쪽에는 거대한 반원형의 바위 한 면을 다듬어서 삼존불상을 조성하였다. 마애삼존불상 앞에는 석재를 쌓아 올려 불단(佛壇)을 넓게 조성하였다. 불단 위에는 각 면의 넓이가 일정하지 않은 육면체의 방형 석주가 약간 기울어진 채 서 있는데, 그중 네 면에 불상이 조각되어 있다.

불상이 새겨진 석주는 넘어지지 않도록 아랫부분에 굄돌을 끼워두었을 뿐 예배 대상으로 봉안하기 위하여 특별한 방식으로 안치된 것은 아닌 것 같다. 석주의 윗면에는 다른 부재들과 결구한 흔적이 있는 것으로 보아 현재의 상태는 본래 그대로의 모습은 아닐 것이라는 생각이 든다.

| 사방불이 새겨진 방형 석주, 일제강점기 모습(좌)과 현재의 모습(우)

　뒤편의 마애삼존불상과 석주 사이는 사람이 지나다니기 힘들 정도로 간격이 매우 좁아서 예배할 수 없는 구조임에도 불구하고 배례단이 있다. 정면 예배자의 시선으로 보면 마애삼존불상은 앞의 석주에 가려서 잘 보이지 않는다. 만일 삼존불상이 주불이라면 과연 이러한 현상이 가능했을까? 얼핏 봐도 뒷면의 마애삼존불상과 앞의 방형 석주는 처음부터 하나의 구도에서 조성된 것이라고 믿기 어려울 정도로 이질적이다.

　그렇다면, 마애삼존불상은 자연 암반에 부조가 되어서 움직일 수 없다는 점을 고려하면, 앞의 방형 석주는 원래의 장소에서 옮겨 왔을 가능성이 크다. 칠불암 암자에 계신 스님에게 연유를 물어보았더니 스님께서도 일제강점기 어느 때에 옮겨온 것으로 알고 있다는 대답을 하신다. 그러나 명확한 증거가 없으니 알 수 없다.

'칠불암'이란 명칭은 1930년대 이곳에 칠불암이라고 불린 작은 암자를 지은 후부터 유래하였다고 하는데 마애삼존불과 방형 석주의 네 불상을 합하여 7구의 불보살상이 있어서 붙여진 이름인 것으로 보인다. 분명 절터의 흔적이 있으나 창건 당시의 절 이름은 알 수 없다. 다만 이곳에서 고려시대(10~11세기) 것으로 보이는 「四○寺」라 기록된 명문 기와가 발견되었다고 한다.

마애삼존불상과 방형 석주에 새겨진 사방불과의 관계에 대해서는 여러 학설이 전해지고 있는데 크게는 양 불상을 연계하여 보는 설과 따로 독립적인 불상으로 보는 설이 있다.

먼저 칠불암의 성격에 대하여 살펴보면, 칠불암에서 발견된 다섯 점의 석경편이 있는데 이를 분석해 보니 금강경과 약사경을 새긴 석경이라는 사실이 밝혀졌다. 그런데 이들 금강경과 약사경 석경은 같은 해서체로 서풍이 거의 같으며, 글자의 결구와 전절(轉折) 등이 매우 유사하고 모두 1행 36자로 체제가 동일한 점을 고려해 볼 때, 칠불암에서 발견된 금강경과 약사경 석경은 같은 시기에 동일한 서예가와 장인에 의해 제작된 것으로 보인다.

이로 말미암아 방형 석주의 동면에 새겨진 약사불은 약사경 석경과 관련이 깊은 것으로 보아 사방불과 석경이 같은 시기에 제작되었을 가능성이 크다. 이 설은 칠불암에서 발견된 석경을 구마라집의 구역(舊譯) 금강경과 현장의 신역(新譯) 약사경을 석판에 새긴 것으로 보아 제작 시기를 8세기 전반 또는 중엽으로 추정한다.

삼국사기 기록에 의하면 성덕왕(702~737) 때부터 자연재해로 인한 기근과 전염병 관련 기사가 빈번하게 등장하고 있어 8세기 전반부터 자연재해와 기근 해소, 전염병 소멸 등을 기원하며 약사 신앙과 의례가 활발하게 성행했음을 알 수 있다. 이는 8세기 중엽 경덕왕 대에 고승 태현이 약사경 주석서를 저술하고 분황사에 대형 약사불상을 주조하는 것에서도 확인할 수 있다. 따라서 칠불암에 사방 석불과 약사불이 조성되고 석경이 제작된 것도 이와 같은 사회적인 상황과 궤를 같이한다는 것이다.

나아가 칠불암에서 약사경 내용을 바탕으로 약사여래를 공양할 목적으로 방형 석주에 약사불의 형상을 조성하였고 그 주변을 꽃과 향, 당번(幢幡)으로 장엄하였을 것이다. 또한 약사불이 조각된 방형 석주를 오른쪽으로 돌면서 약사불의 공덕을 염하고 약사경을 독송함으로써 소원을 비는 불교 의례가 행해졌을 것으로 추측한다.

현재 삼존불상이 새겨진 바위의 배면과 측면에 남아있는 공혈로 볼 때 어떤 형식이든 목조건축물이 있었을 것이며 이는 불전(佛殿)으로 볼 수 있다는 것이다. 즉, 불전에는 동면 약사불을 중심으로 깊숙한 안쪽 벽에 마애삼존불을 안치하고 그 양 측면 남북 벽에는 금강경과 약사경 석경을 두른 구조였을 것으로 본다. 이 설은 삼존불상과 사방불 방형 석주를 하나의 범주로 보아 불전을 세우고 불교 의례를 행했을 것이라는 전제를 한 것이다.

칠불암에서 주불은 당연히 260cm나 되는 큰 규모의 마애삼존불이 중요한 예배의 대상이었음은 한눈에 봐도 알 수 있는 일이다. 방형 석주의 사방불은 후대 부가적으로 약사여래 신앙에 의해 조성되었거나 아니면 삼존불상과 사방불이 각각 독립적으로 조성되었다가 어느 시기에 장소가 옮겨져 합해진 것으로 보는 것이 합리

| 서면(뒤쪽)에 부조로 조각된 마애삼존불상. 일제강점기 유리건판 사진(좌)과 현재의 모습(우)

적 추론이 아닐까 한다.

그럼, 서쪽 바위에 고부조로 조성된 마애삼존불상은 언제 제작되었고 존명은 어떻게 될까?

중앙의 본존불은 수인이 항마촉지인을 하고 있어 석가여래로 보는데 이론이 없다. 본존불을 기준으로 오른쪽 협시보살은 정병을 들고 있어 관음보살로 보고 왼쪽 협시보살은 보상화를 들고 있는 것으로 보아 다라보살로 본다.

삼존불상을 자세히 보자. 높이 5m, 너비 8m쯤 되는 바위 면에 고부조로 삼존불상을 새겼다. 절제된 얼굴 표정, 적합한 신체 비례와 탄력 넘치는 양감 그리고 유려한 선 등에서 통일신라시대 전성

기의 웅장하고 아름다운 조각 기술과 예술적 감각, 종교적인 숭고미를 유감없이 보여준다. 본존불의 촉지인(觸地印)이나 편단우견의 착의법 등은 모두 인도 굽타시대 불상을 모본으로 제작된 당나라 초기 불상에서 나타나는 특징이다. 따라서 신라 중대에 이러한 외래적인 불상 양식을 바탕으로 성립된 초당(初唐) 대의 불상 양식을 적극적으로 수용하였다고 이해할 수 있다.

칠불암 마애삼존불상의 본존불 편년은 조각 수법이나 사실주의적 표현으로 볼 때, 중국 용문 석굴의 봉선사 대불보다는 후대이고 석굴암 본존불보다는 약간 앞선 시기로 보인다.

학자들도 7세기 말엽, 719년 이전, 750년 전후로 의견이 갈리는데, 719년 편년은 감산사 미륵보살입상과 아미타여래 입상의 조상연대가 719년인 점을 고려한 것이고, 750년 편년은 석굴암 본존불을 기준으로 한 것이다. 다만, 본존불의 제작 편년이 8세기 전반이라는 점에 대해서는 일치한다.

일반인의 시각으로 봐도 칠불암 본존불이 석굴암 본존불의 조성 시기(751년)를 넘어갈 수 없다는 것은 분명하다. 남산 칠불암은 일제강점기에 이미 문화재로 지정되었다. 눈 앞에 펼쳐진 부처님의 장엄세계를 보니 왜 이곳에 마애불을 조성했는지 알 것 같았다. 칠불암 정상에서 바라다보는 서라벌은 사바세계이고 남산은 불국토임을 실감할 수 있었다.

신라인들은 칠불암 같은 마애불을 왜 남산에 조성하였을까? 바위의 표면에 불보살상을 새기는 행위는 바위 신앙과 관련이 있다. 고대인들은 산천과 숲과 바위를 신성하게 여기는 관념이 있었다.

서라벌의 신성한 산인 남산에다 부처의 세계 즉 불국토를 구현하고자 했다.

이는 삼국통일에 따른 민심 수습과 국민통합을 위한 국책 프로젝트의 일환이었을 것으로 생각된다. 남산 전체를 불교에서 말하는 수미산으로 상정하고 산을 기반으로 하여 세부적인 콘텐츠로 불상과 탑을 조성하고 사찰을 건립했을 것이다.

서라벌 사람들은 아침에 일어나 우뚝 솟은 황룡사 9층 목탑을 바라보면서 하루를 힘차게 시작하였고, 햇살이 환한 오후에는 남산에 올라 마애불과 탑에 불공을 드렸으며 해질 저녁에는 봉덕사 종소리(성덕대왕 신종)를 들으며 편하게 잠자리에 들었을 것이다.

신라의 왕들은 '그래, 이것이 불국토 아닌가!'하며 백성들에게 선전했을 것이다. 그 정점에 남산이 있었다. 그런 점에서 통일신라의 전반기 왕들은 매우 현명한 지도자였다.

칠불암의 본존불을 그윽하게 들여다보라. 그리 생각되지 않는가?

04

황룡사 목탑은
왜 9층으로 세웠을까?

강력한 왕권 강화를 위해 진흥왕은 황룡사를 창건하였고
그 정신을 이어받아 선덕여왕은 주역 구오의 원리를 적용한 9층 목탑을 세웠다.
황룡사 9층 목탑에는 왕권 강화와 호국을 위한 선덕여왕의 염원이 서려 있다.

신라 서라벌 어디에서나 올려다보았을 랜드마크 황룡사 9층 목탑. 선덕여왕 14년(645년)에 세운 황룡사 9층 탑의 규모는 어떠했을까? 이때의 탑 규모를 알려주는 내용이 삼국유사에 간단하게 언급되어 있다. 일연은 찰주기를 인용해서 "철반 이상의 높이가 42척이고 이하는 183척"이라고 기록하였다. 건립 당시 탑의 높이가 총 225척이라는 뜻이다.

이는 일연이 찰주기를 열람하고 적은 것인데, 뜻밖에 〈황룡사 9층 목탑 금동 찰주본기〉가 1966년 세상에 나타났다. 〈찰주본기〉는 경문왕 13년(873년)에 9층 목탑을 중수한 후 선덕여왕 대의 목탑 건립 내역과 당시의 중수 경과를 금동사리내함에 새긴 것이었다.

일연이 본 〈찰주기〉와 경문왕 대의 〈찰주본기〉가 동일한 것인지는 알 수 없으나, 〈찰주본기〉에는 "탑의 철반 이상은 높이가 7보이고 그 이하는 높이가 30보 3자이다"라고 적혀있다. 그리고 삼국사기에는 경문왕 13년(873년)에 중수한 탑의 높이가 22장(丈)이었다고 기록하고 있다. 1장(丈)이 10척이므로 환산하면 22장 5척이 된다. 5척의 차이가 나는데 이를 고구려 척(尺)으로 계산하면 1척이 35.6cm이므로 178cm이다. 이는 도량형의 환산에서 오는 차이일 수도 있어 크게 달라진 것 같지는 않다.

이것을 오늘날 수치로 해석하면 상륜부가 15m, 탑신부가 약 65m, 전체 80m 높이에 해당한다고 볼 수 있다. 이로써 보면, 경문왕 대의 중수는 선덕여왕 대의 초창기 탑을 변형하지 않고 복원한 수준임을 알 수 있다.

1976년 1차 발굴조사 시 목탑지 조사 결과에 의하면, 탑지 기단의 규모는 상층이 정면 7칸, 측면 7칸의 정방형으로 전체 기단이 동서 29.5m, 남북 29.1m에 면적 858m²(약 260평)인 것으로 확인되었다.

목탑지 기단의 기초는 부지를 3~3.5m 깊이로 굴토하여 생토층에서부터 토석 혼합층을 약 3m 두께로 쌓아 올렸다. 비교적 큰 자갈을 수평으로 고르게 깔아서 단단하게 다졌고, 목탑지 중앙 심초석은 판축 층 상면에 큰 냇돌을 이용한 적심석을 놓고 그 위에 심초석을 올렸다. 한마디로 탑의 높이를 고려하여 기초공사를 단단하게 한 것이다.

다음은 왜 9층으로 탑을 세웠을까 하는 점이다. 비슷한 시기에 건립된 분황사 모전석탑은 지금은 3층탑이지만 동경잡기에는 9층탑으로 기록되어 있고, 일제강점기 자료에도 분황사 9층탑으로 나와 있다. 그런데 이 분황사 탑의 건립 시기가 황룡사 9층탑 건립 시기와 같은 선덕여왕 대라는 것이다. 분황사는 황룡사 바로 옆에 있다. 거의 두 절의 사역이 붙어있을 정도로 가까이 있다. 이름도 같은 황자(皇字) 돌림이다. 분황사 탑이 조성된 연도는 서기 634년, 황룡사 목탑이 건립되는 시기는 서기 643년 딱 9년 차이이다. 이는 분황사 석탑을 먼저 세우고 황룡사 9층 목탑을 세웠다는 이야기이다.

분황사 석탑 형식이 목탑식이다. 물론 실제 사람이 올라갈 수 있는 구조는 아니지만 1층 탑신부에는 문비(門扉)가 있어 문을 열고 들어가는 구조이다. 분황사 석탑과 황룡사 목탑 간의 선후관계에는 이설이 있지만 두 탑 간에 상관관계가 있다는 것은 쉬이 추측할 수 있다.

서기 634년과 643년에 신라 선덕여왕은 각 분황사 9층 석탑과 황룡사 9층 목탑을 건립하였다. 그 사이인 639년 백제 무왕은 익산에 미륵사 9층 목탑과 석탑을 건립했다. 거의 비슷한 시기에 신라와 백제 모두 9층 탑을 건립한 것이다. 왜 하필 9층이었을까? 고구려, 신라, 백제 통틀어 9층 이상의 탑은 없다. 탑의 층수는 주로 3, 5, 9 등 홀수로 세운다. 불교에서 홀수를 상수로 보기 때문이다. 특히 숫자 3을 최고의 상수로 본다. 3이 세 개인 9는 극상수이다. 3×3 = 9는 우주의 완전성을 의미한다.

그런데, 숫자 9가 극상수이기 때문에 탑을 9층으로 건립했다는 것은 지나치게 단순한 생각이다. 왜냐하면 선덕여왕 11년(642년) 7월에 백제군이 신라의 40여 성을 공취하였고, 8월에는 백제 장군 윤충에게 대야성이 함락되었다. 이에 선덕여왕은 김춘추를 고구려에 보내 군사를 청하고 왕 12년(643년) 9월에는 당나라에도 사신을 보내 군사원조를 요청하였다. 그런데 당 태종은 사신에게 '그대 나라는 여자를 임금으로 삼아서 이웃 나라의 업신여김을 받는 것이니 내가 친족 한 사람을 보내어 그대 나라의 임금으로 삼고자 하매, 함께 군사를 보내 보호케 하겠다'는 신라를 능멸하는 망언을 서슴지 않았다.

이러한 외환내우(外患內憂)의 비상시국에 선덕여왕은 14년(645년) 3월 황룡사 9층 탑을 건립한 것이다. 탑의 착공이 자장율사가 중국에서 귀국한 왕 12년(643년) 3월에 시작되었다고 해도 준비 단계를 거쳐 실제 공기는 만 1년이 걸렸을 것으로 본다. 그렇다면 전쟁 중에 탑을 건립한 것이다.

탑 건립의 필요성과 타당성은 차치하고서도 짧은 기간에 급하게 탑을 조성하려면 오히려 3층, 5층, 7층 탑이 공기(工期)가 덜 소요될 터인데 왜 9층 탑을 고집했을까 하는 점이다. 더욱이 신라에 기술자가 없어 적국인 백제의 장인을 데려와야 할 형편인데 굳이 9층으로 탑을 만든 이유가 무엇일까? 막대한 국고를 투입하고, 전쟁 중인 비상시국에 추진되는 국가 프로젝트임을 감안하면 다른 사유가 있었을 것이다.

다른 이유가 뭘까? 주역 중천건괘(重天乾卦) 구이효(九二爻)는 '현룡재전 이견대인(見龍在田 利見大人)'이라 하여 군주의 덕을 의미한다.(易曰, 見龍在田 利見大人, 君德也) 용은 수중 동물로서 습지에 거하다가 수련을 거쳐 하늘로 승천하는 습성을 갖고 있다. 이는 군주가 덕을 쌓아서 제왕의 지위를 얻는 것에 비유된다.

황룡사 터는 늪지와 물웅덩이가 있는 대지이다. 신라인들은 그 일대에 용이 살고 있다고 믿었다. 삼국유사에는 용궁의 남쪽에 황룡사를 짓고 북쪽에 분황사를 지었다고 기록하고 있다. 당시 그 일대에 용궁이 있었다는 말이다. 용궁 근처의 늪지대에 용이 살고 있다고 믿었던 시기에 황룡사 창건 설화에 황룡이 등장하는 것은 어쩌면 자연스러운 서사일 수 있다. 실제로 진흥왕은 전륜성왕을 자처했고 진흥왕순수비 등 금석문에서는 제왕(帝王)이라 표기하고 있다. 평범한 군주가 아니라 천하를 호령하는 제왕이란 뜻이다.

주역의 건괘 다섯 번째 효(爻)는 구오(九五)이다. 구오는 '비룡재천 이견대인(飛龍在天 利見大人)'이라 한다. 또 주역 계사 상편에 '왕자, 거구오부귀지위(王者, 居九五富貴之位)'라 했다.

풀이하면 '용이 하늘에 오르니 이로워 대인(영웅)을 볼 것이다.', '왕은 구오에 거하니 부귀한 자리이다.'라는 뜻으로 구오는 천자의 자리를 의미한다. 진흥왕이 늪지대에 궁궐을 짓다가 황룡의 전설을 만들어 사찰로 바꾼 진짜 속내는 왕태후의 섭정에서 벗어나 친정을 하는 시기에 자신이 천하를 다스리는 제왕이란 것을 만천하에 보여주고 싶었던 것이다.

마치 늪지대에서 살던 용이 수련을 거쳐 하늘로 승천하는 것처럼 말이다. 여기에 주역의 건괘 구이(九二爻)와 구오(九五爻) 원리가 적용된 것이다. 이는 삼국유사 기록에, 진흥왕이 법흥왕에 이어 임금이 되어 백관을 호령하는 것을 '구오'에 비유한 것에서도 확인된다.(真興乃繼德重聖承袞職處九五威率百僚号令畢備) 이로써 보면, 황룡사 창건에 주역의 원리(九二, 九五)가 적용되었음을 알 수 있다.

| 경주 황룡사지 발굴조사 후 9층 목탑지 초석 유구(8×8 = 64개의 초석임)

　그렇다면, 선덕여왕 대 건립된 황룡사 9층 목탑은 어떠한가? 기록을 통하여 본 황룡사 9층 탑의 건립 이유는 두 가지이다. 하나는 외침을 물리쳐 나라를 안정시키는 것이고 다른 하나는 여자가 임금이라고 깔보는 상황을 타개하여 왕권을 강화하는 것이다.

　선덕여왕은 이 두 가지 현안을 해결할 수 있는 방책으로 황룡사 9층 탑 건립을 기획하게 되었다. 여왕은 황룡사 창건에 주역의 원리가 적용된 것을 알고 있었을 것이다. 그러면 9층 탑 건립 또한 그 연장선상에서 생각해야 한다. 여기에도 주역의 구오가 적용되었다. 구오는 '비룡재천, 이견대인(飛龍在天 利見大人)'이라 했다.

　즉, 황룡사 창건 시의 현룡(見龍)이 9층탑 건립에서는 비룡(飛龍)으로 발전한 것이다. 선덕여왕은 제왕의 길을 간 진흥왕 사례를 벤

치마킹하여 자신도 비룡이 되어 강력한 천자의 지위를 얻고자 했을 것이다. 그것은 주역에서 말하는 구오의 원리를 9층 탑 조영에 적용하는 것이다.

구오의 원리는 하늘과 연결하여 왕권의 신성함과 군주의 위엄을 되찾고자 하는 선덕여왕에게 아주 잘 어울리는 이론이었다. 그것이 나라 사정이 긴급함에도 적국의 기술자까지 데려와서 꼭 9층으로 탑을 조성해야 했던 이유일 것이다. 이는 목탑지 발굴조사 결과 기단부 초석이 8×8 = 64개인 것에서도 탑 조영에 주역의 원리가 적용되었다는 것을 확인할 수 있다.

선덕여왕에게 황룡사에 9층 목탑을 세우도록 건의한 사람은 자장율사이다. 자장율사가 중국에 있을 때 그곳 태화지(연못)에서 신인(神人)을 만났는데 신인이 '신라는 여인이 왕이 되어 덕은 있으나 위엄이 없는 까닭에 이웃 나라들이 침입하여 소란이 생기니 황룡사에 9층탑을 세워야 한다'라고 계시를 하였다는 것이다. 그런데 이는 당 태종이 신라 임금이 여인인 것을 경시하는 투의 발언과 조응되는 내용이다.

중국 황제의 선덕여왕 교체 발언과 신인이 자장에게 했다는 여왕이어서 위엄이 없다는 계시는 우연의 일치였을까? 자장이 신인을 만난 때가 643년 3월이고 당 태종이 신라 사신을 만나 여자 임금 운운 발언을 한 것이 같은 해 9월이니 당시 당나라에서 그런 인식이 공유되고 있었음을 알 수 있다. 신인의 말은 중국의 종교계 인사 또는 조정 유력인사의 말로 해석할 수 있다. 그런데 놀랍게도 신인의 정체가 경문왕 대에 작성한 찰주본기에 나온다. 그에 의하면,

자장이 만났던 신인(神人)의 정체는 바로 원향선사였다.

찰주본기에는 여자가 임금이어서 위엄이 없으므로 이웃 나라들이 침략한다는 내용은 없다. 요지는 황룡사 9층 탑의 아이디어는 자장의 독창적인 생각이 아니고 중국인의 교시를 받았다는 것인데 일설(일본학자)에는 이를 두고 중국 북위의 영녕사 9층 목탑에서 힌트를 얻은 것이라고 주장하기도 한다. 낙양에 있었던 영녕사 9층 목탑은 동아시아 최초의 9층 목탑으로 6세기 초(516년) 북위의 영태후 호 씨가 수축한 것으로 문헌기록에는 높이가 1,000척이라고 하나 발굴조사 결과 목탑의 높이는 약 81.66m로 추정된다고 밝혔다.

황룡사 9층 목탑과 거의 같은 높이이다. 과연, 원향선사는 영녕사 9층탑을 모티브로 자장에게 황룡사 9층 목탑 건립을 말한 것일까? 여하튼 이로 미루어 보면, 황룡사 9층 목탑은 중국의 건탑 아이디어와 백제의 건축 기술을 채택하여 신라가 건립한 것이다. 3개 나라의 교류에 의한 합작 프로젝트인 셈이다.

그런데, 선덕여왕 대에 황룡사 9층 탑을 삼한일통 또는 외침을 물리치기 위한 호국의 목적으로 건립하였을까 하는 점이다. 자장의 건탑 일화를 보면 삼한일통은 몰라도 호국의 발로에서 탑을 건립하게 된 것은 분명해 보인다. 결과론일 수 있지만 훗날 경문왕 때 작성한 찰주본기에 "과연 삼한을 통합하여 하나로 만들고 군신이 안락한 것은 지금에 이르기까지 이에 힘입은 것이다."라는 기록이 있는 것으로 보아 9세기경 신라인들은 황룡사 9층 탑이 삼국통일의 시발점이 되었다고 믿었던 것 같다.

선덕여왕 대에 왕권의 신성함을 보이고 호국의 의지로 세운 황룡사 9층탑이건만, 현실은 녹녹치 않았다. 탑이 완성되고 그 이듬해 상대등 비담과 귀족들은 여주(女主)가 정치를 잘못한다고 선동하며 반란을 일으켰고 이에 크게 상심한 여왕은 난 중에 죽고 말았다. 과연 탑을 세우면 왕권이 강화되고 삼한일통의 꿈을 이룰 수 있을 것이라고 믿었던 선덕여왕의 꿈은 물거품이 되었단 말인가.

우리는 황룡사 9층 탑 건립공사의 총책임자가 이간 용수(또는 용춘)라는 점에 주목할 필요가 있다. 그는 진지왕의 아들이며 훗날 태종무열왕이 되는 김춘추의 부친이다. 선덕여왕의 꿈은 헛되지 않았다.

황룡사 9층 탑에 서린 여왕의 염원은 그로부터 꼭 30년 후, 김용수(용춘)의 아들(태종무열왕)과 손자(문무왕)에 의해 이루어졌다. 그것은 신라의 남녀노소 백성들이 9층 탑을 쳐다보고 돌면서 안녕과 평화를 기원했고, 그들이 꾼 꿈이 현실이 된 것이다. 선덕여왕이 바란 것은 바로 그것이었을 것이다. 신라의 백성들이 평화로운 세상을 염원하는 꿈을 꾸도록 하는 것이었고, 그것의 귀결점이 삼국통일이었다.

05

삼국통일의 영주,
문무왕의 유언

'신과 인간 모두에게 부끄럽지 아니하고 관리와 백성의 뜻을 저버리지 않았다.'
문무왕의 유조는 그가 나라와 백성을 얼마나 아끼고 사랑했는지를 잘 말해준다.
모름지기 지도자는 예나 지금이나 그러해야 할 것이다.

삼국통일의 영주 문무왕(661~681) 김법민(金法敏)은 626년에 태어났다. 태종무열왕의 맏아들로 태어난 그는 무열왕 2년(655년)에 태자에 책봉되었으며, 661년 부왕이 사망하자 왕위에 올랐다. 문무왕은 아버지 태종무열왕의 유업을 계승하여 삼한을 통합하는 데 성공하였다. 비록 당군의 힘을 빌리기는 하였으나 삼국 간에 치열하게 전개되었던 전쟁을 종식하고 이후 당과 벌인 전쟁에서도 승리를 거두었다.

그리고 나이 56세 되던 해인 681년에 태자인 정명에게 유조(遺詔)를 남기고 훙서(薨逝)하였다. 문무왕의 재위 기간은 대략 20년이고 35세 장년의 나이에 임금이 되었기에 통일전쟁과 삼국 통합에 기량을 발휘할 수 있었다.

문무왕은 재위 21년째 되던 해인 681년 7월 1일에 사망하였는데, 그가 돌아가자 신하들이 그에게 문무(文武)라는 시호를 추증하고 유언에 따라 화장을 한 다음 동해 어구 큰 바위에 장사를 지냈다. 문무왕은 죽기 직전에 신문왕이 되는 태자 정명에게 유조(遺詔)를 남겼다.

이 유조에는 질풍노도와 같았던 난세를 헤쳐온 자신의 일생에 대한 회고와 함께 죽은 후 장례 절차와 태자의 왕위 계승, 통일전쟁으로 피폐해진 백성의 고달픈 삶을 위로하고 부담을 덜어 줄 조세 제도 개혁과 시의에 맞게 법령을 개정할 것 등 문무왕 개인과 왕실, 국가의 대계까지 세세하게 언급하고 있다. 삼국사기에 기록된 그의 마지막 육성 중 첫째 단락을 인용해 본다.

과인은 나라의 운이 어지럽고 전쟁의 때를 당하여 서쪽을 정벌하고 북쪽을 토벌하여 영토를 안정시켰고, 배반하는 무리를 치고 협조하는 무리를 불러들여 가까운 곳을 모두 평안하게 하였다. 위로는 조상들이 남긴 염려를 안심시켰고 아래로는 부자(父子)의 오랜 원수를 갚았으며, 살아남은 사람과 죽은 사람에게 상을 두루 주었고, 벼슬을 터서 중앙과 지방에 있는 사람들에게 균등하게 하였다.

무기를 녹여 농기구를 만들었으며, 백성을 어질고 장수(長壽)하도록 이끌었다. 세금을 가볍게 하고 요역을 덜어주니 집집이 넉넉하고 백성들이 풍요하며 인간의 삶이 편안해지고 나라 안에 근심이 없게 되었다. 곳간에는 (곡식이) 산언덕처럼 쌓여 있고 감옥은 풀이 무성하게 되니, 신과 인간 모두에게 부끄럽지 않고 관리와 백성의 뜻을 저버리지 않았다고 말할 만하다.

스스로 온갖 어려운 고생을 무릅쓰다가 마침내 고치기 어려운 병에 걸렸고, 정치와 교화에 근심하고 힘쓰느라 더욱 심한 병이 되었다. 목숨은 가고 이름만 남는 것은 예나 지금이나 마찬가지이니 홀연히 긴 밤으로 돌아가는 것이 어찌 한스러움이 있겠는가?

신라의 임금 중에 임종 시 유언을 남긴 사례가 몇몇 있으나 주로 후계 지명에 관한 짧은 내용일 뿐이다. 문무왕이 이처럼 긴 유언을 조칙의 형식으로 남기고 이를 중외에 공포토록 한 것은 비록 무력으로 삼국을 하나로 통합하였으나 당시 불안한 정국 사정을 헤아려 사후에 나라의 안정과 왕통 계승 등에 대한 염려가 있었기 때문이다.

위의 첫째 단락 유언은 문무왕 자신의 일생을 회고한 것으로 삼한일통의 대업을 달성하여 나라를 안정시키고 조상의 염려를 불식시켜 태평한 시대를 열었다는 자부심을 표출하였다. 특히 "신과 인간 모두에게 부끄럽지 아니하고 관리와 백성의 뜻을 저버리지 않았다."라는 대목에서 동서고금에 이처럼 자신의 일생에 대해 자부심을 가졌던 군주가 있었을까 싶을 정도이다.

후단에는 이렇게 일생을 나라와 백성을 위해 헌신하다가 고치기 어려운 병을 얻었으니 이제 죽는다고 해도 무슨 여한이 있겠는가? 라는 말을 덧붙이고 있다. 요즘 글쓰기로 봐도 손색이 없는 마무리이다. 앞에서는 자신의 공업(功業)에 대해 칭찬하고 끝부분에서는 병을 얻어 죽게 되는 인생의 허무함을 표현하였다.

유조에는 "죽고 나서 10일이 지나면 곧 고문(庫門)의 바깥 뜰에서 서국(西國)의 의식에 따라 화장(火葬)하라"고 했다. 여기서 문무왕의 장지가 두 군데 나온다. 하나는 고문외정(庫門外庭)이고 또 하나는 동해구 대석상 일명 대왕암이다. 이로써 보면 문무왕의 장례는 두 번 지냈다는 것인데 우선 고문외정이 어디일까 하는 점이다.

어떤 건물의 바깥 뜰에서 장례식을 거행했다는 말이다. 한가지 힌트가 문무왕릉비이다. 1961년 경주시 동부동에서 비신 하부의 비편 하나가 발견되었고 2009년에 그 상단부가 역시 동부동에서 발견되면서 그 모습을 완전히 드러냈다. 비의 제작 연도는 명확하지 않으나 비문 찬자의 직책이 국학소경(國學少卿)으로 기록된 것으로 보아 국학을 설치한 신문왕 2년(682년) 6월 이후에 건립했다고 보는 견해가 통설이다. 그럼, 비석은 어디에 세웠던 것일까?

비명(碑銘)이 '문무왕릉비'라는 것은 능 앞에 세운 비석이란 뜻이다. 일본인 이마니시 류(今西龍)가 비의 소재지로 낭산의 사천왕사를 지목한 이래 그것이 정설이 되었다.

사천왕사지에는 금당지 남쪽으로 약 90m 떨어진 지점에 동서 귀부(龜趺)가 둘 있는데, 그 중 서(西)귀부에 문무왕릉비가 있었다는 것이다. 비편을 귀부에 맞춰보니 딱 들어맞아서 이 설은 정설로 굳어졌다. 비문 앞면에는 신라에 대한 예찬, 신라 김씨의 유래, 백제를 평정한 사실 등이 적혀있고, 뒷면에는 문무왕의 유언과 장례, 비명(碑銘)이 새겨진 것으로 파악된다. 장례에 관한 내용은 삼국사기 내용과 일치한다. 즉, 화장을 하였다는 것은 사실인 것으로 보인다. 그럼, 능비가 세워진 사천왕사에서 화장(火葬)을 했을까?

지금까지는 낭산 서쪽 언덕에 있는 능지탑을 화장터로 보았다.

능지탑은 사천왕사에서 700m 거리에 있어 문무왕 화장지로 봐도 일리가 있어 보인다. 예로부터 이름이 능지탑 또는 연화탑이라고 부른 것에서도 유추가 된다. 유조에서 말한 고문외정(庫門外庭)은 능지탑이 아닐까 한다. 이를 종합해 보면, 신문왕은 부왕이 돌아가자 그가 남긴 유조에 따라 사천왕사에서 장례의식을 거행하였고 이후 능지탑지에서 화장한 다음 유골을 동해 대왕암에 안장하였다고 볼 수 있다.

그런데, 한 가지 의문이 생긴다. 문무왕의 장골처로 알려진 대왕암은 수중침릉으로 감은사 앞 동해 가운데에 있다. 감은사는 신문왕 2년(682년)에 완공되었다. 문무왕릉비는 감은사 완공 후에 세워졌는데 왜 수중침릉을 바라다 볼 수 있는 감은사에 능비를 세우지 않고 사천왕사에 세웠을까 하는 점이다.

감은사는 삼국유사에서 인용한 사중기(寺中記)에 의하면 "문무왕이 왜병을 진압하고자 절을 짓다가 다 끝마치지 못하고 죽어 바다의 용이 되었고 그 아들 신문왕이 왕위에 올라 개요 2년(682년)에 끝마쳤다. 금당 섬돌 아래에 동쪽을 향해 구멍 하나를 뚫어 두었는데, 이는 용이 들어와서 서리고 있게 하기 위해서였다. 대개 유언으로 유골을 간직한 곳을 대왕암(大王岩)이라고 하고, 절을 감은사라고 이름했으며 뒤에 용이 나타난 것을 본 곳을 이견대(利見臺)라고 하였다."라고 적고 있다.

사중기 기록에서 우리는 감은사가 당초 왜병 퇴치를 위한 호국사찰로 기획되었으나 문무왕이 죽은 후에는 왕을 추복하는 원찰로 성격이 변모했다는 것을 알 수 있다. 신문왕은 부왕의 능비를 어디에 세울지 고민했을 것이다. 능비는 능 가까이 세우는 것이 원칙이다. 거리상으로는 감은사가 제격이다. 그런데 감은사는 문무왕이 공사를 시작했다는 것 외에는 특별한 관련이 없다. 그래서 신문왕은 감은사를 부왕의 원찰로 기능하게 하고 능비는 부왕의 일생에서 가장 빛나고 드라마틱했던 순간을 연출한 영광스러운 장소에 세우기로 결정하지 않았을까.

사천왕사는 문무왕이 670년과 671년에 신라를 침공하였던 당의 대군을 몰아내기 위하여 창건한 호국사찰이다. 문무왕에게 있어 사천왕사는 당군을 몰아내어 명실공히 삼국통일의 대업을 완수하게 한, 그의 일생에서 가장 빛나고 영예로운 장소이다. 더욱이 장례 의례를 모신 곳이기도 하니 유조의 내용과 그 정신을 담은 능비의 성격에 부합하는 장소라고 여겼을 것이다.

삼국유사에 보면, 문무왕이 서울에 성곽을 쌓고자 하여 명령을 내렸는데 의상대사가 이 소식을 듣고 글을 보내 아뢰기를, "왕의 정교(政教)가 밝으면 비록 풀 언덕에 땅 금을 그어서 성으로 삼아도 백성이 감히 넘지 못하고 정교가 밝지 못하면 비록 장성이 있더라도 재해를 없앨 수 없을 것입니다."라고 하였다. 왕이 이에 공역을 중지하였다고 한다.

문무왕은 살아서나 죽어서나 나라와 백성을 한결같이 사랑했던 영주였음을 그의 유조와 함께 실물로 남아있는 사천왕사지와 문무왕릉비, 대왕암은 증언하고 있다.

| 사천왕사지 서귀부(문무왕릉비 귀부)

| 문무왕릉 비석, 국립경주박물관 소장

06

정말 문두루 비법으로
당군을 물리쳤을까?

문두루 비법을 외우자 순간 하늘이 잿빛으로 변하고 비가 내리면서
거센 태풍이 휘몰아쳤다. 태풍에 당군의 배들이 흔들려 난파되었고
이내 당군은 철수했다. 정말로 그런 일이 있었을까?

경주에 가면 낭산 남쪽 기슭에 사천왕사지가 있다. 지금은 터만
남아있으나 사천왕사는 우리 민족사에 큰 발자취를 남긴 명찰이
다. 우선, 사찰 이름이 사천왕사(四天王寺)이다.

사천왕이 누구인가? 불교 세계의 중심 수미산 중턱 동남서북에
서 불법과 사부대중을 지키는 네 명의 수호신을 지칭한다. 본래 인
도 신화에서 귀신들의 수장이었는데 나중에 부처님께 귀의하여 불
법의 수호신이 되었다.

낭산 남쪽 기슭에 사천왕사를 창건했다는 것은 당시 신라인들
이 낭산을 불교의 수미산으로 보고 선덕여왕릉이 있는 곳을 도리
천, 그 아래 사천왕사가 들어서는 곳을 사천왕천으로 생각했다는
뜻이다. 이름에서 짐작할 수 있듯이 사천왕사는 호국사찰로 지어
졌다. 그런데 왜 건립하게 된 것일까?

서기 668년 고구려가 나당연합군에게 멸망했으나 당나라는 물러가지 않고 신라 땅에 계림도독부를 설치하고 신라까지 당의 지배하에 두고자 했다. 백제 땅에는 웅진도독부를, 고구려 땅에는 안동도호부를 두었으니 말이 신라와 당의 연합이지 당은 처음부터 신라를 도운 게 아니라 신라를 이용해 한반도의 삼국을 전부 당의 지배하에 두고 식민지로 삼으려고 한 것이다.

그런데 신라가 가만있지 않았다. 강하게 대항하여 계림도독부 설치는 무위로 돌아갔으나 당은 다시 대군을 몰아 신라를 공격하려고 했다. 이때 당나라에 가 있던 의상법사는 옥에 갇혀 있던 김인문으로부터 사전에 이 내막을 듣고 문무왕 10년(670년)에 귀국하여 사태의 긴급함을 문무왕에게 알렸다. 문무왕은 급히 명랑법사(明朗法師)를 불러 대책을 묻는 동시에 절을 짓게 하였는데 그것이 바로 사천왕사이다. 무슨 일이 있었는지 삼국유사 기록을 따라가 보자.

왕이 매우 염려하여 여러 신하들을 모아 놓고 방어책을 물었다. 각간 김천존이 아뢰기를, "근래에 명랑법사가 용궁에 들어가서 비법을 전수해왔으니 그를 불러 물어보십시오."라고 하였다. 명랑이 아뢰기를, "낭산 남쪽 신유림(神遊林)이 있으니, 그곳에 사천왕사를 세우고 도량을 개설함이 좋겠습니다."라고 하였다. 이때 정주(貞州)에서 사자가 달려와서 보고하기를, "당나라 군사들이 수없이 우리 국경에 이르러 바다 위를 순회하고 있습니다."라고 하였다. 왕이 명랑을 불러서 말하기를, "일이 이미 급박하게 되었으니 어찌하면 좋겠소?"라고 하였다. 명랑이 말하기를, "채색 비단으로 (절을) 임시로 지으십시오."라고 하였다. 이에 채색 비단으로 절을 짓고, 풀로 오방신상(五方神像)을 만들고, 유가명승(瑜伽名僧) 12명이 명랑을 우두머리로 하여 문두루 비밀법을 지으니, 그때에 당나라와 신라의 군사가 싸우기도 전에 풍랑이 크게 일어 당나라의 배가 모두 물에 침몰하였다. 그 후 절을 고쳐 짓고 사천왕사라고 했는데, 지금까지 단석(壇席)이 끊어지지 않았다. ('국사(國史)'에는 이 절의 개창이 조로(調露) 원년(679년) 기묘에 있었다고 하였다.)

무슨 말인가? 삼국지에서 제갈공명이 동남풍을 불게 하여 조조의 100만 대군을 물리친 것과 같은 신이(神異)한 이야기이다. 일단 삼국유사에 기록된 내용을 해석해 보면, 채색 비단으로 절을 만들었다 함은 사찰의 경계 즉 회랑을 설치했다는 것으로 채색은 각 방위의 색을 의미한다. 비단으로 사찰의 경계를 만든 다음, 풀로 오방신상과 5방 신단을 만들었다는 말이다.

명랑법사는 신인종의 창시자이다. 불교에는 주술적 요소가 있는데 이를 중심으로 하는 것을 밀교라고 하며 그 종파가 신인종(神印宗)이다. 예나 지금이나 급하면 합리적인 존재인 인간도 신비한 주술에 의존하게 된다. 하물며 절대절명의 국난을 맞아 이를 타개하기 위한 범국민 운동을 위해서는 통치자로서 가시적인 퍼포먼스라도 필요했을 것이다.

문무왕이 의상법사 같은 당시 주류 불교의 지도자가 아닌 신인종의 명랑법사에게 자문을 구한 이유이기도 하다. 그런데 신유림(神遊林)은 이미 전불(前佛)시대에 사찰이 지어질 것이 예정된 칠처

가람(七處伽藍)의 하나였다. 명랑은 이 사실을 알고 있었기에 문무왕에게 선뜻 신유림에 사천왕사 개설을 건의했을 것이다. 그런데 언제 사천왕사가 지어졌을까?

공식적으로 사천왕사 창건은 문무왕 19년(679년)으로 보는데, 삼국사기 기록에는 '사천왕사가 완성(四天王寺成)되었다고 하였고, 삼국유사에는 절을 개창(改創)하였다는 표현을 사용하고 있다. 이를 종합해 보면, 사천왕사가 건립된 곳은 재래 신앙의 성소인 신유림으로 아무리 위급한 시국이라 해도 그렇게 빨리 사찰을 건립하기는 어려웠을 것이다.

더욱이 그곳은 평지가 아니어서 벌목과 대지 평탄 작업 등 상당한 시일이 걸렸을 것이다. 아마 그전부터 신유림에 사찰을 건립할 계획이 공론화 되어 있었고 또 준비를 해오지 않았나 생각된다. 그런 사전 분위기 조성이 있었기에 670년 명랑의 건의에 따른 사찰 조영이 가능했을 것이다.

삼국유사에는 이때 명랑법사가 지은 절에 대해 '창건'이라 하지 않고 '영사(營寺)'란 표현을 사용했다. 임시로 급하게 결구하여 사찰의 흉내를 냈다는 뜻이므로 후일 679년 사천왕사 창건을 개창 또는 낙성했다고 한 것이다. 그런데 명랑법사가 신유림에 절을 짓고 문두루 비법을 사용해 당나라 병사를 물리쳤다는 이야기는 정말로 있었던 일이었을까?

사천왕사지는 일제강점기에 1차 발굴조사가 있었고 2006년부터 2012년까지 국립경주문화재연구소에서 다시 정밀 발굴조사를 실시하였다.

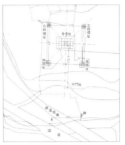

| 현 추정 가람배치도(좌), 후지시마 가이지로(藤島亥治郎)의 추정 가람배치도(우)
출처, 국립경주문화유산연구소 조사보고서

발굴조사에서 드러난 창건 시 가람은 동서 약82m, 남북 약88m의 사역 내에 금당, 동서 목탑, 동서 단석지, 동서 남회랑 등이 존재했던 것으로 확인되었다. 이것은 문무왕 19년(679년)에 창건한 가람을 기준으로 한 것이다.

발굴조사 결과에 따르면, 사천왕사는 1금당 쌍탑형의 사찰구조이다. 쌍탑은 신라의 경우 사천왕사지에서 처음 발견되는데 석탑이 아닌 목탑이다. 금당의 남쪽 동서 양편에 목탑이 세워져 있었고 금당과 동서 회랑을 연결한 익랑(翼廊)이 있었다. 즉 사천왕사는 문무왕 19년(679년)에 낙성되었을 때 2기의 목탑을 갖춘 쌍탑식 가람이었다. 사천왕사는 신라 사찰 역사에서 쌍탑식 가람의 시원이며 목탑의 마지막을 장식한 사찰이라 할 수 있다.

그런데 삼국유사에 의하면, 명랑법사가 신유림에서 "채색 비단으로 절을 짓고 풀로 오방신상(五方神像)을 만들어 유가명승(瑜伽名僧) 12명을 데리고 문두루 비밀법(文豆婁)을 행했다."라는 것이다.

이때는 긴급한 상황이니 절을 지을 시간적 여유가 없었을 것이다. 그래서 신유림에 임시 기도 도량을 만들어서 응급조치를 했다는 말이다.

사천왕사가 공식 창건된 해는 그로부터 9년이 지난 679년이다. 그럼, 당시에 문두루비법을 행한 장소인 단석지(壇席址)는 어디일까?

위의 가람 배치도와 도면을 보면 중앙의 금당을 중심으로 전면 좌우에 건물지가 있고 또 후면 좌우에 건물지가 있는데, 이 네 개의 건물지가 중앙의 금당을 기준으로 서로 대칭을 이루고 있다. 이는 다른 사찰에서 찾아보기 어려운 사천왕사만의 특징으로 혹자는 이를 밀교의 만다라에서 연유한 배치구조라고 한다. 대칭과 비례를 적용할 만큼 사천왕사는 사전에 치밀한 계획과 설계를 바탕으로 건립된 국찰임을 다시금 생각케 한다.

그런데 금당지 북쪽 좌우에 건물지가 보인다. 후지시마는 도면에서 보듯이 이 건물을 경루 또는 종루, 고루로 보았다. 일견 종루나 경루라면 금당의 전면에 두는 것이 통례인데, 북쪽 방향에 두었다는 것은 잘 이해가 되지 않는다. 더욱이 북쪽 건물지는 사방 3칸의 건물이고 각 초석 중심에 직경 20cm의 원형 구멍(圓孔)이 있다. 또 원공 주변에는 약 55cm 크기의 정방형 모각을 이중으로 두었다. 이 모각은 다시 초석의 네 귀퉁이와 연결되어 있다.

금당 후면에 좌우 대칭의 위치에서 각기 원공(圓孔)을 지닌 12개의 특수한 초석이 있는 유구의 정체는 무엇일까? 최근에 이 유구를 문무왕 대 명랑법사가 문두루비법을 행했던 단석(壇席)으로 보는 견해가 유력하게 제기되었다. 다만, 현재 초석 유구는 679년 개창

| 사천왕사지의 서(西)단석지 모습.

시 흔적으로 볼 수 있으나 670년 명랑법사가 문두루비법을 행한 장소는 사천왕사 건립의 유서 깊은 연고지이므로 개창 시에 그 장소에다 단석 관련 건물을 축조했을 가능성이 있다.

따라서 삼국유사 기록대로 명랑법사가 670년과 671년 두 차례 신유림에 간단한 사찰 형태를 조영하고 단석을 설치하여 문두루비법을 행한 것은 사실인 것으로 보인다. 물론, 이로 인하여 당군이 물러갔다는 일화는 신라가 당군을 격퇴하여 삼국통일 대업을 완수한 후일에 문두루 비법의 영험함을 증명하는 하나의 스토리로 각색되어 불교계에 전파된 것으로 보는 것이 합리적인 해석일 것이다.

그런데 문두루 비법이란 무엇인가? 불설 관정경(灌頂經)이라는 밀교 경전에 나오는 주술이다. 불교는 인도의 재래 신앙을 흡수 통합하여 만들어졌다. 인간에게는 주문 같은 행위를 통해 신비한 체험을 하여 영험을 얻고자 하는 습성이 있다. 이것은 종교에서 매우 중요한 요소이기도 하다. 불교 역시 고등종교이지만 재래의 주문과 부적 비법은 가지고 있다. 이런 부류를 밀교라 하는데 불교의 전파 루트 중에 티베트 불교가 이에 해당한다. 밀교는 불교의 기저로 뿌리 깊은 전통을 유지하면서 전승되었으며 호국, 치병, 즉신성불(卽身成佛)을 지향했다. 문무왕은 밀교의 주술적 호국 사상을 인식하고 이를 당군을 격퇴하는데 활용했다고 볼 수 있다.

명랑법사는 심리적으로 동요하는 백성들을 위무하고 조정과 백성들 간의 국론 통합을 위하여 당시 신라인들이 신성하게 생각하는 성소인 신유림에 제단을 만들고 문두루 비법을 행하였다.

삼국유사 기록에는 금강좌에 올라간 명랑법사가 문두루 비법을 외우자 순간 하늘이 잿빛으로 변하고 비가 내리면서 거센 태풍이 휘몰아쳤으며 태풍에 당군의 배들이 흔들려 난파되었고 이내 당군은 철수했다고 한다. 이 얼마나 드라마틱한 퍼포먼스이고 스토리인가.

사천왕사는 신라 최초의 쌍탑식 가람의 시원이며 밀교를 배경으로 창건된 호국사찰로 700년간 존속하였다. 고려사에는 문종 대 사천왕사에서 문두루 도량을 열어 오랑캐의 침입이 없기를 빌었다는 기록이 있는 것으로 보아 고려시대에도 사천왕사의 밀교적 호국 기능이 지속되었음을 알 수 있다.

신라의 7개 성전(成典) 중에 사천왕사 성전이 가장 수위에 기재되어 있는 것으로 봐도, 사천왕사가 차지하는 호국사찰로서의 위상을 능히 짐작할 수 있다.

07

신묘한 피리의 전설,
만파식적

피리를 불면 적이 물러가고, 병이 낫고, 가뭄에는 비가 오고,
장마 때는 개이며, 바람과 물결도 잠잠해졌다는 요술피리 만파식적
그것은 주역의 원리를 응용한 왕실의 보배이고 신성한 왕권의 상징이었다.

삼국유사(紀異)에 다음과 같은 이야기가 전해온다.

신라 제31대 신문왕이 아버지 문무왕을 위해 동해 변에 감은사를 지었다. 신문왕 2년(682년) 5월 초하루에 동해에서 작은 산 하나가 감은사 쪽으로 떠내려오고 있다는 전갈을 받았다. 점을 친 일관이 해룡(海龍)이 된 문무왕과 천신(天神)이 된 김유신이 왕에게 나라를 지키는 보배를 주려는 것이니 해변에 가서 받으라고 했다.

왕이 기뻐하며 5월 7일 이견대(利見臺)에 가서 바다에 떠 있는 산을 바라보다가 사람을 보내 살펴보니, 산의 형세가 거북의 머리와 같은데 그 위에 대나무 한 줄기가 있어 낮에는 둘이 되고 밤에는 하나가 되었다. 다음날 오시에 대나무가 하나가 되자 7일 동안이나 천지가 진동하고 비바람이 몰아쳤다. 바람이 자고 물결이 평온해지기를 기

다렸다가 왕이 배를 타고 그 산에 들어갔더니 용이 검은 옥대(玉帶)를 가져와 바쳤다. 왕이 산과 대나무가 갈라지기도 하고 합해지기도 하는 이유를 물었다.

용이 대답하기를 "비유하자면, 한 손으로 치면 소리가 나지 않고 두 손으로 치면 소리가 나는 것과 같아서 이 대나무는 합한 후에야 소리가 납니다. 왕께서 소리로써 천하를 다스릴 상서로운 징조입니다."라고 하며 대나무가 합해졌을 때 베어다 피리를 만들어 불면 천하가 평화로울 것이라고 했다. 왕이 사례하고 사람을 시켜 대나무를 베어서 바다에서 나오자 산과 용이 갑자기 사라졌다.

왕이 돌아와 그 대나무로 피리를 만들어 월성 천존고(天尊庫)에 두었는데, 이것을 불면 적이 물러가고, 병이 낫고, 가뭄에는 비가 오고, 장마 때는 개이며, 바람과 물결도 잠잠해졌다. 그래서 이 피리를 '만파식적(萬波息笛)'이라 하고 국보로 삼았는데, 효소왕 때 기이한 일이 일어나자 만만파파식적(萬萬波波息笛) 이라고 했다.

이상은 요술피리 만파식적에 관한 설화이다. 설화를 분석해 보면 주인공은 신문왕이다. 그리고 조연으로 문무왕과 김유신, 태자가 등장한다. 문무왕과 김유신은 만파식적을 전해주는 입장이고 신문왕은 이를 받는 입장이다. 왜 이런 요술피리 스토리가 구성되었을까?

이 이야기의 시점은 신문왕 2년(682년)이다. 문무왕은 무력으로 삼국을 통일하였지만, 물리적 통합을 했을 뿐, 수백 년간 갈라져 살아온 고구려계, 백제계 사람들이 한 번에 민족적 결합을 해서 신라인이 된 것은 아니다. 그 과제는 후임자인 신문왕의 몫이 되었다.

고대에서는 신이한 설화만큼 사람의 마음을 움직이는 것도 없다. 만파식적 설화가 신문왕 즉위 다음 해에 만들어진 것만 봐도 이 것이 왕통의 승계 특히 진골 왕통의 정통성과 관련된 것임을 짐작할 수 있다.

신문왕은 재임 기간 문무왕의 후계자로서 삼국 통합을 제도적으로 훌륭하게 완성한 군주로 평가된다. 그러나 문무왕이 유조에서도 당부하였듯이 당시 정국은 예측 불가의 상황이었다. 태종무열왕이 진골로서 처음 왕이 되었지만, 신문왕 대까지도 왕을 진골 귀족의 대표자 정도로 보는 시각이 남아있었다.

즉, 진골계 왕통이 확고하게 자리 잡지 못한 것이다. 이러한 불안은 신문왕 즉위와 함께 터졌는데 왕의 장인이며 진골의 우두머리인 김흠돌의 반란이 그것이다. 신문왕은 즉위의 정당성과 왕통의 신성함을 대내외에 보여줄 퍼포먼스가 필요했을 것이다.

이는 이미 선대 왕들이 활용한 방법이기도 한데 진평왕은 즉위 초에 하늘이 내려준 천사옥대 이야기로 왕권을 강화하는데 도움을 받았고, 그에 앞서 진흥왕은 황룡의 이야기를 만들어 황룡사를 창건함으로써 전륜성왕으로 이미지 각색을 한 바 있다. 이제 신문왕은 어떤 이야기를 가지고 프로파간다를 할지 고민했을 것이다. 그래서 찾아낸 것이 만파식적 요술피리이다.

그런데 만파식적 설화의 목적이 신문왕 즉위의 정당성과 진골 왕통의 정통성 확립이다 보니 피리에다 어떤 형태로 신성함을 부여할지 생각했을 것이다. 내레이션(narration) 구성의 장치이다. 구성요소의 핵심은 하늘(天)과 사람(人)의 연결이다.

왕통의 신성함을 나타내는 상징으로 문무왕은 선왕이니까 당연히 등장해야 하지만 진골 왕통의 창시자인 태종무열왕 대신에 신하인 김유신이 들어갔다. 어찌 된 일인가? 여기서 진골 왕통의 정통성을 주장할 수 있는 명분이 삼한일통 즉 삼국통일이다.

아무도 하지 못한 삼국통일의 대업을 우리가 했다는 것에 정당성을 주장하려면 왕의 계보만 갖고는 부족하다고 생각했을 수 있다. 왕통은 문무왕으로 충분하니 신라인들에게 가장 인기가 높고 삼국통일에서 빠질 수 없는 인물을 등장시켜야 했다. 그가 김유신이다. 김유신은 흥덕왕 대에 흥무대왕으로 추숭되었지만 이미 당대에 김유신에 대한 평가는 일반적인 신하와 장수의 수준을 초월해 있었다.

위의 설화에서 보면 문무왕은 해룡으로, 김유신은 천신 또는 천신의 아들로 나타나는데 직접 신문왕을 만나지 않고 용을 매개자로 삼아 보물을 전해주는 구조이다. 용은 왕을 상징하는데 여기서는 사자의 역할을 한다. 그런데 용을 보내서 전해준 선물은 신문왕이 바라는 왕통의 신성함을 나타내는 신비한 보물이어야 한다. 그것이 만파식적이란 피리인데 피리의 완성품을 전해주었다면 이 서사구조는 무미건조했을 것이다. 스토리의 힘이 빠진다. 피리 자체에 신성함을 부여하는 모티브가 들어가야 한다. 그것은 만파식적이 만들어지는 내용에 스며있다.

만파식적의 재료는 바다에 떠 있는 산 위에 난 대나무이다. 그런데 대나무가 여느 대나무가 아니라 낮에는 둘이 되고 밤에는 하나가 된다. 이것은 음양을 나타내는 말이다. 그리고 마침 대나무가 하나가 되자 7일 동안 천지가 진동하고 비바람이 몰아쳤다. 대나무에 신령함을 불어넣은 작위이다. 마치 쇠를 단련하여 명검을 만들려면 여러 가지 신비로운 에너지를 불어넣는 것과 같은 이치이다. 대나무가 둘이 되었다가 하나가 된다는 것은 주역의 음양과 태극을 의미하는 것으로 해석할 수 있다. 보통은 태극에서 음양이 태동하는데 여기서는 음양이 태극이 된 경우이다.

중개자인 용은 합하여진 대나무로 피리를 만들어 불면 신비한 일이 일어나서 나라가 태평해질 것이라 말한다. 소리로써 천하를 다스릴 치도(治道)를 일깨워준 것이다.

신문왕은 바라는 것을 얻었다. 그런데 이런 이야기만 가지고는 설득력이 약하다. 뭔가 신성함을 오래 지속시킬 수 있는 가시적인 건축물 같은 것이 있어 이야기를 보강해야 사람들은 신성한 왕통에 복종할 것이다. 삼국유사에서 일연은 감은사 창건을 말하면서, 사중기(寺中記) 기록을 할주로 달았다.

문무왕은 왜병을 진압하고자 이 절을 짓기 시작하였지만 다 끝마치지 못하고 세상을 떠나 바다의 용이 되었다. 그 아들 신문왕이 왕위에 올라 개요 2년(682년)에 공사를 끝마쳤다. 금당 섬돌 아래에 동쪽을 향해 구멍을 하나 뚫어 두었는데, 이는 용이 들어와서 서리고 있게 하기 위해서이다. 대개 왕의 유언에 따라 유골을 보관한 곳을 대왕암이라 하고, 절을 감은사라 하였다. 뒤에 용이 나타난 것을 본 곳을 이견대(利見臺)라고 하였다.

만파식적과 감은사, 이견대, 대왕암은 일견 서로 관계없는 것 같지만 모두 신문왕 대에 만든 것으로 왕권 강화와 진골 왕통의 정당성을 확보하기 위한 장치라는 점에서 하나의 세트라고 볼 수 있다. 여기서 이견대에 주목해 보고자 한다. 위의 글에서는 '용이 나타난 것을 보아서 이견대'라고 했다는 것인데 설화에서 왕이 용을 만난 장소는 바다에 떠 있는 산이었다.

그런데 왜 이견대를 바닷가에 세웠을까? 이견대라는 용어가 심상치 않다. 여기에는 주역의 원리가 적용된 것으로 본다. 주역의 건괘(乾卦)에는 구이효(九二爻)와 구오효(九五爻)가 있는데 "구이는 나타난 용이 밭에 있으니, 대인(大人)을 만나봄이 이롭다(九二 見龍在田 利見大人)."라는 의미이고 "구오는 나는 용이 하늘에 있으니, 대인을 만나봄이 이롭다(九五 飛龍在天 利見大人)."라는 뜻이다.

이 무슨 의미일까? 두 효에는 용이 등장한다. 용과 대인의 관계이다. 용이 나타난 것은 상서로운 기운으로서 대인(大人)을 만나기 위함이고 그것은 이로운 일이라는 뜻이다.

그럼, 만파식적 설화에서 용이 나타난 것은 대인을 만나 이로움을 얻기 위함이 된다. 대인이 누구인가. 설화의 내용을 보면, 신문왕에게 대인은 문무왕과 김유신임이 명백하다. 그런데, 누가 구이이고 누가 구오에 해당하는가?

구이의 의미에 대해 왕필의 주석을 보면, "중(中)에 거하되 편벽되지 않으니, 비록 인군(人君)의 자리가 아니나 인군의 덕(德)이다(居中不偏 雖非君位 君之德也)." 구이(九二)는 군주는 아니지만 군주의 덕을 갖춘 사람이라고 한다.

이로써 보면 구이는 성신(聖臣)이라 칭송받는 김유신이 이에 해당할 수 있다. 그렇다면 구오(九五)는 군주를 말한다. 역시 왕필의 주석을 보자. "용이 하늘에 있으면 대인의 길이 형통한 것이다. 지위는 덕으로 인하여 일어나고 덕은 지위로 인하여 펴지는데, 지극한 덕을 가지고 높은 지위에 처하였으니 만물이 우러러 보는 것이 당연하지 않은가?"라고 하였다. 구오란 군주의 자리를 말하고 여기서는 군주인 문무왕을 지칭한다.

주역에 보면 구이와 구오는 서로 상응한다. 신하가 현명해도 암군(暗君)을 만나면 그 현명한 능력을 발휘할 수 없고 반대로 성덕을 갖춘 현명한 군주라도 현명한 신하를 만나지 못하면 그 덕을 펼칠 수가 없다.

구이에서 군주의 덕이라고 말하고 있는데 여기서 군주의 덕이란 결국 구오를 가리킴을 알 수 있다. 즉, 구이에서 "대인을 만나봄이 이롭다."라고 했을 때의 대인이란 구오를 말한다. 부연하면 구이에 나오는 대인은 구오를 가리키고, 구오에 나오는 대인은 구이를 가리킨다.

이것을 만파식적 설화에 대응해 보면 구이인 김유신의 '이견(利見)'은 구오인 문무왕을 만나는 것이고 구오인 문무왕의 '이견(利見)'은 구이인 김유신은 만나는 것임을 알 수 있다. 쉽게 말하면 임금과 신하의 궁합이 잘 맞아서 삼국통일의 대업을 이룩하였고 이제 대나무가 합하여 하나가 되듯이 두 성인이 합심하여 이 무가대보(無價大寶)를 신문왕에게 준다는 것이다.

만파식적을 무가대보라고 하였다. 이는 왕권을 상징하는 왕실

| 이건대에서 바라다 본 동해 문무왕릉(좌)과 감은사지 석탑(우)

의 보배라는 뜻으로 실제 만파식적은 후임 왕들에게 전해져 신성한 왕권의 상징으로 기능하였다.

이처럼 만파식적은 삼국통일의 두 영웅인 문무왕과 김유신의 원력과 주역의 음양과 태극의 원리가 한데 어울려 만들어진 신비한 힘을 가진 무가대보이며, 그 전달 장소 또한 주역의 구이와 구오의 원리가 적용된 곳이란 것이다.

신문왕이 만파식적을 얻은 시점에 감은사가 완공되었고 절의 금당 섬돌 아래에 동쪽을 향해 구멍을 하나 뚫어 해룡이 된 문무왕이 들어와서 서리게 하였다는 사중기 기록 등에 비추어 볼 때, 만파식적과 이건대, 감은사, 대왕암은 신문왕의 왕권과 중대 왕실의 정통성을 신성하게 장식하는 하나의 성역 벨트였음을 알 수 있다.

08

성령 선원가람
황복사지 불상의 모델

신목태후와 아들 효소왕은 선왕 신문왕의 얼굴을,
성덕왕은 부모와 형의 얼굴을 불상에 투영하였다.
그럼으로써 왕권의 정통성을 확립하고 선왕의 업적을 계승하고자 했다.

　　경주 낭산 동북쪽에 황복사지가 있다. 지금은 7.3m의 화강암제
3층 석탑이 서 있을 뿐이다. 이 석탑은 2중 기단 위에 3층의 탑신을
쌓아 올린 전형적인 통일신라시대 석탑의 모습을 보여주고 있다.
황복사지 3층 석탑은 그동안 위치 비정 문제로 인해 '구황동 3층
석탑'으로 불리다가 최근 '경주 황복사지 3층 석탑'으로 공식 명명
되었다. 그럼, 황복사는 언제 창건되었을까? 통일신라시대 석탑이
있으니 통일신라시대에 창건된 것일까?

　　삼국유사에 그 단서가 있다. "법사 의상의 아버지는 한신이라 하
는데 성은 김씨이다. 나이 29세에 서울 경주 황복사(皇福寺)에서 머
리를 깎고 중이 되었다."(三國遺事 卷4, 義解5 義湘傳教條) 의상대사가
29세에 황복사에서 머리를 깎고 중이 되었다는 것이다. 부석본비
(浮石本碑)와 해동고승전 기록에 의하면, 의상은 진평왕 47년(625년)

| 황복사지 3층 석탑, 일제강점기 유리건판 사진과 현재의 3층 석탑 모습.

에 태어났으므로 진덕여왕 7년(653년)에 출가한 것이 된다. 그렇다면 황복사는 최소한 진덕여왕 그 이전에 창건된 것이 확실해 보인다. 다만, 현 황복사지가 맞는지는 의견이 분분하다.

그럼, 현재 남아있는 3층 석탑은 언제 세워졌을까? 1942년 일제강점기에 황복사지 3층 석탑을 해체 수리할 때 2층 옥개석에서 금동사리함이 발견되었다. 사리함 구조는 밖에서부터 금동 외함-은함-금함-유리병의 순서로 되어 있는데, 금동 외함의 뚜껑 안쪽에 명문이 새겨져 있었다. 명문은 사방으로 칸을 그어 칸마다 한 자씩 글자를 새겼는데 전체 18행에 1행 20자 총 344자의 해서체이다. 명문의 내용은 다음과 같다.

무릇 성인은 가만히 있으면서도 혼탁한 세상에서 백성을 기르고 지극한 덕은 억지로 하지 않으면서도 세상에서 중생을 제도한다. 신문대왕(재위 681~692)은 오계(五戒)로써 세상에 응하고 십선(十善)으로 백성을 다스려, 통치를 안정시키고 공을 이루고는 천수(天授) 3년(692

년) 임진년(壬辰年) 7월 2일에 돌아가셨다. 신목태후와 효조대왕(재위 692~702)은 받들어 종묘의 신성한 영령을 위하여 선원가람(禪院伽藍)에 3층 석탑을 세웠다. 성력(聖曆) 3년(700년) 경자년(庚子年) 6월 1일에 신목태후가 마침내 세상을 떠나시어 정토에 오르셨고, 대족(大足) 2년(702년) 임인년(壬寅年) 7월 27일에는 효조대왕도 승하하셨다. 신룡(神龍) 2년(706년, 성덕왕 5년) 병오년(丙午年) 5월 30일에 지금의 대왕(성덕왕)께서 부처님 사리 4과와 6촌(寸) 크기의 금제 아미타 불상 1구와 무구정광대다라니경(無垢淨光大陀羅尼經) 1권을 석탑의 두 번째 층에 안치한다. (이하 생략)

명문의 내용은, 효소왕 원년(692년)에 신문왕이 돌아가자 신문왕의 왕후인 신목태후와 아들 효소왕(원문에는 효조왕)이 선왕인 신문왕을 기리기 위해 선원가람에 탑을 세웠다는 것이다. 이로써 탑의 건립 연대를 알 수 있다.

그런데 700년 6월 1일에 신목태후가, 702년 7월 27일에는 효소왕이 세상을 떠나서 성덕왕 5년(706년)에 신문왕, 신목태후, 효소왕의 왕생을 기원하고 금상(성덕왕)과 왕후의 장수와 안녕을 기원하기 위해 불사리 4과와 금제 아미타불상 1구, 무구정광대다라니경 1권을 탑에 안치했다는 것이다. 그런데 1942년 석탑 해체 복원 시에는 순금제 불상이 1구가 아닌 각 좌상과 입상 2구가 발견되었고 다라니경은 출토되지 않았다.

먼저, 금제 좌불상에 대해 알아보자. 크기는 12.2cm로 아담하고 광배와 대좌는 금동이며 불신은 순금으로 만든 통일신라 불상이

| 황복사지 3층 석탑 출토 금제 여래좌상(좌)과 입불상(우)

다. 사리함 명문에 의하면 692년에 탑을 세우고 706년에 사리장엄구를 추가로 봉안하면서 금제 아마타상 1구를 봉안했다고 기록하고 있다.

그런데 실제 탑에서 발견된 불상은 좌불상과 입불상 2구여서 어느 것이 명문에 적힌 아미타 불상인지가 모호하다. 불상은 보통 수인을 보고 존명을 판단하는데 이 불상은 예외적인 특징이 있어 딱히 어느 것이 아미타 불상이라고 선뜻 판단하기가 쉽지 않다. 다만, 조각 수법과 표현양식에 따르면 좌불상이 입불상보다는 시대가 내려간다는 접근법에 따라 좌불상이 706년에 추가로 봉안한 아미타 불상으로 보는 것이 일반적인 학설이다.

사리기 명문에 의하면 아미타상 1구의 크기를 '6촌(寸)'이라고 표현했다. 그럼 두 불상 중에서 6촌에 해당하는 불상을 찾으면 된다. 문제는 당시 사용했던 척(尺)이 어떤 것이냐 하는 것이다. 만약 주척(周尺)을 사용하면 여래좌상의 크기(12.2cm)에 가깝다는 이유로 학자들은 좌불상을 706년에 추가 봉안한 아미타 불상으로 보고 14.4cm 크기의 입불상은 처음 탑을 세운 692년에 봉안한 것으로 본다. 그러나 주척을 사용했다는 증거가 없으므로 불상의 크기로 선후관계를 판단하는 것은 적절치 않을 수 있다.

좌불상은 몸이 순금이고 광배와 대좌는 금동으로 만들어져서 각기 따로 만들어서 결합한 것이다. 광배는 거신광으로 불상 전체를 감싸고 있으며 가장자리에는 화염문과 당초문을 투각하고 두광의 중앙에는 연자문을 타출한 연판을 오려 부착하였으며, 신광의 중심부는 인동당초문을 선각하고 바탕에는 어자문을 찍었다. 즉,

하나의 광배 안에 당시 신라 왕실의 우수한 금속 공예기술이 모두 집약되어 있다.

위 여래좌상의 수인은 오른손은 시무외인을, 왼손은 손등을 위로 하여서 무릎 위에 자연스럽게 얹은 모습으로 통일신라시대에는 찾아보기 어려운 형태로서 당시 당에서 유행하던 도상을 수용한 것이 아닐까 추정된다. 왜냐하면 7세기 중후반 조성된 당나라 아미타 불상 수인에 이와 유사한 형식이 보이기 때문이다. 그런데 당나라에서 유행한 아미타불상 수인이 어떻게 빠르게 신라에 전해져 성덕왕 대인 706년 석탑에 봉안될 수 있었을까?

삼국사기에 의하면 성덕왕 2년(703년)에서 황복사 3층 석탑에 금제여래좌상이 봉안되는 성덕왕 5년(706년) 사이에 총 8회에 걸쳐 견당사를 파견했다는 기록이 보인다. 특히, 705년에는 3월과 9월 두 번, 706년에는 4월 8월 10월 등 총 세 번에 걸쳐 견당사를 파견하였다. 성덕왕 대의 다른 시기에는 보통 1년에 한번 꼴로 견당사를 파견했던 사례에 비추어 볼 때, 이 시기에 집중적으로 견당사 파견이 잦아진 이유는 그만큼 당의 선진 문물을 빠르게 수입할 수 있는 여건이 마련되었기 때문일 것이다. 이는 무구정광대다라니경이 당에서 한역(漢譯)된 해가 704년인데 바로 2년 뒤인 706년에 황복사 석탑에 다라니경이 안치되는 것에서도 알 수 있다.

이번엔 불상의 얼굴을 자세히 보자. 좌불상은 무늬가 없는 소발에 높고 큰 육계가 자리 잡고 있으며 얼굴은 장방형에 가깝고 턱과 볼 주변이 통통하여 전체적으로 풍만한 느낌이 든다. 이목구비는 선이 뚜렷하여 입체적이고 이마, 눈두덩이, 광대는 팽팽하여 볼륨

이 있다. 이와 같은 얼굴의 표현은 기존의 삼국시대 불상과는 확연히 다른 당의 양식에서 영향을 받은 것임을 알 수 있다.

불상의 모습은 그 시대를 닮는다고 한다. 양식상 당의 영향을 받았을 수 있지만 세밀한 표정 등은 통일신라시대 문화의 극성기인 성덕왕 대의 풍요로움과 넉넉한 사회상을 반영하고 있다.

입불상은 일단 좌불상과 비교해 보면 고식(古式)이다. 입불상도 좌불상처럼 광배와 대좌 그리고 불상을 각각 따로 제작하여 결합하였다. 후면에 구멍이 뚫려 있는 것으로 보아 당초에는 신광이 있었던 것 같다. 불상의 몸은 속이 비어있는 중공식(中空式)으로 주조했다. 입불상은 좌불상과 달리 불상의 몸은 물론 광배와 대좌까지 순금으로 만들어졌다. 사리함 명문에서는 순금으로 만든 것은 전금(全金)이라 표현하였다.

탑에 봉헌된 불상은 이유가 분명하다. 사리함 명문에 의하면, 황복사지 금제 불상은 돌아가신 망자의 명복을 빌기 위해 왕과 태후의 발원으로 조성되고 봉안되었다. 즉, 1차로 692년에는 신문왕이 승하하자 3층 석탑을 조성하고 아들인 효소왕과 신문왕의 왕비인 신목태후가 발원하여 불상을 봉안하였다. 2차에는 1차 발원자인 효소왕과 신목태후가 돌아간 후, 다음 왕인 성덕왕이 부모와 형의 명복을 기원하면서 불상을 안치하였다.

만약 두 불상의 선후관계를 따진다면 1차 692년에 안치한 불상이 입불상이고, 2차 706년에 안치한 불상이 좌불상이다. 그런데 중국과 우리나라의 불상 봉헌에서는 발원한 자의 뜻에 따라 불상의 형상을 만들기도 한다. 불상의 전반적인 양식은 그 시대에 신봉했던 부처상을 따르겠지만 얼굴 모습은 발원자 자신이 보고 싶고 그리워하는 사람의 모습을 투영하여 만들지 않았을까 한다.

특히, 왕실과 관련된 인물이라면 그 중요성이 대단하다. 그렇다면 효소왕 원년(692년)에 제작된 것으로 보는 입불상은 신문왕의 모습을 형상화한 것은 아닐까? 발원자가 다름 아닌 부인과 아들이며 왕위를 계승한 군주이다. 정통성 계승 차원에서라도 많은 치적을 남긴 선왕 신문왕을 추모하면서 그를 닮은 형상으로 불상을 조성하지 않았을까.

그렇다면 좌불상은 누구를 모델로 하였을까? 발원자가 형에 이어 왕이 된 동생 성덕왕이니 효소왕을 본떴을 것이다. 실제 입불상과 좌불상의 모습을 보면 후덕한 얼굴형과 코와 입술 등이 꼭 부자의 얼굴처럼 닮았다. 고식(古式)의 입불상은 40대 중년의 모습이다. 신문왕은 문무왕 5년에 태자가 되어 16년이 지나 즉위하였다.

신문왕이 즉위 후에 김흠돌의 반란 등을 신속하게 진압하고 왕권을 강화할 수 있었던 것은 그가 오랜 태자 시기를 겪으면서 전쟁을 수행하는 아버지 문무왕의 카리스마 있는 결단력을 보고 배웠기 때문일 것이다. 이는 신문왕이 거의 성년의 나이가 되어 즉위했다는 것을 말해준다. 몇 세에 태자가 되었는지 알 수 없지만 재임 기간이 12년인 걸 감안하면 돌아갔을 때 나이가 40대는 되었을 것이다.

효소왕은 6세에 왕이 되어 9년을 재위하다가 16세에 돌아갔다. 그의 생몰 연도는 삼국사기를 통해 확인할 수 있다. 좌불상의 얼굴은 입불상에 비해 동그랗고 소년의 상이다. 소년 군주로 돌아간 효

소왕을 모티브로 조성했을 것이다. 이렇게 황복사지 3층 석탑에 봉
안된 불상 2구는 아버지 신문왕과 아들 효소왕의 모습이라 할 만하
다. 성덕왕은 아버지와 형을 계승하여 성군이 되어 나라를 안정시
키고 태평한 시대를 열 것을 다짐했을 것이다. 그것은 일종의 발원
문이라고 할 수 있는 사리함 명문을 통해 알 수 있다.

　황복사는 신문왕의 원찰인 동시에 효소왕과 성덕왕 삼대의 왕
통이 서려 있는 유서 깊은 사찰이다. 그것을 미리 염두에 둔 것처럼
황복사를 당시 '종묘성령선원가람(宗廟聖靈禪院伽藍)'이라고 표현하
였다. 그리고 인근에 신문왕릉을 조성하였다. (학계에서는 현 진평왕
릉을 신문왕릉으로 본다.)

09

석굴암 천개석의
미스터리

석굴암 석굴 조영의 하이라이트, 돔 천장의 천개석은 왜 깨진 것일까?
창건 당시 깨진 천개석을 그냥 설치한 이유는 무엇이었을까?
석굴암 석굴의 화룡점정, 깨진 천개석의 미스터리.

석굴암 석굴의 조영 건축에서 가장 하이라이트 부분은 아무래
도 궁륭부(穹窿部) 천장의 천개석(天蓋石)(천판이라고도 함)이 아닐까
한다. 인공석굴은 석판과 돌을 쌓아 올려 맞추는 방식이어서 천장
쪽으로 올라갈수록 무게에 따른 힘의 균형을 잘 유지하는 것이 중
요한 관건이다.

특히, 돔의 정점으로 가면서 좁아지는 천장의 구조상 마감 돌인
천개석(key stone)의 역할이 중요하다. 이에 대해 일제강점기 석굴
암을 최초로 실측한 조선총독부 박물관의 측량기사 요네다 미요지
(米田美代治)는 "정부(頂部)의 거석은 꼭대기를 막음과 동시에 힘을
아래로 분산시켜 판석이 무너지지 않도록 하려는 것이었다. 그렇
게 본다면 이 석굴의 궁륭부를 구성한 축조 관념은 설사 평면 형태
는 다르다고 해도 고분의 구축기법과 같은 것으로 볼 수 있다."라

는 견해를 피력한 바 있다.

그런데, 현재 천개석은 세 갈래로 금(크랙)이 가 있는 상태이다. 언제부터 금이 간 것일까? 이와 관련하여 삼국유사에 흥미 있는 기록이 있다.

장차 석불(石佛)을 조각하려고 큰 돌 하나를 감실의 뚜껑으로 만들려고 하는데, 돌이 갑자기 셋으로 깨졌다. (대성은) 분노하여 아무렇게나 잠들었다. 밤 중에 천신이 내려와서 다 만들고는 돌아갔다. 대성은 잠자다가 일어나서 남쪽 고개로 쫓아가 향나무를 불에 태워 천신에게 바쳤다. 까닭에 그 땅의 이름을 향령(香嶺)이라 하였다.

천장 마감 돌인 천개석은 이미 김대성이 석굴을 창건할 때 공사 과정에서 깨져서 금이 갔다는 것이다. 다만, 어느 시점에 천개석이 깨져 금이 갔는지는 애매하다. 그런데 글의 전후 맥락을 살펴보면, 천개석은 지붕에 최종 설치하기 전에 깨진 것으로 보인다. 왜냐하면 '장차 감실(석실)의 뚜껑으로 만들려고 했는데 돌이 갑자기 셋으로 깨졌다.'는 표현이 그것이다. 문제는 운반하다가 실수로 땅에 떨어뜨려 깨졌을 수도 있고, 지붕에 설치하다가 완성하지 못하고 금이 갔을 수도 있다.

한번 가정을 해보자. 천개석을 지붕 위에 설치하는 것은 지붕공사를 마감하는 것으로 석굴 조성공사에 있어서 마지막 단계이며 화룡점정에 해당하는 중요한 공정이다. 그런데 설치하기 전에 천개석이 깨졌다. 그것을 김대성이 인식했다면 당연히 새로 만들어

| 석굴암 석굴의 천장 천개석, 故 한석홍 사진(상)과 일제강점기 세키노 다다시가 찍은 사진(하)

설치해야 하지 않았을까? 더욱이 천개석은 이름 그대로 성스러운 부처님 정수리 위에 설치하는 것이다. 로마의 판테온처럼 오쿨루스(oculus)와 같은 개념이라면 당연히 깨진 돌을 그냥 지붕 덮개로 사용하지는 않았을 것이다.

그런데, 김대성은 망연자실하여 기력이 빠져 잠이 들었다고 한다. 크게 낙심했다는 말이다. 공기가 좀 늦어질 수는 있지만, 다시 만들 수 있다면 그렇게 낙심할 필요가 있었을까 싶다. 지금 보는 천개석에도 금이 세 갈래로 나 있는 것으로 보면 창건 당시의 모습인 것을 짐작할 수 있다.

삼국유사 내용에는 밤 중에 천신이 내려와서 다 만들고 돌아갔다고 했는데, 이 표현이 애매하다. 깨진 돌을 버리고 새 천개석을 만들었다는 것인지 아니면 깨진 천개석을 그대로 석굴 지붕에 설치했다는 것인지 알 수 없다. 상식적으로 생각하면 밤중에 새로운 천개석을 만들었다고 생각하는 것보다는 깨진 천개석을 지붕에 설치한 것으로 해석하는 것이 합리적 추론인 것 같다. 물론 깨진 돌을 지붕에 얹는다는 것은 엄청나게 어려운 일이었을 것이다. 그러기에 김대성이 그토록 낙심했던 것이고 또 설치 후 천신에게 고마움을 표한 이유일 것이다.

그럼, 깨진 돌을 천개석으로 그냥 사용한 이유가 무엇일까 하는 점이 의문으로 남는다. 일설에는 삼국통일로 인한 백제와 고구려인에 대한 참회와 통합의 상징체로 깨진 돌을 그대로 사용했다고도 하고 새로운 천개석을 만들기에는 공기가 많이 소요되니 그냥 그대로 사용했다고도 한다.

여기서 하나 더 생각할 문제가 있다. 깨진 돌을 천개석으로 사용하는 것은 정말 위험한 일이다. 만약에 그 하중으로 인해 돌이 밑으로 떨어지면 바로 본존불상 정수리에 떨어져 불상이 크게 파손될 것이다. 설치 공법의 문제는 차치하고 과연 그런 위험부담을 감수하며 깨진 돌을 그대로 천개석으로 사용했을까 하는 점이다.

오히려 천개석을 설치하려다가 지붕 위에서 금이 가는 일이 발생한 것으로 해석하는 것이 합리적이지 않을까 한다. 물론 천개석이 깨질 정도의 강력한 충격이 가해졌다면 천개석보다 먼저, 수백 개의 작은 돌들을 짜 올린 돔 지붕 자체가 와르르 무너졌을 것이라고 반론을 제기할 수 있다. 그래도 이 경우는 금이 간 천개석 외에는 다른 영향이 없어 그대로 두었다는 설명이 가능하다. 이것은 깨진 돌을 부처의 정수리 위 천개석으로 사용했다는 말보다 훨씬 상식에 부합되고 합리적인 설명이다. 그러면 천신의 이야기도 자연스럽게 해석이 된다.

천개석은 지름이 3m이고 두께가 1m로 알려져 있다. 질 좋은 화강석인데 무게가 20t이다. 가벼운 돌이 아니다. 돔 천장을 자세히 보면 천개석이 가운데 꼭지점을 누르고 있는 형국이며 전체적으로 연꽃 모양을 하고 있다. 부처님의 머리를 덮는 천개이니 연꽃을 모티브로 한 것이다. 원형의 중심부 씨방 안에는 돋을새김을 한 34개의 연과(蓮顆)가 흩어져 있고 씨방의 테두리를 따라 역시 돋을새김으로 깨알 같은 것들이 오톨도톨하게 열을 짓고 있는데 모두 360여 개이다. 그만큼 천개석은 공을 들여 만든 것이다. 그런데 그것이 깨져 금이 갔으니 김대성이 얼마나 낙담했을까.

그렇다면, 깨진 천개석에 대해 설명이 필요했을 것이다. 마침 김대성은 졸다가 꿈을 꾸었고 천신이 현몽하여 자신이 천개석을 올린 것으로 주체를 바꿔버림으로써 깨진 것을 무마하려고 한 것이 아닐까?

하늘을 상징하는 돌이 깨졌다면 이를 봉합할 수 있는 것도 천신뿐이다. 그래서 천신을 등장시켜 설화를 만들었고 금이 간 천개석은 그대로 두어도 말이 되었을 것이다. 김대성이 얼마나 안도했으면 남쪽 고개에서 향공(香供)하는 퍼포먼스까지 했을까.

사실, 우리가 석굴암에 가서 정말 가슴 벅찬 감동을 느낄 수 있는 부분은 깨진 천개석이다. 왜냐하면 석실의 공간 구조나 조각상들의 배치 등에 대해서는 창건 당시 모습 그대로 인지 논쟁이 되곤 하는데 천개석에 대해서는 창건 때 모습이라는 것에 학자들의 견해가 일치한다.

한번 상상해 보라. 신라시대 석불사를 창건한 김대성이 보았을 깨진 천개석을 현대에 우리가 똑같이 볼 수 있다는 것이 얼마나 감동적이고 고마운 일인가. 이것이야말로 신라 석굴암의 진정성과 역사를 고스란히 후대에 전하는 것이 아니겠는가?

석굴암 석굴을 볼 때, 김대성이 창건했던 그 당시 신라인의 사유(思惟)로 돌아가 생각해 볼 필요가 있다. 그러면, 돔 천장의 천개석이 왜 깨져 있는지 그 궁금증을 풀 수 있을 것이다.

10

불국사에는
왜 서로 다른 석탑이 서 있을까?

영축산정에서 석가여래와 다보여래의 극적인 만남을 형상화한 석가탑과 다보탑
두 부처가 만나는 순간을 신라의 장인은 카메라 앵글로 잡아
두 기의 탑으로 조영하였다.

보통 절에는 금당(법당) 앞에 탑이 하나 또는 두 기가 서 있다. 쌍탑은 서로 같거나 비슷하다. 신라에서 금당 전면에 두 기의 쌍탑을 세운 것은 사천왕사부터라고 알려져 있다. 즉, 1금당 2탑의 시원이다. 이때는 목탑을 세웠다.

현존하는 신라시대 쌍 석탑의 대표는 신문왕 대에 건립된 감은사지 석탑이다. 감은사지 석탑을 비롯하여 사찰의 쌍탑은 거의 동형의 탑으로 비례를 유지하는데 유독 불국사의 동서 석탑만 모양이 서로 다르다. 하나의 공간에 왜 서로 다른 탑을 세웠을까?

불국사는 대웅전 영역과 극락전 영역의 이중 축선으로 구성되어 있다. 대웅전 영역은 수미산 우주론에 의거 수미산정의 도리천을 형상화한 공간이다. 대웅전은 창건 초기에는 없다가 김대성의 중창 시에 새로 건립된 것으로 보인다. 이는 이 구역이 경덕왕 대의

불교사상과 정치적 배경을 반영하고 있다는 것을 시사한다. 불교 사상이란 의상계의 화엄 사상을 말한다. 대웅전 영역은 화엄 사상에 기초하여 수미산의 도리천을 지상에 구현한 것이다. 그런데 대웅전 앞마당에 있는 두 기의 석탑은 법화경의 〈견보탑품(見寶塔品)〉에 입각하여 건립되었다.

전체적으로는 화엄 사상에 근거하고 있으면서 대웅전 마당은 법화경에 의한 영산 정토를 구현했다. 그렇다면 대웅전 영역은 화엄경에 의한 수미산정과 법화경에 의한 영축산정이 중첩된다. 즉, 도리천 세계와 영산 정토가 겹쳐 설정되어 있다.

어찌 보면 모순되는 것처럼 보이지만, 석가여래 입장에서 본다면 보드가야에서 성도 후 제일 먼저 화엄을 강(講)하였고 그 후, 말년에 영축산에서 보살과 제자, 사부대중을 향하여 법화를 강설한 것이니 강설의 주체는 모두 석가여래이다. 화엄이란 개별이 모여 전체를 이루고 전체가 개별을 품어 하나가 되는 사상이므로 결국 화엄의 세계와 법화의 세계는 둘이 아니고 하나라는 점에서 대웅전 영역에 화엄과 법화가 병존하는 것이 크게 이상한 일은 아니다.

어느 날 석가여래는 제자와 사부대중을 불러 영축산에서 법화경을 설하게 된다. 이 설법은 너무나 유명하여 그 광경을 그림으로 그려 불공 때 사용하기도 하는데 그것이 영산회상도이다. 영축산 설법은 석가여래의 설법 중 유명하여 후대 많이 인용하는데, 요즘 말로 하면 스타 강사가 명강의를 한 셈이다.

영축산 설법회에는 석가의 권속들 즉 보살, 제자, 시방 분신불, 제석천, 범천, 사천왕 등 신중들과 사부대중 12,000여명이 참석해

대성황을 이뤘다. 대형 퍼포먼스를 한 것이다.

이때 석가여래는 자신이 깨달은 진리에 대해 열강을 토했다. 그러나 부처가 깨달은 진리를 부처가 아닌 자들이 어찌 이해할 수 있을 것인가. 또 그것이 진리임을 누가 증명할 수 있으랴.

부처의 설법을 증명할 수 있는 이는 오직 같은 부처만이 할 수 있는 일이다. 석가여래는 산중을 가득 메운 사부대중을 향해 사성제, 팔정도, 연기, 해탈, 수기에 이르는 길에 대해 설법하였으나 이해되지 않는지 멍하니 바라보는 이도 있고 진리가 맞는지 믿지 못하겠다는 듯이 의심의 눈초리를 보내는 등의 다양한 반응을 보였다.

아! 내가 깨달은 진리를 누가 증명해 줄 것인가. 석가여래가 사부대중에게 수행한 바에 따라 성불할 것이라는 수기(授記)를 내리려는 그때, 땅속에서 보탑(寶塔)이 용솟음치듯 허공으로 치솟아 올랐다. 과거에 이미 깨달음을 얻었던 다보여래 부처였다.

현세불인 석가여래의 설법을 증명할 수 있는 이는 그것을 이미 경험해 본 부처 즉 다보여래만이 할 수 있는 일이었다. 다보여래는 석가여래의 설법이 진리임을 증명해 보이셨다. 순간 산중은 웅성거렸고 거기 모인 이들은 다보여래의 출현에 아연실색했다.

보살과 사부대중은 석가여래에게 다보여래의 친견을 요청드렸다. 석가여래는 보탑에 정좌하고 선정에 든 다보여래를 친견하기 위하여 시방 분신불을 소집하였다. 이때, 산들은 내려앉아 돌로 변하였고 시방 분신불들은 석가여래를 에워싸며 팔방 금강좌로 변했다. 온 천지가 불국토가 되는 순간이었다. 지상의 사바세계가 불국토가 된 것이다.

순간 석가여래는 허공에 떠 있는 보탑을 향하여 몸을 솟구쳐 올라 오른쪽 손가락을 치켜들어 보탑의 문을 열었다. 큰 성문의 자물쇠가 풀리어 열리는 듯 큰 소리가 났다. 보탑 안에는 사자좌에 정좌하여 선정에 든 다보여래가 있었다. 다보여래가 일어나 자리를 반으로 나누어 석가여래께 드리며 말씀하셨다.

"석가모니불께서는 이 자리에 앉으소서"

석가여래가 그 탑 가운데로 드시어 그 반으로 나눈 자리에 가부좌를 틀고 앉았다. 이상은 법화경의 견보탑품에 나오는 이야기로 마치 한 편의 영화를 보는 듯 드라마틱 하다.

이 장엄한 세계와 극적인 순간을 어느 사진가가 앵글로 잡아 표현할 수 있을 것이며, 어느 화가가 이 순간을 그릴 수 있으며, 어느 작가가 이것을 글로 옮길 수 있으랴.

서기 8세기 후엽, 통일신라의 장인은 이 장엄한 불국세계를 탑의 조영을 통해 구현했다. 석가여래의 설법 광경을 석가상주설법탑 즉, 석가탑으로 표현하였다. 다보여래의 진리 증명을 다보여래상주 증명탑 즉, 다보탑으로 조영하여 표현하였다. 지상에 부처의 나라 법화 불국을 구현한 것이다.

그런데 의문이 생긴다. 이 이벤트의 핵심 키워드는 이불병좌(二佛並坐) 즉, 두 부처가 만나 사자좌에 나란히 앉은 것이다. 그것이 어디 있을까? 다보여래와 석가여래의 모습이 보이지 않는다. 어찌 된 일인가? 대웅전 앞마당에는 이불병좌상(二佛並坐像)이 없다. 당시 광경을 다시 한번 상기해 보자. 영축산에서 석가여래의 설법이 진리라는 것을 증명하기 위해 다보탑이 지하에서 허공으로 치솟아 올랐고 사부대중의 요청으로 다보여래를 친견하고자 석가여래는 시방 분신불을 소집했다. 그리고 오른쪽 손가락으로 다보탑의 문을 열고 들어가 다보여래를 친견하고 두 분이 사자좌에 나란히 앉으셨다.

이는 거의 동시에 일어난 광경이지만 순서를 맞춘다면, 석가여래가 설법을 멈추고 다보탑이 허공을 향해 치솟았을 때 산들이 돌로 변하고 분신불들이 팔방 금강좌가 되어 석가여래를 모시고자 하는 순간 천상에서 음악 소리가 들리면서 석가여래는 오른쪽 손가락을 번쩍 들어 보탑을 가리키면서 잠겨져 있던 육중한 자물쇠를 열었다.

물론 이때 다보탑은 공중에 떠 있는 상태였고 석가여래의 몸도 그에 맞춰 공중에 떠 있었다. 천지가 고요하고 숨을 죽였다. 곧 다보여래의 모습이 나타날 것이기 때문이다. 바로, 이 순간이 클라이맥스이다. 신라의 장인은 이 극적인 장면을 포착하였고 그것을 두기의 탑으로 조영한 것이다.

예전에 모 방송국 프로그램 중에 「TV는 사랑을 싣고」라는 것이 있었다. 세월이 흘러 옛 친구나 은사 등을 찾아 만나게 해주는 프로그램이었는데 마지막 스튜디오에서 수십 년 만에 연락이 없었던 친구를 만나는 순간 익숙한 음악 소리가 들린다.

얼마나 반가울까. 만나는 순간 얼싸안고 울음바다가 되었다. 그런데 긴장이 가장 고조되는 순간은 부둥켜안고 우는 때가 아니라 바로 그 직전 음악이 흘러나오고 뒤에서 사람이 나타나는 그 몇 초의 찰나이다.

신라의 장인은 석가여래가 다보여래를 만나기 직전, 이 땅이 불국으로 변하고 온 누리에 천상의 소리가 들리면서 허공에 떠 있는 보탑의 문을 여는 순간, 모든 사부대중이 숨을 멈추고 석가의 오른쪽 손가락만 응시하는 그 극적인 순간을 카메라 앵글에 담은 것이다. 그래서 다보탑에는 두 부처가 만난 이불병좌상이 없는 것이다.

문득, 다보탑을 만든 신라의 장인은 찰나를 카메라에 담을 줄 아는 탁월한 사진작가이고 창조의 묘(妙)를 만들어내는 진정한 예술가라는 생각이 든다. 두 부처가 만나서 사자좌에 앉았을 때는 이미 긴장이 풀려 상황이 종료된 상태라 예술의 소재로 삼기에는 극적이지 않다고 판단했을 것이다. 그래서 가장 극적인 상황인 석가여래가 문고리를 잡아당기는 그 순간의 찰나를 잡은 것이다.

석가탑의 정식 명칭은 석가여래상주설법탑이다. 여기서 상주설법이란 석가여래께서 상주하여 설법하는 자체를 상징한다는 의미이니 석가탑이 곧 석가여래라 할 수 있다.

그런데, 법화경 견보탑품에 의하면, 다보여래를 친견하기 위해서는 사전적 절차가 필요하였다. 그것은 시방세계에 있는 석가여래 분신불을 소집하여 사바세계를 불국토로 바꾸는 것이다. 즉 먼저, 이 세계를 청정한 불국토로 변화시킨 뒤 다보여래를 만날 수 있는 것이다.

어떻게 해야 현세를 법화불국으로 바꿀 수 있다는 말인가? 그 첫 번째 관문이 시방 분신불의 소집이고, 두 번째 관문이 이로 인하여 산들이 돌로 변하고 분신불들이 팔방 금강좌로 변해 석가여래를 에워싸고 모시는 것이다. 그래야만 온 세상이 불국으로 변한다는 것이다.

그럼, 그 증거를 석가탑에서 찾아보자. 석가탑은 평지에 기단을 만든 다른 탑과 달리 기단석을 돌로 다진 후 축조했다. 이를 탑구석(塔區石)이라 하는데 암반 위에 기단을 만들어서 돌들이 울퉁불퉁하게 노출되어 있다. 왜 평지에 기단을 축조하지 않고 이처럼 어렵게 암반 위에다 기단을 조성했을까?

다 이유가 있다. 앞에서 산들이 돌로 변하고 분신불들이 팔방 금강좌로 변했다고 했다. 바로 이 기단석 밑을 떠받치고 있는 돌들은 영축산의 크고 작은 산봉우리가 변한 것이다. 그리고 가운데 둥근 연화문의 돌판이 보일 것이다. 이것이 석가여래가 소집한 시방 분신불로서 팔방 금강좌로 변신해 석가탑을 둘러싸고 있다.

분신불은 석가여래를 든든하게 호위하는 역할을 한다. 분신불은 영산회상도에서 석가여래 상층부 좌우 측에 배치되어 있는데, 석가여래와 용모가 같다. 팔방 금강좌는 석가여래의 분신불(화신불)이 앉기 위해 마련된 자리이다. 즉 팔방 금강좌는 화신인 분신불의 좌대인 것이다. 팔방 금강좌는 같은 부처지만 보신(報身)인 석가여래와 화신(化身)인 분신불 간의 위계 차이를 나타낸다고 할 수 있다.

다보탑을 보자. 기단부의 기둥과 계단을 보라. 계단은 부처의 나라로 가는 길이다. 다보여래와 석가여래는 공중에서 서로 만났지만, 중생이 부처를 뵈려면 청운교와 백운교를 건너야 하듯이 다보탑도 계단을 올라가야 한다.

근데 다보탑은 몇 층의 탑일까 2층? 3층? 옥개석으로 보면 2층탑 같다. 지금은 기단부 가운데 사자상이 하나 있지만 원래 네 귀퉁

| 불국사 다보탑(좌)과 석가탑(우)

이에 사자상이 있었다. 일제강점기 때 분실되었다. 사자상은 다보
여래와 석가여래가 나누어 앉았던 사자좌를 상징한다. 즉 사자상
이 있다는 것은 그 안에 다보여래와 석가여래가 만나 앉아 계신다
는 뜻이다.

다음 사각형 옥개석 지붕을 지나면 난간으로 둘러친 팔각형의
작은 받침석 돌이 보이고 그 위에 팔각형의 옥개석이 있고 상륜부
로 연결된다. 전체적인 비율로 보면 기단부 위 1층 옥개석까지가
상륜부를 제외하면 탑신의 절반에 해당한다. 다보탑은 사각과 팔
각의 결합체이다.

사각 부분은 전각 형태로서 사바세계를 상징하고 팔각은 다보
여래의 상징물로서 천상을 상징한다. 신라의 장인은 다보탑을 상

하 이등분하여 기단부와 하층 탑신부는 여느 탑처럼 목탑의 형식을 번안하여 축조했고 상단 윗부분은 팔각형의 반침석과 난간, 난순을 통해 천상의 세계를 화려하고 장엄하게 조성하였다.

법화경에서 나타나고 있는 다보탑은 현실적인 탑이라기보다는 다보여래의 전신사리를 수장하고 있는 탑사(塔寺) 형태의 건축으로 과거불인 다보여래의 보신으로서 이상적 형상을 상징한다. 따라서 중층의 다양한 난간을 통해 장엄함으로써 이를 상징하고 있어 여느 탑과는 다른 독특하고 웅장한 정제성을 가지고 있다.

이제 불국사의 탑이 왜 서로 다른지 또 다보탑이 왜 저렇게 조형되었는지 의문이 풀렸을 것이다.

───────◇───────

석가탑과 다보탑

불국사 대웅전 앞마당에 있는 쌍탑을 지칭하며, 석가탑의 공식 명칭은 불국사 3층 석탑이다. 불국사는 경덕왕 즉위 해인 천보 원년(742년)에 착공하여 혜공왕 대에 국가가 완성하였다고 하였으므로, 김대성이 죽은 774년에서 혜공왕이 승하한 780년 사이에 완공한 것이다. 불국사 공사는 32~38년 걸린 셈이며 석탑을 늦게 완성한다는 점을 감안할 때, 석가탑과 다보탑은 8세기 후엽에 건립한 것으로 볼 수 있다.

11

김유신은 천관녀를
정말 사랑했을까?

애마의 목을 칠 정도로 자주 찾았던 여인 천관녀
김유신은 그녀를 진정 사랑했을까?
고즈넉한 천관사 옛터는 천년의 세월을 머금고 있건만.

12세기 고려의 문신 이인로(1152~1220)가 저술한 〈파한집〉에
이런 일화가 나온다.

김유신(金庾信)은 계림 사람으로 혁혁한 업적이 국사(國史)에 드날렸
다. 그가 아이였을 때 어미가 날마다 엄한 가르침을 가하며 함부로 친
구를 사귀지 못하게 하였다. 그런데, 어느 날 김유신은 계집종(女隷
家)의 집에서 자고 왔다. 그 어미는 불러 놓고 아들의 잘못을 따졌다.
내 이미 늙어 밤낮으로 네가 잘 자라길 바라고 공명을 세워서 임금과
어버이의 영광이 되게 하기를 바랐는데, 지금 네가 천한 애들과 어울
려 음탕한 집과 술집에서 방자하게 놀 수 있느냐 하고 어미는 소리 내
어 크게 울면서 눈물을 그치지 않았다.
유신이 어미의 앞에 나아가 맹세하기를 다시는 그 집 문을 지나지 않

겠다고 다짐했다. 하루는 술이 흠뻑 취하여 집에 돌아오는데 말이 전에 다니던 길을 따라가서 잘못 그 기녀의 집(倡家)에 이르렀다. (기녀는) 한편 기쁘고 한편 원망스러워 울면서 나와 맞이했다. (유신이 잘못 온 것을) 깨닫고 타고 있던 말의 목을 베고 안장도 버린 채 돌아갔다. 기녀가 (유신을) 원망하는 노래 한 곡을 지어 부르니 후세까지 전하여 온다. 서울(경주)에 천관사(天官寺)가 있는데 곧 그 기녀의 집이다. 천관은 기녀의 호이다.

그리고 이인로는 본문 끝에 정승 이공승(李公升)이 동도관기(東都管記) 재직 시 천관사를 지나면서 지은 시를 덧붙였다.

이 일화는 삼국시대 역사를 기록하고 있는 삼국사기와 삼국유사에는 나오지 않는다. 삼국사기 열전의 절반에 가까운 분량을 차지하고 있는 김유신 열전에도 일언반구가 없다. 그러다가 김유신 사후 500년이 지난 고려시대 문인 이인로가 저술한 파한집에 갑자기 등장한 것이다. 파한집은 이름 그대로 전설과 설화를 모아 엮은 사화집이다.

시를 쓴 이공승은 1099~1183년까지 살았던 인물로 벼슬이 중서시랑평장사에 이르렀다. 이공승은 동경(경주)에서 벼슬할 때 천관녀의 이야기를 들었을 것이다. 그럼, 이인로는 이공승이 전하는 천관녀 이야기를 채록하여 기록한 것일까?

그것은 알 수 없지만, 7세기에 있었던 일을 12세기에 기록하여 현재 전해지고 있다. 이 천관녀 일화는 16세기 조선시대에 편찬한 〈신증동국여지승람〉에도 실렸는데 파한집의 내용을 거의 전재하였다. 과연, 천관녀와 김유신의 이 일화는 정말로 있었던 일일까? 채록된 일화가 어느 정도 사실에 부합하는 것인지 알 수 없으나 현재 경주에는 천관녀 이름과 같은 천관사 옛터가 남아있어 주목된다.

먼저, 천관녀의 신분부터 검토해 보자. 파한집의 글을 보면 천관녀 집을 여예가(女隸家) 또는 창가(倡家)로 표현하고 있다. 그 집은 잠을 자고 술을 팔고 노래도 하는 곳이다.

여예가를 여자 종의 집이라고도 할 수 있으나 그보다는 신분이 낮은 천한 여인의 집이라 해석하는 것이 더 적합할 듯하다. 창가(倡家)에서 창(倡)은 기예를 하는 광대를 말하니 이로 본다면 천관녀의 신분은 기녀(妓女)로 볼 수 있다.

조선시대 기록에는 이때 천관녀의 나이가 15세였다고 하니 김유신도 아마 16~18세쯤 되지 않았을까. 그런데 춘향이와 이도령 같은 로맨스 이야기는 보이지 않는다. 이 설화의 주안점은 김유신이 말의 목을 자른 것이다.

김유신이란 인물의 결연한 의지를 나타내는 영웅의 성장 이야기이지 남녀의 절절한 사랑을 말한 것이 아니다. 곧이곧대로 해석하면 삼국통일의 영웅인 김유신이 소시 적에 음주 가무를 즐기며 계집질도 하였는데 자모(慈母)의 엄한 훈계를 듣고 정신을 차려 화랑의 본분으로 되돌아왔다는 그의 심기일전에 관한 일화이다. 이 플롯 구조에 사랑이란 단어는 끼어들기 힘들다.

그렇다면 단순히 김유신이 젊었을 때 방탕하게 논 것을 기록한 것일까. 그런데 내용이 구체적이고 여자의 이름까지 나오는 것으로 보면 일회성은 아니다. 우선 말이 그전에 갔던 길대로 갔다는 것이니 김유신은 그 여자의 집을 자주 갔다는 말이다. 그리고 유신을 보자 여자가 한편으론 기뻐하면서 또 원망하는 기색으로 울면서 맞이했다는 표현이 있다.

여자가 남자를 기다렸는데, 남자가 어머니 훈계를 듣고 발길을 끊은 것에 대한 서운함을 표현한 것이다. 이쯤 되면 전형적인 정인(情人)의 관계이다.

정인의 사이가 아니라면 굳이 안가면 될 것을 애마(愛馬)의 목까지 쳐가며 의지를 보일 필요가 없었을 것이다. 생략된 부분이 있지만 천관녀는 김유신의 젊었을 때 한때 정인이었음은 분명해 보인다. 그런데 천관녀가 원사(怨詞)라는 향가를 지었다고 한다. 원망하는 노래까지 지을 정도라면 천관녀는 김유신을 많이 사랑했던 것 같다.

최근에 천관녀의 신분을 기녀가 아닌 신녀(神女)(여사제)로 보는 견해가 있다. 아마 이름에서 착안한 것으로 보인다. 신증동국여지승람에 천관사의 위치를 오릉의 동쪽에 있다고 했다. 이것을 근거로 주변을 살펴보면, 남산 북쪽의 작은 봉우리에 도당산이 있고 그 도당산 서쪽 기슭에 바로 천관사지가 위치하고 있다.

도당산(都堂山)하면 이름부터가 제사와 관련이 있다는 것을 알 것이다. 왜냐하면 도당굿이 생각나기 때문이다. 도당제의 신은 산신이다. 고대에는 제관이 처녀 여사제였다. 도당굿은 여자 무당이 주재했다. 신라는 토속신앙이 유달리 뿌리 깊은 나라였다. 아마 도당산에는 이름대로 재래 토속신앙의 성지가 있었던 곳으로 해석하는 것이 적절하지 않을까 한다.

파한집에서 천관은 그녀의 별호라고 했다. 이름이 아니라 호라는 것은 그녀가 천관의 직을 담당하고 있어서 붙여진 명칭이라는 뜻이다. 즉, 천관녀는 본명이 아니고 직책에서 파생된 명칭임을 알 수 있다.

여기서 천관이 무슨 의미인지 알아볼 필요가 있다. 진평왕 34년(612년) 김유신은 큰 뜻을 품고 홀로 보검을 가지고 열박산 깊은 골짜기로 들어갔다. 향을 피우고 하늘에 고하여 빌기를 "천관(天官)께서 빛을 드리워 보검에 영험함을 내려주소서."라고 기도하였다. 3일째 되던 날 밤에, 허성(虛星, 전쟁을 담당하는 별)과 각성(角星, 인간의 수명을 관장하는 별) 두 별의 빛이 환하게 내려와 드리우더니 검이 동요하는 것 같았다고 한다. 여기에 천관이 등장한다. 김유신이 천관에게 기도를 드린 것이니 천관은 신격이 있는 존재이다. 이로써 천관녀는 천관 신에게 제사를 지내는 일을 담당하는 여사제라고 할 수 있다.

천관녀가 여사제였다고 가정할 때, 김유신은 왜 천관녀를 버렸을까. 공식적으로는 어머니의 반대였다. 물론 기녀와 어울리지 않는다는 것이었으나 만약 그녀가 사제였다면 반대 이유가 좀 달라진다. 김유신은 609년 그의 나이 15세에 화랑이 되었는데 그의 낭도 무리를 용화 향도라 했다는 기록이 있다. 이 말은 그가 불교의 미륵 사상을 받아들였다는 의미이다. 화랑은 불교와 밀접한 관련을 지니고 있고 신라의 토속신앙과 불교는 대척점에 있었다. 이는 이차돈의 순교로 불교가 수용되는 과정을 보면 알 수 있다.

김유신이 천관녀를 사귀던 때가 파한집에서는 아시(兒時)라고 했으니 아마 이성에 눈뜰 나이는 되어야 하므로 16세~18세 사이가 아니었을까 한다. 이때는 그가 이미 화랑에 입문해서 유불도를 통해 심신을 단련하고 있을 때이니 자연히 도당산 등 명산대천을 다니며 수련했을 것이다. 그곳에서 제사를 주관하는 처녀 여사제를 만났을 수 있다.

그런데 당시 신라 사회는 불교사상이 심화되고 있던 때였다. 법흥왕이 불교를 공인한 후 진흥왕, 진지왕, 진평왕은 아예 이름과 왕호를 불교식으로 바꿀 정도로 불교에 경도되었다.

신라 왕족에 편입된 김유신 집안도 당연히 불교를 신봉했다. 김유신의 모친 만명부인에게는 한가지 핸디캡이 있었는데 그것은 그들 부부가 야합(野合)을 통해 혼인을 했다는 것이다. 야합이란 부모가 허락하는 절차대로 하지 않고 오늘날로 표현하면 자유연애를 했다는 뜻이다.

어쨌든 그 시대에는 그것도 흠이었다. 만명부인은 아들이 천관녀와 사귀는 것을 야합과 같은 온당하지 않은 것으로 여겼을 것이다. 상층부가 믿는 불교가 아닌 토속신앙을 가진 또 그것을 주관하는 여사제를 탐탁지 않게 여겼을 것이다. 신라 상고에는 여사제의 신분이 높았을 것이나 중고기에 들어선 그때는 이미 여사제의 신분이 낮아져 천시되었음을 알 수 있다.

이쯤 되면, 만명부인이 아들이 천관녀를 만나는 것을 왜 반대하였는지 또 김유신이 천관녀를 왜 버려야 했는지 설명이 되었을 것이다. 그러나 남자든 여자든 첫사랑을 어찌 쉬 잊을 수 있단 말인가. 가슴 한켠에는 그녀에 대한 연민과 미련이 남아있었을 것이다.

더욱이 천관사지와 김유신 집터인 재매정은 700m 거리이다. 기록에 의하면, 천관녀가 살았던 집터에 절을 지어 천관사로 이름 지은 사람이 김유신이라 한다. 훗날 김유신도 그때의 기억을 잊지 않고 그녀를 기렸던 것일까.

김유신에 관한 기록을 살펴보면 김유신은 아주 냉철한 합리주의자처럼 느껴진다. 철저하게 자기 인생을 계산하며 살았고 자신의 출세에 방해가 된다면 가차 없이 쳐 내었다. 그것이 그가 구(舊)가야계 출신이란 핸디캡을 딛고 골품제 사회에서 살아남아 출세할 수 있었던 비결이었다.

그토록 냉철한 합리주의자이며 군사 전략가인 김유신이 천관사를 지어준 것을 보면 그도 첫사랑은 잊지 못했나 보다. 그런데 일설에는 천관녀가 김유신의 배신으로 자살했다고 한다. 그렇다면, 천관녀가 죽은 다음에 그 집터에 그녀를 추모하기 위한 절을 지었단 말인가?

현재 도당산 서쪽 기슭에 옛 천관사 터가 남아있다. 2000년부터 2003년까지 실시한 발굴조사에서 팔각형 탑신부 형태의 탑 터가 확인되었는데, 석재 조각의 완성도와 탑 양식의 특징 등을 근거로 탑의 조성 시기를 8세기 후반에서 9세기 초로 추정하였다. 그런데, 천관사지에서 수습된 유물에는 '습비(習比)' 명문의 기와와 고식(古式) 와당, 각배 등이 있는데 경주지역에서 이들 유물의 편년이 통일 전인 7세기 중엽으로 추정된다고 한다. 그럼, 천관사는 7세기경에 건립되었고 팔각형의 탑신과 옥개석을 가진 천관사지 석탑은 그 조형 양식에 비추어 8~9세기에 건립한 것으로 추정되므로 이 시기에 절의 중창이 있었을 것으로 생각된다.

천관사의 건립 시기를 7세기로 올려 본다면 김유신과 천관녀의 사연과 관련될 수 있는 개연성이 크다. 그러면 천관녀가 살던 집터가 절로 변했다고 했는데 그 시기는 언제쯤일까 하는 점이다. 우선, 절을 건립한 주체의 문제이다. 첫째는 천관녀가 자결하지 않고 생전에 재물을 희사하여 자신의 집을 절로 개조했을 가능성이다.

그러나 이는 가능성이 희박하다. 사찰 건립은 막대한 비용이 들어가기 때문에 신라 중대 사찰의 창건주는 대부분 왕실이거나 진골 귀족들이었다. 천관녀는 천관을 모시는 사제 신분이고 파한집의 본문에서 볼 수 있듯이 신분이 천한 상태여서 사찰을 건립할 수 있는 위치에 있지도 않았다.

둘째는 정인(情人)인 김유신이 천관녀 사후에 그 터에 절을 세웠을 가능성이다. 이는 조선시대 자료에 등장한다. 그런데 김유신은 673년 79세로 운명했다. 당시로는 장수한 셈이다. 비슷한 연배였을 천관녀가 그렇게 오래 살았을 가능성은 낮은 것 같으니 그럼 그녀가 죽은 후 어느 시점에서 김유신이 절을 지었다는 얘기가 되는데 과연 이것이 사실일까.

기록으로 볼 때 김유신은 초지일관한 사람으로 자신의 결정을 번복하거나 마음을 바꿀 위인이 아니다. 국가의 원훈이 어릴 때 정인을 못잊어 절을 지어 주었다는 가설은 후대에 로맨스를 과장하여 덧붙여서 만들어진 이야기가 아닐까 한다.

셋째는 국가(왕실)에서 절을 세웠을 가능성이다. 즉, 왕실의 원찰이다. 이 설의 근거는 삼국유사의 원성대왕 꿈 이야기이다. 천관사

| 천관사지 출토 기마 인물상(좌상)과 정비 전의 천관사지 탑 석재들(우상) (출처, 국립경주문화유산연구소)
| 현재 복원된 석탑(하)

우물로 들어가는 것을 궁궐에 들어가는 것으로 해몽했다는 것은 천관사가 왕실과 깊은 관계가 있다는 말이다. 천관녀가 토속신의 제사를 주관하는 여사제라고 했을 때 그 가능성은 높다. 삼국통일 후 무열왕계의 중대 정권은 불교국가를 지향하여 감은사, 황복사, 불국사 등 많은 왕실 사찰을 건립했다. 이 시기에 도당산 신성한 장소에 산재해 있던 토속신앙이 불교로 대체되면서 천관녀 집터에 절을 세웠을 가능성이 있다고 본다. 그 시기가 언제였는지 확언할 수 없으나 원성왕 대(785~798) 전후에는 천관사가 실존했음은 분명하다. 그러니까 꿈 이야기가 나올 수 있었다. 이는 발굴조사 결과 석탑이 8세기경에 조성되었다는 것에서도 확인이 된다.

그런데, 여기서 한가지 생각해 볼 유물이 하나 수습되었다. 1974년 3월 경주시 교동 천관사지(天官寺址) 동편에서 대태각명석편(大太角銘石片)이 수습되었다. 명문의 '대태각(大太角)'은 김유신이 유일하게 받은 관직인 '태대각간(太大角干)'과 관련이 있을 것으로 추정된다. 문무왕이 김유신에게 태대각간의 관직을 수여한 것이 문무왕 8년(668년)이므로 석비의 이수 제액에 대태각이란 현침전을 쓸 수 있는 사람은 김유신일 가능성이 높다. 다만, 석편의 출토 위치가 천관사지 사역이라고 단정하기는 어렵다.

그럼에도 불구하고, 석편이 천관사지와 전혀 무관하다고 배제하기 어려운 것도 사실이다. 만약에 그것이 사실이라면 김유신이 천관사를 세운 것은 삼국통일 이후였을 것이다. 김유신은 문무왕 13년 서기 673년에 사망하였다. 그렇다면 천관사는 668~673년 사이에 세운 것이 되어 그의 나이 74~79세에 해당한다.

인생의 종반부에서 황혼이 짙어갈 때 60년 전의 첫사랑을 생각하고 회한에 젖었단 말인가. 일생을 전쟁터에서 보낸 구국의 영웅 김유신의 가슴 한켠에도 10대 시절 첫사랑이 남아있었던 것일까. 전설은 사실보다 강력하다. 사실 여부를 떠나 대중들은 전설을 믿는다. 전설은 감성을 자극하기 때문이다.

김유신과 천관녀의 사랑이 그 당시에는 순수했을 것이다. 천관사를 김유신이 말년에 지어준 것이라면 최소한 그가 천관녀를 잊지 않았다는 증거는 되니까.

12

얼굴무늬 수막새,
그 미소의 의미

노래와 춤을 추며 용서하니 역신이 잘못을 사과하고 물러갔다는 처용 설화
지붕 위 막새기와 또한 험상궂은 표정보다는 미소로써 악귀를 물러나게 한 것이 아닐까?
진짜 무서운 것은 여유 있는 미소이다. 미소 속에 가려져 있는 그 속은 보이지 않으니까.

예술작품 속의 미소는 많은 것을 함축하고 있다. 루브르 박물관의 모나리자 미소나 국립중앙박물관에 있는 국보 제83호 금동미륵반가사유상의 미소도 마찬가지이다. 국립경주박물관에 있는 신라시대 기와 편에 조각된 인면(人面) 미소는 어떤 느낌을 줄까?

국립경주박물관에는 '신라의 미소'라고 불리는 얼굴무늬 수막새가 있다. 보통 회화나 조각상에 표현된 미소에 대해서는 예술작품으로 보아 예술적, 미학적 연구를 많이 하지만 기와는 지붕을 장식하는 건축 부재이므로 기능적 의미가 부여될 뿐 이를 예술작품으로 보는 경우는 드물다.

얼굴무늬 수막새는 그것이 예술작품에 속하는지는 별론으로 하고 미소가 형언할 수 없는 편안함을 주어 사람의 마음을 따뜻하게 하고 평화롭게 한다. 이것은 서산 마애삼존불상이나 경주 남산의

| 얼굴무늬 수막새, 국립경주박물관 소장

마애불상에 스며있는 종교적 미소와는 다른 것이다.

두 눈을 뜨고 입꼬리가 약간 올라간 상태로 웃고 있는 모습이다. 모델이 누군지 몰라도 장인은 기교를 부리지 않고 무심의 마음으로 손가락을 꾹꾹 눌러서 만든 것으로 보인다. 아마 장인은 일에 지쳐서 집에 들어가면 늘 반갑게 맞이해주는 어머니나 아내를 생각하며 흙으로 그 모습을 빚었는지도 모른다. 저런 편안한 표정이 나오려면 장인의 마음속에 기쁜 기운이 스며있어야 가능할 것이다. 마음이 평온하지 않으면 절대 저런 표정을 창조할 수 없다.

수막새는 기왓골을 단단하게 마감하면서 외부로 돌출된 경계에 자리 잡고 있어 건축물을 돋보이게 하는 장식의 의미를 갖는 동시에 기와가 가지고 있는 본래의 의미 즉, 건축물의 상부에 위치하여 하늘과 땅 그리고 신과 인간의 세계를 구분 짓는 역할을 한다. 옛사람들은 하늘과 맞닿은 건축물의 경계선을 다양한 문양이 새겨진 기와로 장식하여 건축물의 위엄을 높이고 재앙을 피했으며, 복을 바라는 주술적인 의미를 담기도 하였다.

얼굴무늬 수막새는 경주 옛 영묘사 터에서 수집되었는데 살짝 웃는 모습에 눈, 코, 입 등이 사실적으로 묘사되고 있어서 이채롭다. 이 수막새는 사람 얼굴이 음각된 목제 틀에서 찍어낸 것으로 일부가 파손되었지만, 뒷면에는 수키와를 부착시킨 흔적이 그대로 남아있어서 실제로 지붕에 이어져 사용된 것임을 알 수 있다.

보통 기와의 무늬에는 동물무늬와 식물무늬가 있는데 연화문, 당초문, 보상화문 등 식물무늬는 길상을 나타낸다. 집안에 좋은 일이 생기기를 염원하는 마음을 담은 것이다. 반면에 동물무늬에 속하는 가릉빈가문, 귀면와 등은 사악한 기운을 쫓아내어 집안사람들에게 범접할 수 없게 하는 방역(防疫)의 의미를 띠고 있다.

이처럼 기와의 장식무늬는 주술적인 의미를 가지고 있다. 그러면, 얼굴무늬 수막새는 길상의 의미일까? 아니면 방역의 의미를 담고 있는 것일까? 일단 식물무늬가 아니므로 길상의 의미보다는 방역이나 벽사의 성격으로 해석하는 것이 적절한 것 같다.

벽사(辟邪)란 사악한 기운이나 나쁜 악귀를 물리쳐서 사람을 보호하기 위한 것을 말하는데, 그러면 험상궂은 동물이나 도깨비 또는 무서운 귀신의 모양을 새긴 귀면와가 제격일 터인데 왜 하필 웃는 미소를 막새기와에 새긴 것인지 궁금하다.

그럼, 생각을 한번 해보자. 보통 고대 형벌의 원칙은 '이에는 이'

라는 동일 수단에 의한 징벌적 보복이 상례였다. 포악한 악귀는 그 악귀와 유사한 방식 혹은 그 이상의 섬뜩한 형상으로 대처해야 한다는 것이 고대 사회의 일반적인 인식이었다.

실제 초자연적 악귀와 유사한 혹은 그를 제압할만한 힘을 가진 귀면상, 사천왕상 등 벽사 신상들이 악귀 지킴이 역할을 하였다. 이들은 험상궂은 모습으로 악귀가 얼씬거리거나 노략질하지 말 것을 강력하게 경고하는 태도를 취하고 있다. 물론 경고가 통할지는 미지수지만 말이다.

그런데 우리의 얼굴무늬 수막새는 위의 방식과는 전혀 다른 방식으로 대처한다. 싸움을 하자는 것인지 타협을 하자는 것인지 알 수 없는 묘한 방식이다. 얼굴무늬 수막새는 포악하고 사나운 방식으로 악귀에 맞서지도 않고 또 악귀가 노략질을 하도록 그대로 방치하거나 무관심하며 수동적인 태도를 보이는 것도 아니다. 그냥 웃고 있을 뿐이다. 실체를 파악하기 어려운 미소를 보이고 있다. 악귀가 출몰하는 것에 대비하여 극도로 긴장하여 불안과 공포에 사로잡히거나 아니면 진지해야 할 순간에 어떻게 저런 미소를 띠고 웃을 수 있단 말인가?

미소로써 악귀를 쫓는다는 기발한 발상을 어떻게 이해해야 할까? 삼국지의 제갈량이 성을 다 비우고 성루에 올라가 거문고를 켰더니 사마의가 제갈량의 기계(奇計)인 줄 알고 지레 겁을 먹고 군사를 풀어 물러갔다는 허허실실 작전일까? 이 오묘한 미소의 실체를 알려면 신라인의 정서를 알아야 한다. 삼국유사에 그 힌트가 숨어 있다. 처용의 이야기이다.

이때에 헌강대왕이 개운포(開雲浦)의 서남쪽에 있으며, 지금의 울주(蔚州)에 나가 놀다가 바야흐로 돌아가려 했다. 낮에 물가에서 쉬는데 갑자기 구름과 안개가 자욱해져 길을 잃었다.

왕은 괴이하게 여겨 좌우에게 물으니 일관(日官)이 아뢰기를, "이것은 동해 용의 조화이오니 마땅히 좋은 일을 행하시어 이를 풀어야 될 것입니다."라고 하였다.

이에 유사에게 칙명을 내려 용을 위해 그 근처에 절을 세우도록 했다. 왕령이 내려지자 구름이 개이고 안개가 흩어졌다. 이로 말미암아 개운포라고 이름하였다. 동해의 용은 기뻐하여 이에 일곱 아들을 거느리고 왕 앞에 나타나 왕의 덕을 찬양하여 춤을 추며 풍악을 연주하였다. 그중 한 아들이 왕의 수레를 따라 서울로 들어와 정사를 도왔는데 이름은 처용(處容)이라 했다. - 삼국유사(紀異第二 處容郎 望海寺)

이 설화에 따르면, 처용은 동해 용왕의 아들이다. 그런데 보통 이런 설화 속에서의 용 이야기는 설화에서 끝나는데 여기서는 용왕의 아들인 처용이 서울로 와서 정사를 도왔다고 한다. 처용을 등용한 것이다.

여기서 여러 설이 등장한다. 처용을 외국인으로 보고 국적을 따지기도 하고 처용이 개운포(현재의 울산)를 통해 들어왔으니 당시 울산지역은 신라의 대외 무역항이었으므로 처용은 외국의 무역상일 것이라고도 하고, 해상무역을 하는 거상이기에 헌강왕이 조정에 등용했을 것이라고도 한다. 이는 모두 처용을 실제 인물로 보는 관점에서 비롯된 것이다.

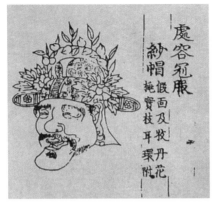

| 〈악학궤범〉에 실린 처용 그림

| 원성왕릉 앞 무인석(외국인 형상임)

　　삼국유사 기록에 의하면, 헌강왕은 아름다운 여인을 처용에게 아내로 주어 그를 잡아두려 했으며 급간(신라 17관등 중 제9위로 고위직임)의 벼슬까지 내렸다고 한다. 그런데 처가 매우 아름다워 역신(역병을 옮기는 귀신)이 그녀를 흠모해 사람으로 변하여 밤에 그 집에 가서 몰래 함께 잤는데 마침 처용이 밖에서 집에 돌아와 잠자리에 두 사람이 있는 것을 보고, 이에 노래를 부르고 춤을 추며 물러났다고 한다. 그 노래는 향가로 되어 있는데 해석하면 다음과 같다.

　동경 밝은 달에
　밤들어 노니다가
　집에 들어와 자리를 보니
　다리가 넷이더라
　둘은 내 것이고

둘은 뉘 것인고

본디는 내 것이다마는

빼앗은 것을 어찌할꼬

이때에 역신이 형체를 드러내어 처용 앞에 무릎을 꿇고 말하기를, "제가 공의 아내를 탐내어 지금 그녀를 범했습니다. 공이 이를 보고도 노여움을 나타내지 않으니 감동하여 아름답게 여기는 바입니다. 맹세코 지금 이후로는 공의 형용(形容)을 그린 것만 보아도 그 문에 들어가지 않겠습니다"라고 하였다. 이로 인해 나라 사람들(國人)이 처용의 형상을 문에 붙여서 악귀를 물리치고 경사를 맞아들이게 되었다.

자기 아내를 훔쳐 즐기고 있는 역신에게 처용은 화를 내기는커녕 오히려 체념인지 달관인지 모를 노래를 하며 물러나자 역신이 처용의 관용과 배포에 놀라 잘못을 사과하고 도망갔다는 이야기이다. 우리 상식으로는 당연히 처용이 분노하거나 적극적인 응징을 해야 한다고 생각하는데 처용은 이미 남(악귀)이 차지했으니 이를 어찌할 것인가? 하면서 적극적 행동을 취하려 하지 않는다. 복수는 커녕 역신을 용서하는 태도이다.

처용탈을 자세히 보자. 두 눈을 뜨고 입가에 웃음을 띠며 웃고 있다. 역신을 물리치는 탈인데 험상궂지 않고 웃는 모습으로 탈을 만들었다. 험상궂은 인상보다 때론 여유 있는 미소가 더 무서울 수 있다.

악귀가 도깨비나 귀신을 무서워하겠는가? 진짜 무서운 것은 저런 여유 있는 미소가 아닐까? 왜냐하면 미소 속에 가려져 있는 그 속은 보이지 않으니까 말이다. 보이는 것보다 보이지 않는 것이 두려운 법이다. 처용 설화에다 얼굴무늬 수막새 미소를 대입해 보자.

악학궤범에 실린 처용 관복과 처용무에서 사용하는 처용탈에 비친 처용은 험상궂지 않고 인자한 어떤 면에서는 인생을 초탈한 노인의 모습이다. 역신이나 악귀와 싸울 수 있는 용맹한 무사의 모습이 아니다. 그리고 눈가와 입가에 번지는 미소는 뭔가 초월한 듯한 미소이다. 우리는 여기에서 신라인의 정서와 미소의 함의를 짐작할 수 있을 것이다.

신라인들은 오히려 반어적으로 미소를 짓거나 노래를 불러 악귀를 쫓는 풍습이 있었던 것으로 보인다. 악귀를 강한 힘으로 쫓는 것이 아니라 초탈한 미소 띤 모습으로 달래서 악귀가 스스로 물러나게끔 한 것이다. 따라서 얼굴무늬 수막새 미소는 '나는 당신을 적대하지 않을 것이며, 당신을 해코지할 생각이 없다'라는 전략으로 일단 상대를 안심시킨 뒤 알 듯 모를 듯한 미소에 악귀가 '아니, 저 표정과 미소는 뭐지'하며 스스로 물러나게 하려는 전략이지 않았을까.

신라인들은 악귀를 위협하거나 악귀와 싸워서 일시적으로 굴복시키는 방법보다 영원히 심복시켜 물러가게 하는 전략으로 '미소'라는 기상천외한 발상을 한 것이다.

얼굴무늬 수막새

신라시대 원와당(圓瓦當)으로, 일제강점기 경주 사정리(沙正里, 현 사정동)에서 출토된 것으로 알려져 있다. 1934년 일본인 다나카 도시노부(田中敏信)가 골동 상점에서 구입하여 일본으로 반출했으나 1972년 10월 국내에 반환했다.

13

마음을 쉬고 도를 즐길 만한
신령스러운 땅, 무장사지

무장산 깊은 계곡에 절을 세워 평화의 시대가 도래하였음을 알린 무장사
후대에 그곳은 마음을 쉬고 도를 즐길 만한 신령스러운 땅으로 알려졌다.

마음을 쉬고 힐링할 수 있는 곳으로 옛 절터는 제격이다. 흔히 폐사지라 부르지만, 그 용어보다는 옛 절터라는 말이 정겹고 본래 뜻에도 맞을 것이다. 오늘은 경주에서도 제법 떨어진 깊은 계곡에 있는 무장사(鍪藏寺) 옛터를 찾았다. 무장사라는 이름이 예사롭지 않다. 글자대로 해석하면 투구를 감춰둔 절이란 뜻이다. 절의 유래가 삼국유사에 나온다.

서울의 동북쪽 20리쯤 되는 암곡촌(暗谷村)의 북쪽에 무장사가 있었다. 제38대 원성대왕(元聖大王)의 아버지 대아간(大阿干) 효양이 숙부 파진찬을 추모하기 위하여 세운 절이다. 그윽한 골짜기가 몹시 험준해서 마치 깎아 세운 듯하며 깊숙하고 침침한 그곳은 저절로 허백(虛白)이 생길 만하고, 마음을 쉬고 도를 즐길 만한 신령스러운 곳이었다.

위의 삼국유사 기록에 의하면, 절의 창건자는 신라 제38대 원성왕의 부친인 효양(孝讓) 대아간이다. 그럼, 8세기 말엽 또는 9세기 초엽에 세운 사찰이라는 것인데 다음 기록을 보면 어리둥절하다.

근래에 와서 불전은 무너졌으나 절만은 남아있다. 세상에 전하는 말에 의하면, 태종(太宗)이 삼국을 통일한 뒤에 병기와 투구를 이 골짜기 속에 감추어 두었기 때문에 무장사라고 이름했다고 한다.

태종은 신라 제29대 태종무열왕을 말하는데 그는 7세기 중엽에 살았던 인물 김춘추다. 그렇다면, 태종무열왕 대에 사찰을 창건하였는데 퇴락 내지 폐사되었다가 원성왕 대에 효양이 중창했다는 말인가? 조선시대 인문 지리서인 〈신증동국여지승람〉에는 태종 대신 고려 태조 왕건을 창건자로 기록하고 있다. 고려 태조도 후삼국을 통일했으니 말은 되지만 고려시대라면, 10세기경에 무장사를 창건한 것이 된다. 기록이 엇갈릴 때는 절터에 남아있는 유적이나 유물로 판단할 수밖에 없다.

절의 입구에서 남쪽으로 70m 내려가면 양 계곡으로 둘러싸인 삼각형 지형의 꼭지점에 3층 석탑 1기가 서 있다. 탑은 2단의 기단 위에 3층의 탑신을 올린 전형적인 신라시대 석탑 양식이다. 탑신부는 지붕돌과 아래 받침돌이 하나의 돌로 되어 있으며, 받침돌은 5단이다. 몸돌의 각 모서리에는 층마다 기둥 모양이 조각되었을 뿐 다른 장식은 없다. 그런데, 상층 기단부에 동그란 안상(眼象)이 각 면에 2개씩 조각되어 있다. 탑의 이런 특징으로 볼 때, 탑의 건립

시기를 8세기로 보는 것이 통설이다.

그러면, 3층 석탑은 효양이 절을 중창한 시점과 얼추 일치하므로 이때 건립한 것으로 추정할 수 있을 것이다. 그런데 탑에서 북쪽으로 조금 올라가면 금당 터와 그 오른편에 비석이 하나 서 있는데 신라 애장왕 2년(801년)에 세운 '무장사지 아미타불 조상 사적비'이다. 비석에 대해서는 삼국유사에 기록이 보이는데, 신라 제39대 소성왕(799~800)의 왕비인 계화 왕후가 소성왕이 홍서하자 명복을 빌기 위해 재물을 희사하여 아마타 불상을 조성했다는 내용이다.

통일신라 하대의 개창 군주인 원성왕(785~798)에게는 김인겸이라는 태자가 있었으나 일찍 돌아가는 바람에 그의 아들 그러니까 원성왕의 손자가 후계가 되었는데 그가 소성왕이다. 그런데 소성왕 또한 병약하여 즉위 1년 만에 세상을 떠나니 그 아들이 13세로 즉위해서 애장왕(800~809)이 되었다.

이때 소성왕의 왕비 계화 왕후는 30대 초반의 나이였으며, 부군이 왕 노릇도 제대로 하지 못하고 죽었으므로 애통한 마음을 신앙에 의지하고자 했을 것이다. 공덕 중에 제일이 불전을 짓는 것이고 불상을 조성하는 일이다.

계화 왕후는 서라벌에서 동북쪽 20리 떨어진 암곡에 있는 무장사에 주목했을 것이다. 호국사찰로 알려졌고 내물왕계 왕통의 중시조인 원성왕 대에 크게 중창했으며, 개인적으로는 왕후 자신도 내물왕계로 원성왕과는 혈연과 가계로 연결되어 있었다. 더욱이 사적비에 나온 대로 풍광이 수려하고 고요하여 부군을 그리는 애통한 마음을 달래기는 안성맞춤의 적지(碧澗千尋)라고 여겼을 법하다.

이상을 종합해서 판단해 보면, 무장사는 신라 제30대 문무왕 대에 초창된 것으로 볼 수 있다. 본문에 태종이라고 표기되어 있으나 삼국통일이 문무왕 대에 이루어졌고, 문무왕의 유조에 "무기를 녹여 농기구를 만들었고 백성을 어질고 오래 살게 하였다."는 내용에 비추어 보면, 실제 병장기를 무장산 암곡에 감추었다기보다는 문무왕 대에 오랜 전쟁이 종식되고 평화가 찾아왔다는 것을 만백성에게 알리기 위해 가시적인 징표로 무장사를 창건하고 그런 내러티브를 만든 것으로 보인다.

무장사에 숨은 뜻은 '평화'라는 메시지이다. 그 후 무장사는 어느 때부터 퇴락하였고 이를 원성왕 대 효양이 중창하였으며, 애장왕 2년에 소성왕의 왕후가 아미타여래 상을 조성하여 미타전에 안치한 것으로 정리할 수 있다.

아마타불 조상 사적비는 사연이 많다. 원래 비석 조각은 국립박물관에 보관하고 지금의 비신은 현대에 새로 만들어 끼워 놓은 것이다. 그런데 비석의 받침돌이 쌍 귀부이다. 쌍 귀부 비석은 왕실 사찰에만 보이는 특징이다. 무장사가 왕실의 원찰이었음을 쌍 귀부를 봐도 알 수 있다. 비석을 자세히 보자.

귀부 기단석에 12지신상을 새겨 놓았다. 신라의 왕릉이나 석탑 몸돌에 12지신상을 조각한 경우는 있지만 이처럼 비석의 귀부 기단부에 12지신상을 조각한 예는 보지 못했다. 계화 왕후는 이름난 장인들을 불러서 불상과 신중을 조성했다고 하니 사적비에도 공을 들였음을 짐작할 수 있다.

비문에 의하면, 글을 지은 사람은 대내마(10관등) 벼슬에 있던 김

| 무장사지 아미타불 조상 사적비(상)와 쌍 귀부(하)

육진이란 인물인데 그는 삼국사기에 기록이 나온다. 애장왕 10년
(809년)에 김육진은 당에 사신으로 갔는데 이때 관등이 대아찬(5관
등)이었다고 기록되어 있으니 7년 만에 다섯 등급을 승진한 셈이
다. 비문에 무장사라는 이름이 나와 이곳이 무장사 옛터임을 확인
할 수 있다. 무장사는 조선시대에 와서 쇠퇴하였는데 우연히 이계
(耳溪) 홍양호(1724~1802)가 절터에서 비석 조각을 발견함으로써
크게 알려지게 되었다.

홍양호는 영조~정조 대 문신으로 이조판서와 양관 대제학을 역

임한 당대 학문의 최고봉이다. 그는 청나라를 왕래하면서 고증학에 눈떴고 옛 자료를 모으는 취미를 가졌다. 그에게 실학자라는 타이틀을 붙이기는 좀 그래도 당대 주류 대학자가 성리학이 아닌 고증학에 관심을 보였다는 것은 매우 특이한 사례에 속한다.

홍양호는 지방 수령과 도백을 역임하면서 틈틈이 기행하고 옛 진적(眞蹟)을 수집하였는데, 그가 경주 부윤(현 경주 시장)으로 재직하고 있던 영조 36년(1760년) 어느 날, 무장사지에 신라시대 김생이 쓴 비문이 있다는 소문을 듣고 아전에게 알아보라 했다.

얼마 후 아전이 무장사 터를 찾았는데 비석은 보이지 않는다고 보고하자 이계가 "어쩌면 비석이 수풀 속에 파묻혀 있을 수도 있으니 다시 가서 찾아보도록 하라"고 하였고 며칠 뒤 아전이 와서 다시 아뢰기를 "절 뒤에 콩을 가는 맷돌이 있었는데 돌의 무늬가 평범한 돌과는 달랐으므로 세워 일으켜 그 뒤를 살펴보니 바로 오래된 비석이 부러진 빈 조각이었습니다."라고 하였다.

이에 이계는 장인을 보내 탁본을 몇 장 떠오게 하였는데 그 경위가 〈이계집〉에 수록(16권 제발)되어 있다. 홍양호는 비문을 읽어보고 그것이 김생의 글씨가 아닌 김육진의 글씨라고 생각해 아쉬워했다. 그런데 그가 탁본한 것은 비석의 전면부에서 글씨가 있는 일부이며, 후면은 콩을 갈다가 마멸되어 탁본하지 못했다고 한다. 어쨌든, 무장사지 비석과 비문 탁본이 일부라도 오늘날 전해지는 것은 홍양호의 혜안 덕분이다.

홍양호는 무장사 터에 있는 아미타불 조상 사적비 탁본을 가지게 되었으나 실제 무장사지에 가서 비석을 본 것 같지는 않다. 그런데 후대에 이 탁본을 추사 김정희(1786~1856)가 보게 되었고 추사는 탁본을 청나라 금석학의 대가인 옹방강, 옹수곤 부자에게 보냈다. 옹방강은 무장사비 글자가 중국 동진의 명필 왕희지 글씨를 집자한 것으로 보았다. 이때까지만 해도 추사는 탁본만 보았을 뿐 무장사비 실물은 보지 못했었다.

순조 16년(1816년) 7월 추사의 나이 31세 때 김경연과 함께 북한산 진흥왕순수비를 발견하고 〈眞興二碑攷〉와 〈진흥왕릉고〉를 쓴다. 그리고 직접 진흥왕릉을 보고자 경주 답사를 가게 되는데 이때가 1817년 그의 나이 32세 때였다. 마침, 1816년 11월 부친 김노경이 경상도 관찰사로 임명되어 부임하는데 아직 벼슬하지 않은 아들 추사도 동행하게 된 것이다.

다음 해 봄(1817년 4월 29일) 추사는 그렇게 고대하던 경주 답사를 결심하고 경주에 갔다. 김정희는 서악동으로 가서 진흥왕릉을 고증하고 홍양호의 무장사비 탁본을 고증할 겸 무장사 터를 방문했다. 실제 비석을 찾아가 고증하려고 했던 추사야말로 우리나라 금석학자 1호였던 셈이다. 홍양호의 고증학과 김정희의 금석학은 이만큼 차이가 났다.

무장사 터에 도착한 김정희는 비석 주위를 꼼꼼히 살펴보다가 풀 섶에서 명문이 새겨진 비편 하나를 발견하였다. 얼마나 기뻤던지 비편 발견 순간을 "너무 놀라고 기뻐서 소리를 질렀다."고 비석의 왼쪽 측면에 새겨 놓았다. 즉, 무장사 사적비 비석 편은 1760년 홍양호가 처음 하나를 발견하였고, 1817년 김정희가 또 하나를 발견하였으며, 1914년 조선총독부 직원인 김한목과 일본인 나카자

| 무장사지 3층 석탑(상)과 금당 터 전경(하)

토 이주로가 귀부와 이수, 비편을 추가로 수습하여 모두 3개가 되었다. 현재 비문의 서체에 대해서는 옹방강의 왕희지체 집자 설과 최근의 김생 글씨라는 설이 대립한다.

이처럼 무장사 옛터는 많은 전설과 이야기를 품고 있으며, 풍광이 고즈넉하고 계곡의 시원한 바람과 물소리가 마음을 쉬고 도(道)를 즐길 만한 땅임을 느끼게 한다. 그래서 현재도 심신을 휴식하고 마음을 정화하는 힐링의 장소로 발길이 이어지고 있다.

---◇---

홍양호(1724~1802)

호는 이계(耳溪), 홍문관·예문관 양관(兩館)의 대제학을 겸임하였고 고증학을 수용, 보급하였다. 무장사지 사적비 탁본 외에도 문무왕릉비편, 인각사 비, 김유신 묘비석 탁본 등을 수집 보관하고 있었다.

김정희(金正喜, 1786~1856)

자는 추사(秋史), 호는 보담재(寶覃齋), 완당(阮堂)이다. 조선 후기 금석학을 정립하고, 추사체를 완성한 실학자이며, 서화가이기도 하다. 24세 때 부친 김노경을 따라 연경에 가서 옹방강·완원 등 청의 이름난 학자들과 교유하며 경학 및 금석문과 서법에 대한 가르침을 받고 귀국했다. 북한산 진흥왕순수비, 경주 진흥왕릉 등을 고증하였다.

14

경주 포석정은 정말
향락의 장소였을까?

포석정은 신라 멸망의 상징, 낙화암은 백제 멸망의 상징
인간의 잘못된 행위에 대한 책임을 자연물에다 역사적 프레임을 씌웠다.

1934년 8월 27일, 우리나라 문화재 첫 지정이 총독부 고시 제
430호를 통해 공표되었다. 이때 고적 제1호로 지정된 것은 의외로
경주 포석정지(鮑石亭址)였다. 우리가 교과서에서 배운 포석정은 신
라 55대 경애왕이 비빈들과 함께 술판을 벌리며 향락을 일삼다가
후백제 견훤의 군대에 사로잡혀 자결하고 왕비가 능욕당했던 곳이
다. 그런데, 이러한 치욕의 장소가 고적 제1호로 지정되고 그것이
그대로 계승되어 현재 대한민국의 사적 제1호가 되었다. 왜 일제는
포석정지를 조선의 고적 제1호로 지정했을까?

포석정은 한자로 '鮑石亭'으로 쓴다. 즉 정자의 이름이다. 현재 잔
존하고 있는 유구로 보면 포석정은 물고기인 전복 형상을 한 유상
곡수(流觴曲水) 장소에 정자가 있었다는 말이다. 〈신증동국여지승
람〉에 의하면, 포석정(鮑石亭)에 대하여 "돌을 다듬어 포어(鮑魚) 모

양으로 만들었기 때문에 그리 이름을 지은 것이며 유상곡수의 유적이 완연히 남아 있다."라고 기록하였다. 물론 현재의 포석정 모습이 신라시대 것은 아닐 것이다.

유상곡수는 중국에서 시작된 것으로서 흐르는 물에 술잔을 띄워 자기 앞에 잔이 당도할 때까지 시를 지어 잔을 들고 읊은 후, 다음 사람에게 잔을 띄워 보내는 풍류놀이이다.

본래 유상곡수는 중국의 한나라 때부터 궁궐 후원에 유배거(流杯渠)를 만들어 주연을 베풀고, 군신 간의 화합을 도모하는 행사이다. 그러나, 유상곡수 문화의 전파에 큰 역할을 한 것은 동진 시대 명필 왕희지의 난정서(蘭亭序) 무대이기도 한 난정 유상정(流觴亭)의 유상곡수연(流觴曲水宴)이다.

동진 목제 영화 9년(353년) 봄 3월 3일에 당시 명사 41인이 절강성 회계산 북쪽(현 절강성 소흥현 서남쪽)의 난정에서 모임을 열고 유상곡수를 하였다고 한다. 그때 명사들이 지은 시를 모아 계첩(稧帖)을 만들었는데 그 서문을 왕희지가 썼다. 이를 난정서(蘭亭序) 또는 난정집서(蘭亭集序)라고 한다.

우리는 왕희지의 난정서에서 유상곡수와 관련된 정보를 얻을 수 있는데 그것은 계사(稧祀)이다. 稧는 禊와 같은 뜻으로 물가에서 행하는 요사(妖邪)를 떨어버리기 위한 제사로 음력 3월 상사일(上巳日)에 지낸다. 혹은 '불계(祓禊)'라고도 하는데 그 뜻은 신에게 빌어 재액을 떨쳐버리기 위해 지내는 제사이다. 그리고 제사를 지내고 난 후 정자 앞을 흐르는 굴곡진 물에 술잔을 띄우고 시를 지으며 여흥을 즐기는 것이 유상곡수연(流觴曲水宴)이다.

| 일제강점기(1916년) 포석정의 모습(조선고적도보)(좌)과 현재의 포석정지 모습(우)

포석정은 현존하는 유구로 볼 때 난정의 유상곡수와 달리 인공으로 조영된 것임을 알 수 있다. 남산 계곡의 물을 끌어다 수로에 흘러가게 하는 인공 수로를 만든 것이다. 고려시대 이인로의 시에 보면 인근에 옛 궁궐(별궁)터가 있고 포석정 주변에 정자와 소나무 숲이 있었음을 알 수 있다.

포석정이 신라의 천년 사직을 망하게 한 망국의 상징이라는 메타포어(metaphor)는 삼국사기를 시원으로 하여 고려시대와 조선시대 기록으로 이어졌다. '망국의 원죄'라는 정치적 프레임에 의거 포석정은 부정적 이미지로 각인되었고 이로 인한 방임과 몰지각으로 고려시대 중엽에 이미 포석정은 폐허가 되었음을 당시 문인들의 시를 통해 알 수 있다. 정말 포석정은 향락을 일삼았던 유흥장소였을까. 지금까지 당연하게 여겨져 왔던 망국의 상징 포석정의 진실에 대해 접근해 보자. 먼저, 그런 연유는 고려시대에 편찬된 삼국사기(1145년)에서 비롯되었다.

삼국사기에는 포석정 관련 기사가 3회 나오는데, 첫째는 위의 경애왕 관련 기록이고, 둘째는 신라 멸망에 대한 논평이며, 셋째는 견훤 열전에 나오는 같은 해(927년) 기록이다. 둘째 논평은 신라 멸망의 주요 원인으로 포석정 사건을 들고 있으며, 첫째와 셋째 기록은 견훤의 신라 왕도(王都) 침공 시기에 약간의 차이가 있으나 대체로 중복되는 내용들이다. 그럼, 삼국사기 기록 내용을 검토해 보자.

첫 번째, 견훤의 침공 시점이다. 경애왕 조에는 11월 겨울에 서라벌에 당도했다고 되어 있고 열전에는 10월로 되어 있다. 어느 것이 맞을까? 삼국유사에는 포석정 기록이 5회 나오는데 견훤의 서라벌 당도를 11월 겨울로 적고 있다. 일단 11월 겨울에 견훤이 신라의 왕도에 침공한 것으로 하자. 음력 11월이면 양력으로 12월이다. 겨울에 나라 안의 벼슬아치와 비빈들을 데리고 포석정에서 연회를 베풀었다는 것이다. 올해 12월 19일 경주의 평균 기온은 −3°~13°이다. 연회를 노천에서 열 정도의 기온은 아니다. 더욱이 포석정 인근에는 이궁(별궁)이 있는데, 설사 풍류를 즐기는 장소가 포석정이라고 해도 왜 궁궐을 두고 궁 밖에서 연회를 했을까 하는 점이다.

두 번째, 왕은 신료와 비빈을 데리고 왜 포석정으로 갔을까 하는 의문이다. 우선 포석정에 행차한 멤버들을 보면, 비빈, 종척, 공경대부, 사녀(士女) 등이다. 그런데 삼국사기 견훤 열전에는 이들 외에 궁녀와 악사(伶官)가 더 나온다. 그러면, 포석정 연회에 참여한 사람은 비빈과 종친, 신료, 사녀(신료들 부인으로 보임), 궁녀와 악사 등이다. 그런데, 가무를 하는 무희는 없고 단순 악공도 아닌 영관을 데려갔다는 것은 포석정 연회가 유흥이 아닌 국가의 공식 행사임을 시사하는 대목이다.

왕이 정사를 돌보지 않고 개인적 차원의 향락을 위한 유흥이라면 군이 정비인 왕비와 종친과 조정의 고관대작 그리고 음악을 담당하는 관리를 데리고 가지는 않았을 것이다. 경애왕의 포석정 행차는 공식적인 행사에 참석한 것으로 보아야 한다. 더욱이 그 시점이 한겨울이라는 점을 감안하면 더욱 그렇다. 그럼, 후백제군이 목전에 와있는 위기 상황에서 경애왕과 신라의 조정 대신들은 무슨 이유로 포석정에 갔던 것일까 하는 의문이 든다.

세 번째는 경애왕이 포석정에 간 동선이다. 견훤의 신라 왕도 도착과 경애왕의 포석정 출유(出遊) 시차가 삼국사기와 삼국유사 기록이 다르다. 삼국사기 기록에 의한 경애왕의 동선은 ①왕건에게 구원병 요청(9월) ②왕의 포석정 행차 ③견훤의 신라 왕경 도착 ④후백제군의 포석정 도착, 왕과 왕비의 후궁(별궁) 피난 ⑤견훤의 후궁 침입, 신라 왕과 왕비 등 백제군영으로 잡혀 옴 ⑥백제군영에서 경애왕 핍박으로 자진(혹은 죽임) ⑦견훤이 김부를 신라의 권지국사(왕)로 옹립함. 이런 순서로 진행되었다.

삼국사기 동선에 따르면, 경애왕은 왕건에게 구원병을 청하고 구원병이 오는 사이 포석정에 행차하여 연회를 베풀었던 것이고, 이에 견훤이 서라벌에 당도하였는데도 그 사실조차 모르고 있다가 사로잡혀 죽은 것이 된다. 삼국사기 기록을 토대로 하면 두 가지 가설이 성립된다.

하나는 경애왕은 왕건이 구원병을 보낸다는 사실을 알고 있었고 견훤의 후백제군이 고울부(영천)에 주둔하여 경주로 올 수 있다는 것을 충분히 인식하고 있었을 것이다. 영천과 경주는 40km로 지척이다. 그럼, 비상 체제를 가동하여 방비를 철저히 하는 것이 상식인데 신료와 비빈, 종친 등 대규모 인원을 데리고 포석정에 행차하여 연회를 베풀었다는 것이 과연 납득할 수 있는 일인가 하는 점이다.

다른 하나는 포석정에 간 것이 사실이라고 할 때, 단순히 유흥을 목적으로 가지는 않았을 것이다. 일단 인원이 대규모로서 왕궁을 텅 비우고 간 것으로 보이고 참가자의 면모를 보면 공식적인 행사의 성격이 짙다. 그리고 견훤은 경애왕이 포석정에 간다는 사실을 어떻게 알았을까? 세작이 첩보를 주었다고 해도 왕의 비상시 동선과 대규모 이동까지는 알기 어려울 것이다. 이는 신라 조정 내부에서 누군가 견훤과 내통하는 자가 없고서는 불가능한 일이다.

그런데, 삼국유사 기록(紀異第二)에는 ①왕건에게 구원병 요청 ②견훤의 신라 왕경 시림(계림) 당도 ③왕의 포석정 행차의 시차로 해석할 여지가 있다. 일설에는 이를 두고 견훤이 왕궁이 있는 월성 가까이 시림까지 침공하여 왕성을 포위한 상태에서 부득이 경애왕이 궁성을 나와 별궁이 있는 포석정으로 행차한 것이라고 해석하기도 한다. 연회가 목적이 아닌 위급상황 타개를 위한 파천 또는 피난이라는 것이다. 그러나 삼국유사 다른 기록에는 "遊鮑石亭宴娛"라는 용어가 등장한다. 경애왕의 동선보다 포석정에서 한 연회의 의미를 파악하는 것이 포석정 행차의 성격을 규명하는 데 도움이 될 것이다.

먼저, '유(遊)'자의 쓰임이다. 우리는 이 유(遊) 자를 '놀유'로 새긴다. 놀이하며 시간을 보낸다는 뜻이다. 그런데 유(遊)자의 의미에는 '밖으로 나간다'는 의미도 있다. 출유(出遊)가 그것이다. 이럴 경우 "遊鮑石亭宴娛"의 의미는 문맥상 '포석정에 놀러 가서 연회를 열었다'고 해석하는 것보다는 '포석정에 가서 연회를 열었다'로 해석하는 것이 더 자연스럽다. 유(遊)는 그냥 '가다'라는 의미이다.

다음은 연오(宴娛)의 의미이다. 별신굿에 보면 신에 대한 제례가 청신(請神), 오신(娛神), 송신(送神)의 순으로 진행된다. 여기서 신을 즐겁게 한다는 오신(娛神)이 있다. 즉 오(娛)라는 단어가 꼭 부정적인 단어는 아니라는 말이다. 포석정에서의 연회는 신과 관계있는 행사와 관련된 의례이거나 제사 후의 뒤풀이가 아니었을까?

필사본 화랑세기에는 포석정이 포석사(鮑石祠)로 나온다. 포석사라는 사당이 있었다는 것이다. 하늘에 제사를 지내던 곳으로 첫 번째 화랑의 우두머리인 풍월주 문노의 화상을 걸어 놓았던 사당이라는 것이다. 이로써 보면, 포석정은 포석사의 부속시설로서 가까이에 이궁(별궁)이 있었으며 남산 기슭에 위치한 신성한 장소로서 하늘과 산천에 대한 제사와 연회를 베풀었던 곳으로 정리할 수 있다.

그럼, 왜 포석정은 후대에 망국의 씨앗을 뿌린 유흥장소로 알려졌을까. 포석정을 향락의 장소로 처음 기록한 역사서는 김부식의 삼국사기로서 특히 삼국사기 신라본기 마지막 부분인 사신 논왈에서 신라의 멸망에 대하여 찬자(김부식)가 평가를 하고 있는데 거기에 포석정이 나온다.

신라 멸망의 원인 중 하나로 경애왕이 포석정에서 연회를 즐기다가 견훤의 군대가 온 것을 몰랐다는 것을 들고 있다. 유교적 쇠망사관(衰亡史觀)에 입각하여 신라 망국의 원인을 평하고 있다. 삼국사기에 나오는 포석정 연회는 연오(宴娛), 치주오락(置酒娛樂), 치주연간(置酒燕衎) 등으로 표현된다. 즉 연회를 베풀고 술을 마시며 즐겼다는 뜻이다. 여기까지는 고대사회의 일반적인 군주의 연회 행위에 해당한다고 볼 수 있다. 문제는 이때 견훤의 후백제군이 서라벌 코앞에까지 이르렀는데, 그 사실을 몰랐다가 왕이 죽고 왕비가 능욕을 당하는 치욕이 발생한 것이다.

그러나, 두 개의 사건에는 어느 정도 시간 차이가 존재하는데 삼국사기에선 이 두 사건을 편집해 하나로 붙여 버렸다. 즉, 연회를 베푼 일과 왕이 죽은 것 그리고 적병이 침입해 궁궐에서 난행을 저지른 사건을 하나의 인과관계로 연결하였다. 거기에 사관은 신라 멸망의 원인이란 귀책사유로 다시 연결하였다. 이것으로 포석정에서 연회를 베푼 일은 나라를 망하게 한 행위로 성격이 규정됐다. 포석정 = 망국(亡國)이란 완벽한 플롯이 구성된 것이다.

보통 망국의 군주는 다음 왕조에서 편찬한 역사서에서 좋은 평가를 받을 수 없다. 흔히 '황음무도'라는 나쁜 죄명을 뒤집어쓴다. 그런데 신라 56대 경순왕은 스스로 나라를 들어 항복하였고, 게다가 태조 왕건은 딸인 낙랑공주를 시집보내기까지 했다.

태조의 사위가 되었으니 경순왕에게 멸망의 책임을 물을 수는 없었을 것이다. 그렇다면 누구에게 그 죄를 뒤집어씌워야 할까. 그래서 찾아낸 인물이 앞의 55대 경애왕이다.

경애왕이 포석정에서 연회를 베풀고 놀다가 적병이 오는지도 모르고 사로잡혀 죽임을 당했으니 이 어찌 나라가 망하지 않을 수 있겠는가? 어떤가. 완벽한 플롯이다. 삼국사기 찬자는 이 기사를 제일 마지막 사론에다 신라의 멸망 원인으로 끼워 넣었다.

만약에 경애왕이 고려에 구원군을 청한 상태에서 불안한 마음을 달래고 나라를 구원할 수 있게 해달라고 천신께 제사 또는 기도를 드리기 위해 비빈과 종친, 신료들을 대동하고 제사를 올리고 포석정에서 잠시 뒤풀이를 한 것이라면? 또는 포석정 출유가 견훤 군을 피해 피난을 간 것이고 실제 연회는 하지 않았다면, 이 얼마나 억울한 일이겠는가?

우리는 역사 기록을 볼 때, 그 행간의 숨은 뜻과 전후 문맥을 짚어 볼 줄 알아야 한다.

2부

전설과 역사의
변주곡

나라는 망하여 산하(山河)는 옛날과 다른데
백마강 달은 홀로 몇 번이나 차고 기울었을까?

– 홍춘경의 시 「낙화암」

01

무령왕릉의 비밀,
왕비의 은팔찌

무덤에 어금니 한 개를 남긴 묘령의 여인, 태비(太妃)
그녀는 생전에는 대부인으로 불리었고
죽어서는 태비가 된 백제의 왕후였다.

1971년 7월에 발굴된 무령왕릉에서 무덤의 주인을 알 수 있게 하는 묘지석 2기가 발견되었다. 그중 왕비의 지석 명문은 이렇다.

병오년(526년) 11월 백제국왕태비가 천명대로 살다 돌아가셨다. 서쪽의 땅에서(빈을 설치하여) 삼년상을 지내고 기유년(529년) 2월 12일에 다시 대묘(大墓)로 옮기어 장사지냈다. 묘지는 이와같이 기록한다.

지석에는 무령왕의 왕비를 왕후나 왕비라고 표현하지 않고 '태비(太妃)'라 했다. 태비는 대비 즉 왕의 어머니를 지칭한다. 무령왕에 대해서는 백제 사마왕이라 하여 생전의 왕 이름을 썼다. 능산리 능사 석조 사리감 명문에도 여창이라는 위덕왕의 이름을 쓴 것으로 보면 백제는 특이하게 왕의 이름을 사용했음을 알 수 있다. 덕분

| 왕비의 묘지석 명문. (출처, 국립공주박물관 무령왕릉 신보고서 V)

에 우리는 무덤이나 사리감의 주인을 알 수 있었다. 그런데 왜 무령왕의 왕비를 태비라고 했을까? 통설은 아들인 성왕이 모후를 지칭하는 용어를 사용했다고 해석한다. 그럼, 생전에 무령왕의 왕비는 무엇이라 불리었을까? 부장품 중에 아주 흥미 있는 물건이 하나 있는데 왕비가 생전에 왼팔에 착용했을 것으로 보이는 용무늬 은팔찌이다.

이 은팔찌는 바깥지름 8cm, 안지름 6cm, 두께 1.2cm로 왕비의 관재 밑에서 발견되었다. 왕비의 왼팔 쪽에서 글자를 새긴 용 무늬

| 무령왕릉 출토 왕비의 팔찌. 명문이 새겨져 있다. (출처, 국립공주박물관 무령왕릉 신보고서V)

은팔찌가, 오른팔 쪽에서 금팔찌가 각 한 쌍씩 겹쳐서 놓여 있었다. 이 은팔찌는 안쪽은 편평하고 바깥쪽은 반원인데 외면에 용 두 마리가 표현되어 있다. 주조로 용의 형태와 무늬를 만들고 비늘은 정으로 쪼아 입체감과 생동감을 더하였다.

팔찌의 내면에는 양옆에 새김눈이 표현된 은판을 덧대었는데 이 은판에 다음과 같은 17자의 명문이 굵은 획으로 음각되어 있다.

庚子年二月多利作大夫人分二百卅主耳

명문에는 제작한 해, 제작한 공인, 팔찌의 주인, 중량 등의 정보가 들어 있다. 경자년은 520년으로 왕비가 돌아가기 6년 전이다. 다리는 팔찌를 제작한 공인이고 중량은 230주이니 166~167g 정도이다. 그런데 여기서 해석이 분분한 것은 다리와 대부인이다.

먼저, '다리(多利)'란 글자는 무슨 뜻일까? 통설은 팔찌를 만든 공인(工人)의 이름으로 본다. 최근에는 '다리'를 제작기관 또는 공방으로 해석하기도 한다. 그러나 전후 문맥으로 보면 '다리'는 팔찌를 제작한 공인의 이름으로 보는 것이 합리적 추론인 것 같다. 그러면 이런 해석이 가능할 것이다.

경자년(520년) 2월 다리(인명)가 대부인을 위해 만들었으며 중량은 230주(166g)이다.

명문에서 우리가 주목하는 것은 '대부인'이란 호칭이다. 왕비의 관목 근처에서 출토된 장식품이니 왕비가 생전에 사용한 물건일 것이다. 그런데 팔찌 명문에는 대부인이라고 되어 있고 묘지석에는 태비(太妃)라고 기재되어 있다. 능의 주인이 왕비이므로 왕비가 착용한 것으로 보면 태비와 대부인은 동일인임이 확실하다. 그런데 왜 한 사람에 대한 호칭이 둘일까?

먼저, 태비의 호칭에 대해 살펴보자. 태비는 무령왕의 부인이며 성왕의 모후이다. 그런데 무령왕이 생전의 이름을 써서 사마왕이라고 했다면 당연히 왕비는 백제 왕후 또는 왕태후라고 하는 것이 적절한 호칭 같은데 태비라고 했다. 삼국사기에는 신라의 경우 왕의 배우자 또는 모후를 부인(夫人)이라고 했다. 보도부인, 사도부인, 지소부인 등은 신라의 왕후이거나 왕의 모후이다. 그러나 백제 본기에는 백제의 왕비에 대한 기록이 전혀 나오지 않는다.

2009년 익산 미륵사지 석탑에서 출토된 사리봉영기 명문에 처음으로 '백제 왕후'란 표현이 나온다. 왕비에 대한 3인칭 호칭으로 '왕후'란 용어가 사용된 것으로 보면 무령왕릉에서 왕후 또는 태후라는 호칭을 사용하지 않은 것은 의외이다.

일본서기에는 〈백제기〉를 인용하여 개로왕 대의 한성함락을 기록하고 있는데 거기에 "國王及大后王子等 皆沒敵手"라는 구절이 나온다. 대후(大后)가 왕후를 나타내는지 모후인 태후를 지칭하는 것인지 알 수 없지만 비(妃)라는 글자 대신에 후(后)자를 사용했다. 흔히 국왕의 부인을 '왕비(王妃)'라고 하는데 이는 일반적 의미의 범칭이고 우리나라의 경우에는 공식적 직책(책봉)의 의미로는 왕후(王后) 또는 후(后)라는 단어를 사용하였다.

그런 관점에서 본다면 묘지석에도 비(妃) 대신 후(后)를 써야 할 것이다. 그런데 지석에는 태비(太妃)라고 하였다. 어찌 된 일인가?

이 의문을 풀 수 있는 단서가 바로 은팔찌의 명문 '대부인'이 아닐까 한다. 태비와 대부인을 동일인으로 본다면 그렇다. 전후 맥락으로 보면 무령왕릉에 안장된 왕비는 생전에는 대부인으로 불리었고, 죽은 후에는 태비로 표현된 것으로 볼 수 있다. 이로써 보면, 대부인이란 호칭은 정비(왕후)가 아닌 경우를 의미한다고 봐야 하지 않을까. 즉, 왕자를 낳은 후처(후궁) 또는 계비를 뜻하는 말로 볼 수 있다.

이런 도식이 맞는다면, 성왕의 모후는 정비가 아닐 것이다. 생전에는 대부인으로 불리다가 죽은 후에 아들에 의해 태비로 추존된 것으로 볼 수 있다. 이는 삼국사기 기록을 통해서도 짐작할 수 있다. 삼국사기 백제본기에서 적통(정실 왕비)의 왕은 선왕의 원자(元

子) 또는 장자(長子)라고 표기하고 있는 것에 반해 성왕은 그냥 무령왕의 아들(武寧王之子)이라고만 표현하고 있다.

우리는 여기서 무령왕의 삶을 돌아볼 필요가 있다. 일본서기 기록에 의하면, 무령왕은 왜(倭)의 섬에서 태어나서 본국으로 왔다. (일설은 왜에서 자랐다고 보기도 함) 그리고 동성왕이 시해되자 40세의 나이에 왕으로 즉위했다.

일본서기와 무령왕릉 묘지석에 의하면, 무령왕은 461년 또는 462년에 태어났으므로 한성 함락(475년)으로 개로왕이 죽을 때 그의 나이는 13~14세였을 것이다.

일본서기에서 인용한 〈백제기〉에는 '국왕과 태후, 왕자 등이 모두 적에게 죽었다(國王及大后 王子等 皆沒敵手).'라고 기록하고 있는 것으로 보아 어린 무령왕이 전란에서 용케 살아났다고 해도 부모가 없는 그의 신세는 가히 곤궁했을 것임을 짐작할 수 있다.

무령왕이 왕이 되는 40세 이전의 삶에 대한 자료나 기록이 전혀 없어 그의 전반부 생을 파악하기는 어렵지만, 혹자는 서동설화의 주인공 서동을 무령왕이라고 추정할 정도로 그의 곤궁했을 삶을 반추하기도 한다.

어쨌든 일본서기에 무령왕의 아들로 순타태자가 나오는 것으로 보아 성왕이 처음부터 왕위 계승자가 아니었음은 분명하다. 순타태자는 505년(무령왕 5년) 백제와 왜와의 외교관계에서 문제가 생겨(왜가 백제 사신 마나가 왕족이 아닌 것을 문제 삼았음) 사절로 일본에 간 후 귀국하지 않고 그곳에서 살다가 513년(계체 천황 7년)에 사망하였다.

위의 일본서기 기록을 신뢰한다면 성왕은 형인 순타태자가 일본에서 사망함으로써 태자가 될 수 있었고 왕이 될 수 있었다. 전후 맥락으로 볼 때, 순타태자와 성왕은 이복형제로 추정된다. 이는 순타태자를 낳은 여인이 무령왕의 정실부인이자 백제 왕후라는 말이다. 그렇다면 성왕은 왕후 소생의 적통이 아닌 것이다. 그래서 성왕은 어머니에 대한 정이 각별했던지 사후 모후를 태비로 추숭하여 부왕인 무령왕과 합장시킨 것이 아닐까.

다음은 명문에 나오는 다리라는 공인(工人)과 대부인의 관계이다. 명문의 해석에 의하면 경자년에 다리라는 공인이 팔찌를 만들어 대부인에게 드렸다는 것인데 대부인이 성왕의 모후이며 무령왕의 왕비라면 왕비의 팔찌에 공인의 이름을 새길 수 있을까. 제작자를 명기하는 실명제라면 그냥 이름만 새기면 되지 반지의 주인까지 새긴 것은 무례일 수도 있는데 의아하기도 하다.

여기서 상상의 나래를 펴본다. 공인 다리와 왕비와의 관계가 특별한 관계가 아닐까? 팔찌를 만든 다리라는 공인이 몰래 왕비를 연모했거나 둘이 서로 사랑하는 사이는 아닐까? 그래서 자신의 마음을 표현하기 위해 팔찌에다 명문을 새긴 것일까? 그런데 정말 그랬다면 부장할 때 성왕과 관리들이 이를 몰랐을 리 없다. 아마 다리는 죽음을 면하기 어려웠을 것이다.

최근 팔찌 명문에 대한 새로운 해석이 제기되었다. '多利作大夫人'에서 다리작이 다리가 만들었다는 뜻이 아니라 대부인의 이름이 '다리작'이라는 설이다. 그러나 이 설명은 근거가 약하다. 그러면 그냥 '다리작 대부인'만 새기면 될 것을 앞에 경자년 2월이란 간지와 뒤에 230주란 무게 단위를 나타낼 필요가 없었을 것이다.

그럼, 무령왕릉에 묻힌 여인의 정체는 누구일까? 그녀는 사랑니 (어금니) 한 개를 남긴 미스터리의 여인이다. 생전에는 대부인이었고 죽어서는 백제국왕태비(백제국의 왕태비인지 백제국왕의 태비인지 애매하다.)로 불리었다. 여러 기록을 종합하면, 나이는 40대에 죽은 것으로 추정된다. 그때는 그 나이를 수종(壽終)이라 표현했을 것이다. 그 여인은 왕후는 아니었으나 아들을 낳았고 그 아들이 왕에 오르자 태비에 봉해졌다.

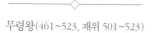

무령왕(461~523, 재위 501~523)

백제 제25대 왕이다. 북방정책에 몰두하여 고구려·말갈 등의 침략을 무찌르고 대비책을 강화했으며, 중국 남조의 양과 관계를 강화하는 외교정책을 폈다. 한강 유역을 고구려에 빼앗긴 후 혼란에 빠진 백제를 안정시킨 왕으로 평가된다. 일본서기에 따르면, 일본 각라도(各羅島)에서 태어났으며, 계보에 관해서는 동성왕의 둘째 아들이라는 기록과 개로왕의 동생인 곤지의 아들로서 동성왕의 이복형이라는 두 가지 설이 있다.

02

중국 황제의 연호로
이름을 지은 사찰, 대통사

성왕이 중국 양 무제를 본받아 전륜성왕을 지향하고
정법 정치를 시행하고자 건립한 대통사
대통사는 무령왕과 성왕에게 원대한 제왕의 꿈을 꾸게 한 산실이었다.

우리나라에 불교가 수용된 것은 서기 4세기 후반이다. 고구려는 소수림왕 2년(372년)에 불교를 공인하고 5년(375년)에 초문사와 이불란사를 창건했다. 백제는 침류왕 원년(384년) 불교를 공인하고 다음 해 한산에 절을 세웠다. 그러나 이 절들의 위치는 알 수 없다. 그런데 성왕 5년(527년)에 세운 대통사는 한국 고대 사찰 가운데 이름과 위치, 목적과 창건 연대, 주체를 명확히 알 수 있는 가장 빠른 시기의 사찰이다.

대통사는 백제 성왕 5년(527년)에 창건된 사찰로 사지(寺址)가 공주시 반죽동에 남아있다. 대통사에 대해 삼국유사 흥법조(興法條)에는 "대통원년 정미 위양제창사어웅천주 명대통사(大通元年 丁未 爲梁帝創寺扵熊川州 名大通寺)"라 적혀 있다. 이는 대통 원년, 즉 성왕 5년(527년)에 중국 양(梁)나라의 무제를 위해서 '대통사(大通寺)'라는 절을 창건하였고 이 절은 웅천주, 즉 공주에 있다는 내용이다.

'대통'은 중국 남북조 시대 남조 양나라 무제의 연호로 기록으로 볼 때, 양 무제(464~549)와 관련된 사명(寺名)임을 알 수 있다. 그런데, 백제의 사찰 이름에 왜 양나라 무제의 연호를 붙였을까. 삼국유사에 '양나라 황제를 위하여 절을 세운다'라고 한 것을 보면, 대통사의 설립 목적이 중국 양나라 무제와 관련되어 있음을 알 수 있다.

한반도 백제에 중국 황제와 관련된 사찰이 있다는 것은 전례가 없는 특이한 사례이다. 양나라에 잘 보이기 위한 외교적 제스처였을까? 현대에도 서울 강남에 테헤란로가 있는 것처럼 당시에 백제와 중국 양나라와의 우호 교류 차원에서 중국의 연호를 딴 사찰을 세운 것일까?

그런데, 대통사는 백제가 웅진으로 천도한 후 도심지역에 세운 국찰이다. 국격을 나타내는 국찰의 창건 목적이 남의 나라 황제를 위해서고 또 그 황제의 연호를 따서 절의 이름을 지었다면 이는 단순한 외교적 제스처라고 보기에는 뭔가 심상치 않다. 더욱이 추모의 목적도 아닌, 생존해 있는 중국 황제를 위하여 백제에서 사찰을 세웠다면 그만한 이유가 있었을 것이다. 백제와 양나라의 관계가 얼마나 밀접하였기에 사찰까지 지어 황제에게 헌사를 표시한 것일까? 당시 정치적 상황을 살펴보자.

양나라 초대 황제인 양 무제(464~549)는 86세까지 장수한 인물이다. 502년 39세로 즉위하여 48년을 재위하였다. 이는 백제 무령왕이 501년에 왕위에 오를 때의 나이가 40세였던 것과 비슷하다. 양 무제의 재위 기간 48년은 무령왕의 재위 기간 22년과 성왕의 재위 기간 31년을 합한 총 53년과 거의 겹친다. 양 무제의 재위 기간은 백제 무령왕과 성왕의 재위 기간에 해당한다.

백제와 양나라와의 접촉은 삼국사기에 의하면 무령왕 12년(512년)에 사신을 양나라에 보내 조공하면서 이루어졌다. 그리고 무령왕 21년(521년) 백제는 고구려를 격파하여 강국이 되었다는 표문을 양에 보내면서 공식적인 외교관계를 맺었다. 이에 양 무제는 무령왕을 '사지절도독백제제군사영동대장군(使持節都督百濟諸軍事寧東大將軍)'으로 봉했는데 이는 종래의 진동대장군(鎭東大將軍)에서 영동대장군(寧東大將軍)으로 변경한 것이나 같은 시기에 고구려 안장왕에게는 정3품 영동 장군을 수여하고 신라의 법흥왕에게는 아무런 작호를 수여하지 않은 것과 비교하면 양 무제가 백제 무령왕을 특별히 우대한 것임을 알 수 있다.

무령왕이 받은 영동대장군은 정2품이고 고구려 왕이 받은 영동장군은 정3품이다. 양 무제가 두 나라를 대놓고 차별한 것을 보면 백제가 고구려를 격파하여 다시 강국이 되었다는 표문의 내용에 따라 백제의 위상을 인정한 것으로 보인다. 양 무제가 백제를 우대한 것은 봉작에만 국한되지 않았다.

양 무제의 백제 우대는 무령왕 사후 성왕 대에도 이어졌는데 삼국사기에 의하면, 성왕 19년(541년) 양나라에 사신을 보내고 표문을 올려 모시(毛詩)박사와 열반경(涅槃經) 등 경전과 공장(工匠), 화사(畵師) 등을 청했는데 양 무제가 허락하였다는 기록이 보인다. 양국 간에 실질적인 문물교류를 하였다는 것이다. 특히 장인과 화공을 백제에 파견했다는 것은 기술지원을 의미하는 것으로 백제는 긴요한 용도가 있어서 요청하였을 것이다. 장인의 유형이 어떤 것인지 구체적인 언급이 나와 있지 않으나 무령왕릉 전축분 축조가 양나라의 기술지원에 의한 것임은 밝혀진 사실이므로 아마 왕릉이나 사찰의 조영과 관련된 것으로 짐작된다.

백제와 양나라와의 밀접한 관계를 물질적으로 잘 보여주는 것이 무령왕릉이다. 무령왕릉에서 출토된 오수전, 청자 사이호, 흑유병, 등잔 등은 중국제 물건이다. 그 가운데 제작 연대를 알 수 있는 것이 무령왕릉 묘지석 위에 놓인 철제 오수전(五銖錢)인데 백제는 철전을 주조하지 않았으므로 이 오수전은 양나라에서 주조한 것으로 보아야 한다.

양나라는 보통 4년(523년) 12월에 처음으로 철전을 주조한 기록이 있으니 이 오수전은 다음 해(524년)에 백제에 들어온 것으로 볼 수 있다. 중국에서 주조된 철전이 1년 사이에 백제에 수입될 수 있다는 것은 그만큼 두 나라가 긴밀하지 않다면 어려운 일이다. 524년은 무령왕이 돌아간 이듬해이다. 아마 무령왕 장례와 관련되어 사용하려고 급하게 오수전을 수입한 것으로 보인다.

여기서, 양 무제의 불교 정책에 대해서 알아보자. 양 무제는 중국 불교사에서 숭불(崇佛) 황제로 유명한 군주이다. 그의 불교적 정법 통치 행태는 중국은 물론 이웃 나라 제왕들의 전범이 되었다. 중국의 남조는 북조와 달리 귀족 출신의 승려들로 구성된 승단의 세력이 매우 강력했다. 양 무제는 이런 특수한 상황에 대처하고 황권을 강화하기 위해 불교를 적극적으로 이용하였다. 특히 양 무제는 보살계를 받아 대내외적으로 전륜성왕을 표방하였으며, 대승 계율인

십선(十善)으로 천하를 다스리는 정법 통치를 시행하고자 하였다.

양 무제 정법 통치의 중심이 된 것이 521년 건강성 북쪽에 창건한 동태사(同泰寺)이다. '동태'는 반대되는 두 개념이 서로 통한다는 교태(交泰)의 뜻으로 모두가 하나로 융통한다는 의미이다. 무제는 527년 3월 동태사 완공과 함께 사신(捨身: 잠시 출가하는 것)하고 환궁한 후 대통(대통은 동태사의 '同泰'를 反語로 한 것임)으로 개원했다. 이는 동태사가 무제의 불교 치국 이념을 관철하고 실행하는 성격의 공간이었음을 의미한다.

그런데, 백제의 대통사 창건과 양나라의 동태사 창건이 공교롭게 같은 해인 527년이다. 이것이 과연 우연의 일치일까? 백제와 양의 전후 관계를 보면 동태사 창건과 대통사 창건이 서로 관련성이 있음을 알 수 있다. 대통(大通)이란 연호가 동태사 완공으로 말미암은 것이고 그것이 백제 대통사의 이름이 되었으니 어찌 관련이 없다고 할 수 있겠는가? 그러나 무엇보다도 중요한 시사점은 백제 성왕이 양 무제의 불교 치국 이념을 벤치마킹하여 백제에 적용하려고 했다는 점이다. 양 무제는 백제 성왕의 롤모델이었던 셈이다.

이는 양나라의 선진 문물을 수용하여 새로운 정치를 지향하고자 하는 성왕의 정치적 이념과 부합하는 것이기도 했다. 그래서 성왕은 525년 8월 12일 무령왕의 장례를 마친 후 부왕의 명복을 비는 동시에 부왕의 뜻을 이어받는 다짐의 징표로 사찰 건립을 계획했을 것이다.

대통사 공사 시점이 어느 때인지는 기록에 나와 있지 않으나 동태사가 521년 9월 23일 공사를 시작하여 527년에 완공하였으므로

5~6년이 걸린 셈이다. 대통사가 동태사 창건에 영향을 받았다면 적어도 동태사 건립이 추진되는 어느 시점에 대통사 건립도 추진되었을 것이다.

백제 무령왕이 양나라에 사신을 보내 갱위강국을 표방한 해가 521년으로 동태사 건립 시점과 같다. 이때 백제의 사신단은 양나라의 동태사 건립 등 동향을 파악하여 귀국 후 백제 조정에 보고하였을 것이다. 무령왕이 523년에 돌아갔으므로 대통사 건립 계획이 일찍 수립되었다면 그 기획자는 무령왕이 될 터이고 524년 이후에 사찰 건립이 계획되었다면 성왕이 기획하였을 것이다.

그런데 무령왕의 흥서(薨逝)가 있은 지 3년 후에 무령왕의 왕비이며 성왕의 모후인 태비가 돌아갔으니 523년 6월부터 529년 2월까지는 부모의 장례 기간에 해당한다. 만약에 대통사 건립공사 기간을 2년으로 잡는다면 525~527년이 되어 무령왕의 탈상과 태비의 장례 기간에 해당되어 과연 부모의 장례 기간에 대규모 토목공사를 일으킬 수 있을까 하는 의문을 제기하기도 한다. 그러나 그것이 부왕인 무령왕의 유지였다면 대통사 건립은 부왕의 뜻을 계승하고 명복을 비는 추복(追福)의 기능을 수행할 수 있어 오히려 공사를 서둘러 진행하였을 수도 있다.

대통사라는 이름은 초기 계획 단계부터 작명을 했을 수도 있고 완공 후에 붙여진 이름일 수도 있다. 어쨌든 성왕 대에 완성된 백제의 국찰 대통사가 중국 양나라 무제의 통치이념과 동태사에 영향을 받아 창건된 것은 분명해 보인다. 이는 백제의 정치와 문화를 선진국 양 나라를 모델로 하여 일신하고자 했던 무령왕과 성왕 부자의 꿈과 이상이 대통사 창건에 반영된 것으로 볼 수 있다. 523년경 무령왕릉 조영 시 양 나라의 전축분 축조 기술자가 백제에 왔다면 525~527년경에 창건되었을 대통사 건립에도 양의 기술자가 와서 지원했을 것이다. 즉 대통사는 백제와 양나라의 기술 합작 프로젝트였던 것이다. 황제를 위한 사찰 건립에 양에서 도움을 주지 않았을 리 없기 때문이다. 백제에서 미리 양나라와 협의하여 동의하에 대통사 건립을 추진했다고 보는 것이 합리적인 추론일 것이다.

대통사 터를 찾는 조사는 일제강점기부터 있었다. 대통사 기록은 삼국유사에 딱 한 줄 나오는 것이 전부지만 다행히 웅천주라는 지명이 있어 공주지역에 세운 사찰임은 분명하니까 공주의 어디에 있었느냐의 문제만 남은 것이다.

공주에서 교사로 근무했던 일본인 가루베 지온이 공주 시내에서 대통(大通) 銘 인장와(印章瓦)를 발견하였고 반죽동에는 대통사와 관련이 있는 것으로 전해지는 당간지주가 남아있어 이곳을 사찰 터로 점 찍었다. 또 공산성 안에서 대통사(大通寺) 銘 벼루편이 발견되었고 반죽동의 고려시대 수혈 유구에서 출토된 대통지사(大通之寺) 銘 어골문 암키와 편과 1872년의 〈공주목 지도〉에 보이는 대통교(大通橋)의 존재 등은 공주지역에 대통사가 존재했음을 증언해 주고 있다. 그런데 중요한 것은 절터의 확인이다.

2018년 공주시 반죽동 197-4번지, 176번지, 205-1번지 주택 건립부지에 대한 소규모 발굴조사에서 '대통(大通)' 또는 '대통사'란 명문 인장 와당이 다수 출토되었다. 176번지 유적에서는 백제시대 문화층 위에 통일신라시대에 1m 이상의 지반을 성토하여 대지를

| 공주 반죽동 출토 대통·대통사 명문 기와
(출처. 충남역사문화연구원 조사보고서)　　| 공주 반죽동 대통사지 석조

조성한 흔적이 확인되었다. 이렇게 조성된 대지에서 4.2m 규모의 정방형 기초시설 2기가 확인되었는데 이는 통일신라시대의 대통사 건물지로 추정된다.

특히 기초시설 바로 옆의 와적(瓦積) 구덩이에서 약 8천여 점에 이르는 각종 기와 편이 출토되었는데 대통사(大通寺), 대통(大通), 대(大)자 명문이 새겨진 기와들도 발견되었다. 백제시대 문화층에서 대통 인장와가 출토되고 고려시대 문화층에서 대통사 명문 기와가 출토되었다는 것은 대통사가 백제시대부터 고려시대까지 명맥이 이어져 왔음을 확인해 주는 고고학적 증거들이다.

삼국사기 백제본기에는 동성왕 20년(498년)에 웅진교를 설치했다는 기록이 있다. 웅진교가 공주 시내를 흐르는 제민천의 다리였을 것으로 본다면 현재의 대통교가 이에 해당한다. 위치로 보면 백제의 왕성인 공산성은 제민천 동쪽에 입지하고 대통사는 그 서쪽에 자리하고 있다. 당시의 동선을 그려본다면 왕궁에서 나온 성왕은 웅진교(대통교)를 통해 제민천을 건너 대통사에 도착하여 예불하고 다시 부왕이 잠들어 있는 송산리 무령왕릉을 참배한 후 환궁했을 것이다. 부왕이 이룬 갱위강국의 의지를 이어받아 대백제의 기상을 다시 세울 꿈을 꾸면서 전륜성왕에 입각한 정법 통치를 현실에 구현하고자 했던 성왕은 대통사에서 꿈을 다지고 부왕의 능에서 새로운 백제를 열겠다는 굳은 맹세를 하였을 것이다.

그 꿈은 대통사 창건 10년이 지나 사비 천도와 남부여로 국호를 개칭하는 등의 혁신정치를 통해 이루어졌다. 대통사는 무령왕과 성왕에게 원대한 제왕의 꿈을 꾸게 한 산실이었다고 할 수 있다.

03

백제의 익산 천도설,
왕궁리 유적의 미스터리

역사가 오래되어 달빛에 바래지면 전설이 된다.
바람이 전하는 전설은 사람의 입을 통해 보태지고 덜어진다.
왕궁리에 깃든 역사와 전설은 오직 허허하게 서 있는 왕궁리 5층 석탑만이 알 것이다.

　　익산의 왕궁평(王宮坪) 또는 왕궁리에는 왕궁리 5층 석탑이 있다.
왜 지명이 왕궁리일까? 왕궁이 있던 터라는 뜻이다. 익산에는 서동
설화와 함께 백제가 어느 시기에 익산으로 천도했다는 천도설이
있다.

　　익산 천도설의 근거는 익산 왕궁리 유적과 미륵사지에서 기인
한다. 익산 왕궁리 유적은 미륵산의 동편에서 이어진 낮은 능선이
남쪽으로 길게 이어지는 탑리 마을의 북편 능선(해발 41.8m)에 자리
잡고 있다. 유적지 내에 5층 석탑이 있고 동쪽으로 약 1.4km 지점
에 제석사지, 북서쪽으로 약 4.8km 지점에 미륵사지, 약 5.6km 지
점에 사자사가 위치한다.

　　익산 지역을 보는 관점에는 몇 가지 설이 존재한다. 첫째는 기원
전 2세기경 고조선의 준왕이 위만(衛滿)에게 정권을 빼앗기고 남하

하여 도읍한 곳이라는 설이다. 둘째는 백제의 무왕이 사비에서 익산으로 천도한 왕도(王都) 혹은 별도(別都)로서, 무왕이 왕이 되기 전 서동으로 있을 때 선화공주와의 사랑 이야기의 무대가 된 곳이라는 설, 셋째는 신라가 백제와 고구려를 멸망시킨 후 고구려 백성을 무마하기 위하여 고구려 왕족 출신인 안승을 보덕국 왕으로 삼아 정착시킨 곳이라는 설, 넷째는 견훤의 후백제 도읍설 등이다. 이렇게 복잡하고 다양한 설이 있는 것은 그만큼 한반도에서 익산이 차지하는 지정학적 위치가 중요하고 그 역사적인 내력이 중첩된다는 것을 의미한다.

익산의 왕궁리 일대는 옛 문헌에 '옛 궁궐터'(신증동국여지승람), '무왕의 별도(別都)(대동지지)', '마한의 궁성 터(익산읍지)'라고 기록하고 있다. 고래로 익산 지역은 고조선의 마지막 왕인 준왕이 내려와 자리를 잡은 마한의 고도로 알려져 왔다. 그러다가 백제가 5세기 후반에 한성에서 웅진으로 천도하면서 그 지정학적 위치로 인해 웅진, 사비와 함께 별도(別都)의 호칭이 있을 만큼 중요한 거점으로 자리 잡았다. 익산이 언제부터 백제의 중요한 거점이 되었는가에 관해서는 학자들 간에 의견이 나뉘지만 대체로 무왕 대에 궁성이 축성 내지 확장되면서 천도가 거론된 것으로 본다.

국립부여문화재연구소가 지난 1989년부터 연차 발굴조사를 한 결과 익산 왕궁리 유적은 백제 말기에 성벽과 궁전 형태의 건물들이 조성된 궁성임이 밝혀졌다. 발굴조사 결과 궁성의 성벽(宮牆)과 내부 건물지, 공방시설, 정원시설 등이 확인되었고 왕궁리 5층 석탑과 관련한 사찰 유적도 확인되었다. 그런데 그 후 어느 시기에 왕궁 관련 시설은 헐리고 사찰로 변모하였다.

궁성의 전체면적은 216,862㎡(65,700평)이며, 남북 약 490m, 동서 약 240m로 2:1의 비율을 한 평면 장방형의 궁장이 둘러쳐 있고, 내부에 동서 방향의 축대를 쌓아 공간을 구획하여 궁성의 전반부와 후반부가 구분되었다. 궁성의 전반부에는 정면 7칸, 측면 4칸의 대형 건물지, 와적기단 건물지를 비롯한 다양한 형태의 건물을 축조하였다. 후반부에는 궁성 내에서 고도가 가장 높은 북동편에 후원을, 가장 낮은 북서편에 공방과 대형 화장실을 축조하였다.

그리고 궁성의 전반부와 후반부가 나뉘는 경계에는 다양한 크기와 모양의 괴석으로 화려하게 꾸민 정원을 조성하였다. 즉, 자연 지형을 이용하여 궁성 내부를 삭토(削土)와 성토를 통해 평탄하게 대지를 조성한 다음 그 위에 다양한 궁성 관련 시설을 축조한 것이다.

고고학적 발굴 결과로 볼 때, 익산 왕궁리에 궁성이 존재했다는 것은 증명이 되었다. 건축 공법이나 성곽의 형태, 건물지의 성격 등으로 보아 그렇게 판단된다는 것이다. 그러나 역사적으로 보면 이야기가 달라진다. 왕궁과 성곽이 있다는 것은 도읍지라는 뜻이고 천도와 관련되는 말이다. 그런데 삼국시대의 정사인 삼국사기에는 익산으로 천도했다는 내용이 나오지 않는다. 백제의 멸망기에 도읍이 사비(부여)인 것은 분명하다. 그런데, 왜 익산 천도설이 제기되는 것일까?

백제의 익산 천도설을 직접적으로 명기하고 있는 문헌자료가 1970년 일본에서 발견되었다. 〈관세음응험기〉라는 불교 관련 저술로서 이름에서 알 수 있듯이 중국 육조시대 전반 이전에 불교적 영험에 관한 내용을 수록하고 있는 저작이다. 그런데 이 자료의 끝부분에 백제와 관련된 2개의 기사가 부록으로 부기(附記)되어 있어 우리의 관심을 끌고 있다. 2개의 백제 관련 기사란 중국의 관세음응험에 관한 내용과 익산 왕궁리 제석사 사리 유물과 관련된 응험에 관한 내용을 말한다.

〈관세음응험기〉는 중국 남북조 시대에 편찬되어 11세기 후반에 일본에서 전사된 것으로 알려져 있다. 위의 기록에 의하면, 백제 무광왕(무왕)이 지모밀지(익산)로 천도하여 제석사를 창건하였고 무왕 40년(639년)에 벼락으로 제석사가 화재를 입어 지상 건물들은 모두 소실되었으나 탑의 심초석에 들어있던 사리병과 경전(금강경)은 남아 새로 사찰을 지어 봉안하였다는 이야기이다.

이 기록을 분석하면, 첫째는 백제 무왕이 익산으로 천도하였다는 것이고, 둘째는 익산에 제석사가 있었는데, 639년에 화재로 소실되었다는 것, 셋째는 화재에서 살아남은 불사리와 경전을 다시 절을 지어 안치했다는 것이다.

관세음응험기의 자료로서의 신뢰성은 고고학적 발굴조사로 어느 정도 입증이 되었다. 그것은 왕궁리 유적 발굴조사 결과 궁성이 확인되었고 인근 제석사지 폐기장 발굴로 제석사가 화재로 소실되었다는 사실이 확인된 것이다. 다만, 관세음응험기의 무왕 때 천도 기록을 어떻게 봐야 하는가이다.

익산 천도설을 주장하는 학자들의 논거는 크게 두 가지이다. 하나는 왕궁리 유적 발굴조사 결과 대형 건물터와 성곽이 발견되었고 수부(首府)라는 명문 기와로 보아 왕궁성이 존재하였다는 것이고, 또 하나는 관세음응험기의 지모밀지 천도 기록이다.

이로써 보면 백제의 어느 시기에 사비에서 금마(익산)로 천도한 것은 사실이라는 것이다. 그 시기를 대체로 익산 출신의 서동이 왕이 된 무왕대로 본다. 그런데 이 설의 한계는 삼국사기와 삼국유사에 천도 사실이 나오지 않는다는 점이다.

유일하게 익산 천도를 명문으로 기록하고 있는 관세음응험기는 관음보살의 영험한 이적(異蹟)을 기록한 일종의 종교 설화를 모은 저작물이다. 그것도 제석사 화재에서 타지 않고 남은 불사리와 경전의 신비함을 기술하기 위해 천도를 언급한 것이다.

물론 고고학적 발굴조사로 왕궁터로 추정되는 건물지와 궁장(宮牆)이 발견되어 궁성으로 인정할 만한 유구가 나왔으나 설사 왕궁이 존재하였다고 해도 그것이 꼭 천도를 의미하는 것은 아닐 것이다.

이 천도설에서 부딪치는 문제는 언제 천도하였느냐는 시기이다. 논자들은 무왕대로 추정하는데 그것은 무왕이 익산 태생이고 서동과 선화공주의 로맨스 무대가 익산이라는 설화를 근거로 한다. 설화의 사실 여부를 떠나 군왕이 도읍을 옮기는 것은 국가의 중대사로 사적인 연고가 있다고 하여 실행하는 사례는 거의 없다.

익산 천도설의 맹점 중의 하나는 관세음응험기 기록에 따라 천도 시기를 무왕대로 본다는 점이다. 백제 멸망기에 수도가 사비(부여)였다는 것은 분명하다. 그러면 무왕 대 도읍지가 익산인데 다음 왕인 의자왕 대 도읍이 사비라는 것은 그 사이에 다시 익산에서 사비로 재천도하였다는 말이 된다. 고대에 수도를 옮기는 천도는 이해관계가 상충되고 시일도 오래 걸리는 매우 어려운 일이다. 그런데 무왕 때 익산으로 천도한 것을 해동증자라 불릴 정도로 소문난 효자인 의자왕이 다시 사비로 재천도 하였다는 것은 명분으로나 물리적으로도 불가능에 가깝다. 재천도 기록은 어디에도 없다. 무왕 대의 도읍이 익산이라면 다음 대인 의자왕 대 도읍도 익산이어야 논리적으로 맞다. 따라서 무왕 대 익산 천도설은 앞뒤의 정합성이 떨어진다. 이상을 종합해 보면 결론은 하나로 귀결된다.

백제 사비기에 금마로 불린 익산 지역은 육로와 수로의 요지이고 물산이 풍부하며 지정학적으로 방어에도 유리하여 도성 못지않게 중요한 거점으로 인식되었다. 그래서 웅대한 규모의 성곽을 축성하고 왕궁을 조성하였으며 왕권의 신성함을 나타내는 제석 신앙에 근거하여 제석사를 창건하였다. 제석사는 궁성 권역에 건립한 백제 왕실의 원찰이다.

특히 익산 태생으로 알려진 무왕은 왕이 된 후에도 고향인 익산으로 자주 행차하여 정무를 보고 사찰을 방문하여 예불을 하였을 것이다. 그런데 무왕 대에 화재로 제석사가 소실되자 목탑 심초석 안에 안치되었던 불사리와 경전만 타지 않고 남아서 훗날 새로 절을 고쳐 지어 안치하였다. 관세음응험기 기록은 이것을 표현한 것이다.

무왕이 왕성에 자주 행차하고 예불을 한 것이 익산 천도설로 와전되었다고 본다. 더욱이 그가 익산 출신이라면 충분히 그러한 스토리를 만들 수 있는 개연성이 있다.

그렇다면, 익산의 궁성 또는 왕성은 처음 어느 시기에 축조했을까? 백제가 한성백제 몰락 후에 남하하여 성을 수축하고 임시궁성으로 삼은 곳이 웅진(공주) 공산성이다. 치밀한 계획을 세워 천도한 것이 아니어서 웅진이 도읍으로 오래 기능하기에는 한계가 있었을 것이다. 그래서 63년을 지낸 뒤 사비(부여)로 천도하였다.

천도와 궁성 건립 등 대규모 토목공사나 국가적 프로젝트 추진에는 어떤 계기가 있어야 한다. 명분과 논리가 있어야 반대 측을 설득하고 굴복시킬 수 있다. 그 계기가 무엇일까? 사비시기에 가장 큰 백제의 위난은 성왕의 피살 사건이다. 사비 천도의 주인공이자 백제 중흥 군주인 성왕(523~554)이 관산성 전투에서 신라의 복병에게 피살된 사건은 백제조정을 혼란과 위기로 몰아넣었다.

태자인 여창은 부왕의 죽음에 대한 책임과 부담감으로 왕위에 바로 즉위하지 않고 출가를 결심할 정도로 큰 충격을 받았다. 여창 아니 위덕왕은 독실한 불교도였던 성왕의 뜻을 이어 사찰을 많이 건립하였다. 왕흥사와 능산리 왕릉군의 능사도 위덕왕 대에 건립하였다. 그만큼 위덕왕은 불교에 의지하였고 불력으로 이 난국을 극복하고자 하였다. 그렇다면 여기서 한 가지를 상정해 볼 수 있다. 왕이 피살되는 위기 속에서 이를 극복하기 위한 대책에는 무엇이 있었을까.

불교를 통해 민심을 수습하고 나라의 안정을 도모하였다면 그 다음에는 실질적인 대비책을 세웠을 것이다. 천도까지는 아니어도 지정학적 위치로 인해 외적의 방어에 유리하고 물산이 풍부한 곳에 핵심 거점을 마련하는 것이다. 이는 새로운 비전과 분위기를 일신하여 민심 수습과 통합의 정치를 할 수 있다는 장점이 있다. 그것이 익산 경영으로 나타난 것은 아닐까?

익산에 사비도성에 버금갈 정도로 거대한 성곽을 축성하고 성 내에는 임금이 머물면서 정사도 볼 수 있는 시설을 축조하는 것이 다. 발굴조사 결과 익산 궁성은 남쪽 전반부는 궁궐의 정조 기능을 갖는 건축물을 건립하였고, 북쪽 후반부는 후원을 조성한 것으로 확인되었다. 전형적인 왕궁의 건축 구조이다. 백제의 당시 익산 경 영 선후관계를 보면 궁성 건설 → 제석사 건립 → 미륵사 창건 순 으로 진행된 것을 알 수 있다.

2009년 미륵사지 석탑에서 출토된 사리봉영기 명문에 의하면 미륵사는 무왕 40년(639년)에 건립한 것으로 확인되었다. 미륵사 완공이 무왕 대에 이루어진 것이 확실해졌으니 궁성과 제석사 건 립은 그 이전에 있었다는 것이 된다. 미륵사는 백제 최대의 사찰이 다. 무왕 대에 미륵사를 창건하면서 당대에 궁성과 제석사를 또 건 립했다고 보는 것은 물리적으로 볼 때 어려운 일이다.

따라서 궁성과 제석사는 위덕왕 대에 계획하여 공사를 진행하 다가 법왕 또는 무왕 초기에 완성한 것으로 보는 것이 합리적 추론 일 것이다. 대규모 국가 프로젝트를 한꺼번에 추진할 수는 없기 때 문이다. 더욱이 평균 2년 꼴로 신라와 전쟁을 했을 정도로 무왕 대 의 정치적 격변 상황은 여러 공사를 추진할 여유가 없었다고 보아 야 한다.

다시 익산 왕궁리 유적을 정리해 보자. 첫째, 왕궁리에는 전설 그 대로 백제의 궁성과 왕궁이 있었다. 그 규모는 이미 발굴조사로 확 인되었다. 그 축성 시기는 서동설화와 관세음응험기 기록에 의거 백제 제30대 무왕 대로 보는 것이 통설이었으나, 신라와의 전쟁으

| 익산 왕궁리 유적 전경. 일제강점기 유리건판 사진(좌)과 현재의 익산 왕궁리 유적 전경(우)

로 경황이 없었던 시기에 궁성과 제석사 그리고 미륵사까지 대규모 토목공사를 수행할 수 없는 점을 감안하면 미륵사를 제외한 궁성과 제석사는 무왕 즉위 이전 구체적으로는 제27대 위덕왕(554~597) 대에 공사를 시작한 것으로 추정된다.

익산 왕궁리 유적은 기록에도 없는 수많은 사연과 전설을 1,500년 간 고스란히 품고 있는 의미심장한 유적이다. 비록 역사서에서는 공백으로 남겨 두었으나 땅의 역사로 또 그 땅 위에서 숨쉬며 삶을 영위한 이름 없는 민초들의 입을 통하여 오늘날까지 강하고 힘찬 생명력을 뿜어내고 있다.

이 모든 진실은 지금도 아름다운 자태로 하늘을 받치고 우뚝 서 있는 왕궁리 5층 석탑만이 알고 있을 것이다. 문화유산은 이렇게 무언의 침묵으로 우리 앞에 존재하고 있지만 우리가 말을 걸고 진심을 보일 때 문화유산도 비로소 세월에 감춰진 무수한 이야깃거리를 풀어 놓을 것이다.

04

전설과 역사의 변주곡,
서동과 선화공주 설화

익산에서 마를 캐며 사는 서동이
신라의 아름다운 선화공주를 꾀어 사랑했다는 로맨스
사실 여부를 떠나 설화가 주는 메시지인
'사랑과 평화'에 우리는 주목해야 한다.

익산에는 쌍릉이 있다. 대왕릉과 소왕릉이란 두 개의 왕릉급 무덤이 있는데 서로 180m 떨어져 있다. 예로부터 대왕릉은 백제 제30대 무왕의 능으로, 소왕릉은 선화공주 능으로 알려져 왔다. 쌍릉은 일제강점기 일본인들이 발굴조사를 했고 간략하게 백제 말기 왕릉급 무덤이라는 보고서를 남겼다.

2018년 100년 만에 대왕릉을 재발굴조사 하였다. 능은 백제의 전통적 무덤인 굴식 돌방무덤(횡혈식 석실분)이었으며, 부여 능산리에 있는 사비시기 왕릉과 같은 구조였다. 무덤 안에는 인골 상자가 들어 있었는데 조선총독부 발굴조사 때 출토된 것을 다시 무덤 안에 넣고 봉인한 것으로 보인다. 국립문화재연구소에서 이 인골들을 과학적으로 분석하고 그 결과를 발표했는데, '대왕릉 인골은 60대 전후 남성 노인으로 키는 160~170cm이고 사망 시점은

620~670년으로 산출' 되었다는 것이다.

기록에 의하면 백제 무왕은 '풍채가 영위(英偉)했다'고 하고, 재위 기간은 서기 600~641년으로 41년에 달해 위의 조사한 사망 시점과도 일치한다. 인골 102점을 분석하여 얻은 결론이라고 한다.

이상의 쌍릉에 대한 발굴조사 결과를 종합해 보면, 대왕릉과 소왕릉은 비슷한 시기에 조성되었으며 무덤의 양식은 사비기 왕릉 구조와 유사한 점으로 미루어 사비시기의 백제 왕과 관련된 무덤으로 판단된다. 아울러, 선후관계는 소왕릉이 대왕릉보다 먼저 축조된 것으로 보인다. 달빛에 물들어 전설로 전해진 서동과 선화공주의 연애 이야기. 삼국유사에 기록된 전설 속으로 들어가 보자.

제30대 무왕(武王)의 이름은 장(璋)이다. 그 어머니가 과부가 되어 서울 남쪽 못 가에 집을 짓고 살았는데 못의 용(龍)과 관계하여 장을 낳고 어릴 때 이름을 서동(薯童)이라고 하였다. 재기와 도량이 커서 헤아리기 어려웠다. 항상 마를 캐어 팔아 생업을 삼았으므로 나라 사람들이 그 때문에 서동이라고 이름하였다. 신라 진평왕의 셋째 공주 선화(善花)가 아름답기 짝이 없다는 말을 듣고 머리를 깎고 (신라의) 서울로 갔다. 마를 동네 아이들에게 먹이니 아이들이 친해져 그를 따르게 되었다. 이에 노래를 지어 여러 아이들을 꾀어서 부르게 하였다.

선화공주님은
남몰래 사귀어 두고
서동 방을 밤에 몰래 안고 간다.

동요가 서울에 가득 퍼져서 대궐 안에까지 들리자 백관(百官)들이 임금에게 극력 간하여 공주를 먼 곳으로 귀양보내게 했다. 장차 떠나려 하는 데 왕후는 순금 한 말을 주어 노자로 쓰게 했다. 공주가 장차 귀양지에 도착하려는데 서동이 도중에 나와 절하면서 장차 모시고 가겠다고 했다. 공주는 비록 그가 어디서 왔는지는 알지 못했으나 우연히 믿고 좋아했다. 이로 말미암아 서동을 따라가면서 몰래 정을 통하였다. 그런 뒤에야 서동의 이름을 알았고, 동요의 영험을 믿었다.

이상이 삼국유사 무왕 조에 나오는 서동 설화의 줄거리이다. 전체 줄거리는 마를 팔러 다니는 맛둥이(서동)가 공주를 꾀어 사랑에 빠진다는 이야기이다.

설화는 두 단락으로 나누어 볼 수 있는데, 첫째는 마를 캐며 사는 것을 생업으로 삼고 있는 서동이 신라의 공주인 선화가 아름답다는 소문을 듣고 서울로 가서 아이들을 꾀어 이상한(?) 동요를 부르게 하였다는 내용이고 둘째는 그 동요로 인해 공주가 귀양을 가게 되었고 도중에 서동이 공주를 만나 사랑을 나누게 되었다는 것이다. 여기까지는 전통 시대에 신분을 초월한 남녀의 사랑 이야기로 보인다.

마치 고구려의 바보 온달과 평강공주의 신라판 버전 같다. 1,500년 전에 마를 팔며 가난하게 사는 청년이 기계(奇計)를 써서 적국의 공주를 꾀어 사랑을 쟁취했다는 줄거리는 서양의 로미오와 줄리엣 같은 소설에서나 나올법한 이야기이다.

설화를 통해 역사적 사실을 추출할 수 있는 화소는 서동은 백제인이고 당시 신라의 국왕은 진평왕이며 선화는 진평왕의 셋째 공주라는 사실이다. 신라 진평왕(579~631) 대의 백제 국왕은 위덕왕, 혜왕, 법왕, 무왕으로 주로 무왕 대에 해당한다.

그런데 서동을 백제 30대 무왕으로 간주할 때는 문제가 하나 생기는데 그것은 설화 내용과 역사적 사실이 부합되지 않는다는 점이다. 삼국사기에 의하면, 무왕은 즉위 3년 차부터 신라의 진평왕과 전쟁을 벌여 재임 기간(42년) 내 무려 12회의 큰 전쟁을 치른다. 즉 장인과 사위가 서로 싸운 것이다. 그런데, 설화에서는 진평왕이 무왕(서동)을 존경하여 항상 편지를 보내 안부를 물었다고 하였다. 즉, 두 나라가 평화롭게 지냈다는 말이다.

그래서 학자들의 견해도 나뉜다. 서동을 무왕으로 해석하는 것이 다수설이고 통설이지만 위와 같이 역사적 사실과 부합되지 않는 점에 착안하여, 서동을 무왕이 아닌 24대 동성왕으로 해석하는 설이다. 그것은 동성왕 15년(493년)에 신라 왕족의 여식이 동성왕에게 시집을 와서 혼인한 사실이 있기 때문이다. 일종의 정략결혼이자 공수 동맹이다.

이를 역사에서는 나제동맹이라고 한다. 역사적 사실로 보면 서동 설화에 부합하는 양국의 밀월 시기이다. 서동이 동성왕이라면 선화는 당연히 그 왕후일 것이다. 그런데 이 시기 신라의 왕은 진평왕이 아닌 소지왕(479~499) 대이다. 설화 내용과 이 부분이 맞지 않는다.

또 다른 설은 서동을 백제 제25대 무령왕으로 보는 것이다. 고본에서 말하는 무강왕(武康王)과 무령왕(武寧王)은 어의가 같다. 동의이자(同義異字)로서 피휘(避諱)로 인해 강(康)자가 녕(寧)자로 된 것이라고 한다. 얼핏 보면 무강왕과 무령왕은 왕호로만 보면 같은 사람으로 생각되기도 한다. 무령왕 대는 백제와 신라가 싸운 적이 없다. 두 나라의 관계는 평화로웠다.

서동 설화의 기저를 흐르고 있는 내면은 두 나라의 사이가 좋았다는 것을 전제로 한다. 남녀의 사랑 이야기는 후대에 얼마든지 윤색될 수 있으나 국가관계는 그렇지 않다. 그래서 혹자는 설화 속의 서동은 신라와 혼인동맹을 맺은 동성왕이고 익산에 왕도와 미륵사를 창건한 사람은 무령왕이라고 한다.

익산 경영은 무령왕 대에 있었는데 후대 설화가 만들어지는 과정에서 동성왕(서동)의 혼인 이야기가 미륵사 창건 등과 혼합되면서 무령왕의 이야기로 윤색 또는 착종(錯綜) 되었다는 것이며 그래서 고본에 무강왕이라고 했다는 것이다.

그런데 여기서 반전이 일어났다. 2009년 1월 14일 국보 제11호 익산 미륵사지 서(西)석탑의 보수 정비를 위한 해체조사 과정 중 1층 바닥 십자형 공간 중앙의 심주석 상면 사리공에서 사리장엄 일체가 발견되었다. 미륵사지 석탑의 사리장엄 유물은 총 72건 9,947점에 이른다.

그 중 우리의 눈길을 사로잡은 것은 사리공 안에 사리병과 함께 놓여 있던 금판의 사리봉영기였다. 사리봉영기는 금판의 앞뒤 면에 도자(칼)를 이용하여 음각하고 각 획에 따라 주묵을 칠하였는데, 명문은 총 193자로 앞면에 99자, 뒷면에 94자를 새겼다. 문장은 크게 세 단락으로 나누어 볼 수 있는데, 첫째 단락은 법왕이신 석가모

니께서 남긴 사리의 불가사의한 신통 변화를 강조한 것이고 둘째 단락은 백제 왕후의 가람 건립과 사리 봉영 사실을 기록한 것이며, 셋째는 국왕과 왕후에 대한 발원이다. 명문에 다음과 같은 구절이 나온다.

> 우리 백제 왕후께서는 좌평(佐平) 사탁적덕(沙乇積德)의 따님으로 지극히 오랜 세월(曠劫)에 선인(善因)을 심어 금생(今生)에 뛰어난 과보(勝報)를 받아 만백성을 어루만져 기르시고, 불교(三寶)의 동량(棟梁)이 되셨기에 능히 정재(淨財)를 희사하여 사찰(伽藍)을 세우시고, 기해년(己亥年) 정월 29일에 사리를 받들어 맞이하였다.

사리봉영기에서 두 가지 중요한 단서가 나왔다. 하나는 미륵사 창건 발원과 시주가 사탁적덕의 딸인 백제 왕후라는 사실이다. 즉, 당시 왕후가 사탁(또는 사택)씨 라는 것이다. 봉영기의 대왕이 무왕을 지칭한 것이라면 설화의 내용대로 왕후는 사탁 씨가 아닌 선화 왕후여야 한다. 어떻게 된 일인가? 사탁(沙乇) 씨는 사택(沙宅) 씨 또는 사(沙) 씨로서 백제의 여덟 귀족 가문의 하나이다. 금석문은 당대의 기록이니 후대에 기술된 삼국유사 보다 사료적 가치가 크다. 명문대로라면 무왕은 백제의 귀족 가문과 혼인을 한 것이며 서동 설화는 그냥 설화로 끝나게 된다.

명문에서 또 하나 중요한 대목은 기해년(己亥年)이란 간지이다. 기해년이 언제를 말하는 것인지가 애매하다. 백제는 연호를 사용하지 않았다. 통설은 삼국유사 서동설화 내용에 따라 기해년을 무왕 40년(639년)으로 해석한다. 즉, 미륵사는 무왕 대에 창건되었다는 것이다. 사리봉영기 기록에 따르면, 무왕의 왕후는 선화공주가 아닐뿐더러 미륵사와도 아무 관련이 없는 가공의 인물이 되는 것이다. 미륵사의 무왕 창건설을 고집하는 사람들은 미륵사가 삼원삼탑식 가람이니까 다른 탑에 선화공주 발원 내용이 들어 있을 수도 있고 무왕의 왕후가 복수일 수 있다면서 설화의 사실성을 견지하고자 한다.

그러나, 이 사리봉영기 내용을 감안하면 삼국유사의 미륵사 창건 기록은 재검토가 불가피하다. 봉영기 명문에 의하면 사탁왕후가 재물을 희사하여 가람을 세웠다고 했다. 즉, 탑만 세운 것이 아니고 '가람을 지었다'고 한 것이다. 이 '조립가람(造立伽藍)'이란 문구를 사찰 전부를 지은 것으로 이해하는 측면이 있고, 3원 3탑식 가람 중에서 서원(西院)과 서탑을 지은 것으로 이해하는 측면도 있다. 후자의 경우 나머지 중원이나 동원 탑에 선화공주 발원 내용이 들어있었을 가능성이 있다고 주장하기도 한다.

반면에 서동 설화에서 서동을 동성왕 또는 무령왕으로 보는 사람들은 사리봉영기의 사탁왕후의 미륵사 창건 명문을 당연한 귀결로 받아들인다. 이들은 기해년을 무왕 40년(639년)이 아닌 위덕왕 26년 기해년(579년)으로 해석한다. 즉 무령왕 대에 미륵사의 중원과 목탑을 창건하고 위덕왕 26년 기해년에 서원과 서탑을 창건했다는 것이다. 사탁왕후는 위덕왕의 황후로 본다.

이로써 본다면 미륵사 창건에 총 70년이 걸린 셈이다. 앞서 관세음응험기에 정관 13년 기해년(639년)에 제석사가 불탔는데 다시 절을 고쳐 지어 불사리를 안치했다는 말은 왕궁리에 지은 사찰을 의미하므로 사리봉영기의 기해년을 무왕 40년으로 해석하면 익산 지역에 대규모 사찰을 동시에 두 군데 건립했다는 것이 되어 물리적으로 무리라는 것이다.

그런데, 서동 설화에서 우리가 간과하고 있는 것이 있다. 설화의 성립 시기이다. 설화는 설화대로 역사적 배경과 의미를 함축하고 있는 귀중한 자산일 수 있다. 다만, 구전되어 오다가 후대 어느 시점에 기록되었을 것이기에 가감과 윤색이 되었다는 점을 유의해야 한다. 그렇다면 서동 설화는 언제, 어느 시기에 원형이 만들어졌을까 하는 점이다.

설화의 내용을 유심히 살펴보면, 후미에 미륵사 창건에 신라의 진평왕이 장인을 보내 도왔다는 내용이 있다. 즉, 거대 사찰 미륵사는 백제와 신라의 합작품 또는 협력으로 이루어졌다는 것을 은연중 내비친 것이다. 미륵사가 백제를 대표하는 국찰이라면 황룡사는 신라를 대표하는 국찰이다.

신라 선덕여왕 14년(645년)에 황룡사 9층 목탑을 건립할 때, 신라에는 이를 감당할 기술자가 없어서 백제의 아비지 명장을 데려와 탑을 세울 정도로 사찰 건축 기술에 있어서는 백제가 신라보다 훨씬 앞서 있었다. 그런데 황룡사 9층 목탑보다 먼저 지었던 미륵사 건축(639년)에 신라가 장인을 보내 도왔다는 말은 앞뒤 정합성이 떨어진다. 후진국에서 선진국을 도운 격이기 때문이다.

이런 측면을 고려하면 서동 설화 내용의 사실 여부를 떠나 익산 지역에 설화가 유행한 시기는 신라의 통일 이후가 아닐까 한다.

아마, 통일 후 어느 때에 백제계 사람들을 위무하고 민심을 수습할 필요성이 있어서 신라와 백제 양국의 가장 평화로운 시절의 교류 관계를 만들어 유포한 것이 서동 설화가 아닐까? 왜냐하면, 서동설화는 백제의 왕자 서동과 신라 선화공주와의 아름다운 사랑 이야기이기 때문이다.

왕족과 왕족의 사랑과 혼인은 두 민족의 화합과 융합을 상징한다. 무왕 대의 백제와 신라 관계는 앙숙이고 원수 사이였다. 그것을 후대에 아름다운 사랑 이야기를 통해 윤색한 것은 아닐까. 그 시기는 단정할 수 없으나 통일신라시대 백제인과 신라인의 통합과 민심 수습이 필요했던 때였을 것이다.

오늘날 우리가 서동 설화에서 주목해야 할 부분은 그것의 사실 여부를 따지는 것 보다 그 이야기 속에 함축되어 있는 '평화와 사랑'의 메시지이다. 전설은 그래서 사실보다 강하다. 매력 있는 이야기만큼 인간의 마음을 움직이는 것은 없다.

| 소왕릉 석실

| 미륵사지 석탑 출토 사리봉영기

05

탑신에 새긴 망국의 설움,
부여 정림사지 5층 석탑

백제 멸망의 그날, 적장은 탑에 자신의 전공을 새겼고
탑은 그 덕분에 목숨을 부지했다.
구차한 삶을 1,300년이나 견뎌 온 이유는 오직 하나,
망국의 역사를 증언함이 아니었을까?

1910년대 언론지상에 오르내린 부여 8경의 제1경은 백제탑 석조(夕照)인데, 이는 부여 정림사지 5층 석탑의 저녁노을을 말한다. 노을이 지고 어스름한 밤이 찾아오면 정림사지 탑에는 불이 밝혀진다.

정림사지 5층 석탑을 보고 있으면 맘이 참 애잔하다. 백제의 망국을 증언하고 있는 유일한 유적이기 때문이다. 그것도 자기 몸에 적장이 새긴 공적을 상처로 안고 1,300년을 견디며 망국의 역사를 증언하고 있다. 이곳을 지나는 시인 묵객이라면 어이 시 한 수 읊지 않을 수 있으리.

일제강점기에 이 탑은 평제탑(平濟塔)이란 이름으로 문화재로 지정되었다. 이름부터가 식민지적이다. 조선시대 문집에도 평제탑이란 단어가 나오는 것으로 보아 그 전부터 그렇게 불렀던 것 같다.

| 부여 정림사지 5층 석탑

그러다가 1942년에 일본인 후지사와 카즈오(藤澤一夫)가 1차 발굴 조사를 했는데, 이때 강당지에서 '태평팔년무진정림사대장당초(太平八年戊辰定林寺大藏當草)'라는 명문이 찍힌 어골문 기와가 출토되었다. 명문의 뜻은 강당이 폐기된 후 태평 8년에 새 건물을 조영하였는데, 그것이 대장전(大藏殿)이라는 것이다. 태평 8년은 고려 현종 9년(1028년)이다.

즉, 고려시대 절이 존재하였고 그 절 이름이 정림사였다는 것이다. 출토 유물이 백제시대부터 통일신라를 거쳐 고려시대까지 이르고 있어 이 시기까지 사찰이 명맥을 유지한 것으로 볼 수 있다. 고려시대에 절 이름이 정림사였으니 백제 때도 확실치는 않으나 그렇게 불리었을 가능성이 높다. 그래서 현재는 정림사지 5층 석탑으로 부른다.

정림사지 2차 발굴조사는 1979~1992년에 있었다. 발굴조사 결과 석탑 주변에 광범위한 성토층이 확인되었고, 후대에 재건한 흔적이나 선행 목탑의 흔적이 없으며 절이 도성의 중앙에 위치하고 있는 점을 고려할 때 정림사 창건연대를 천도(538년) 직후인 6세기 중반으로 보았다. 그런데, 최근 정림사지 석탑에 선행하는 목탑이 있었다는 설이 제기되었다.

창건 시에는 목탑을 건립하였다가 어느 때인가 석탑으로 대체되었다는 것이다. 정림사에 관한 기록은 삼국사기와 삼국유사 어디에도 없다. 다만, 학자들은 탑의 양식으로 볼 때, 정림사 석탑이 백제 말기에 건립된 것으로 본다. 망국의 사찰 창건 연대가 정확하다면 그게 더 이상한 일일 것이다. 나라 잃은 슬픔도 큰데 거기에 낙조가 아름답다고 하니 더욱 애잔할 뿐이다.

일제강점기 조선총독부는 정림사지 5층 석탑을 조선 보물 제33호 '부여평백제탑'으로 명명하여 지정하였다. 탑신에 새겨진 당장(唐將) 소정방의 공적을 중심으로 탑의 명칭을 부여한 것이다. 일제는 이 탑이 식민지 정책에 부합되는 역사적 징표로 여겼다.

서기 660년 소정방이 이끄는 당군 13만과 김유신이 이끈 신라군 5만은 연합하여 7월 13일 왕성인 사비성을 함락시켰다. 웅진(공주)으로 탈주한 의자왕은 7월 18일 항복했다. 소정방은 9월 3일 의자왕과 백제의 왕족 88명, 백성 2만여 명을 포로로 데려갔다. 이에 앞서 당은 백제 땅에 5개의 도독부라는 통치기구를 두고 낭장 유인원과 유인궤를 진수시켜 지키게 했다.

그런데 8월 15일 소정방은 자신을 포함 당군 장수들의 공적을 정림사 석탑 1층 탑신 사면에 빼곡히 돌아가며 새기게 했는데, 그것이 지금 남아있는 '대당평백제국비명(大唐平百濟國碑銘)'이다. 비명의 내용은 당과 당군을 칭송하는 글로서, 총 2,000여 자를 해서체로 새긴 상당히 긴 장문이다. 이 많은 글자를 어떻게 새겼을까? 석수장이들이 탑신 앞에 쪼그리고 앉아서 새겼을까? 아니면 아예 탑을 해체하여 탑신을 분리한 후 새긴 것일까?

비명에 보면 새길 각(刻)자가 아닌 세울 건(建) 자를 쓰고 있고, 〈신증동국여지승람〉에서도 '입석기공(立石紀功)'이라 표현하고 있는 것을 보면, 아마도 탑신을 분리해서 각자하고 다시 세운 것이 아닐까 추측된다. 그렇지 않다면 백제 항복 시점부터 계산해서 불과 한 달 남짓 한 짧은 기간에 글을 짓고 글씨를 새기는 것이 어찌 가능

| 탑신부 제2면 서면 탁본

했을까 싶다. 비문의 글은 당나라 능주장사 하수량이 짓고 글씨는 권회소가 썼다고 기록되어 있다.

그런데 한 가지 의문이 생긴다. 왜 소정방은 급하게 정림사 탑에 백제 평정 사실과 당나라를 칭송하는 글을 새기게 했을까? 대당평 백제국비명은 정림사 5층 석탑 외에 '부여 석조(石槽)'에도 같은 내용이 새겨져 있다. 부여 석조는 궁중에 있던 돌로 된 저수(貯水) 용기이다. 그렇다면 소정방은 백제의 궁중에 있던 석조와 백제 왕도의 한복판에 우뚝 서 있는 정림사 석탑에 백제 평정 사실과 자신의 공적을 새기게 한 것이다. 그 이유가 무엇일까? 당시 상황에서 유추해 볼 수 있다.

660년 7월 사비성과 웅진성이 함락되어 의자왕이 항복하였으나 백제가 완전히 멸망한 것은 아니었다. 도성은 비록 함락되었으나 백제 전역에서 당군에 대항하는 부흥운동이 일어날 조짐이 있었고 백성들의 동요도 감지되었을 것이다. 소정방은 궁중의 석조에 그리고 백제의 랜드마크라 할 수 있는 정림사 5층 석탑에 '너희 백제는 이미 끝났다. 너희 왕과 신료들을 포로로 잡아서 당으로 데려갈 것이다. 우리 당나라는 천명을 받아 백제를 평정한 것이니 더 이상 저항하지 말라'는 일종의 격문을 세상에 공표한 것이다.

일종의 기선제압인 셈이다. 정림사지 5층 석탑의 1층 비신에 새긴 비명(碑銘)의 마지막 구절은 이렇다.

아름다운 나무를 베지 않으매
감당에는 노랫소리 울리는구나
화대에서 하늘 뜬 달 바라다 보니
패전이 허공중에 떠 있구나
성긴 종소리는 밤에 울리고
맑은 범패 소리는 새벽에 우네
이 보찰에 빗돌을 깎아 세워서
거기에다 특별한 공 기록하나니
하늘 문을 가로막아 단단도 하고
땅의 축을 가로질러 무궁하리라

조선 후기 실학자 정약용은 정조 19년(1795년) 가을, 금정찰방으로 좌천되었는데 마침 지우인 부여 현감 한원례가 여러 차례 서신을 보내 백제 고적을 구경하러 오라고 하면서 정약용을 초청하였다. 이윽고 정약용은 부여를 방문하여 한원례의 안내로 부여의 고적을 탐방하였는데, 그때의 정림사지 석탑 방문에 관한 기록이 〈다산 시선〉에 전한다.

소정방의 평백제탑 비명을 읽고

벌레 먹은 잎처럼 흐릿한 자획
새가 쫀 나무마냥 어지러운데
이따금씩 이어진 네댓 글자는
문장 조리 상당히 훌륭하구나
대장 도량 넓음을 거론하였고
빨리 이룬 무공을 과시하였네
천년 세월 하많은 비바람으로
긁히고 떨어져서 읽을 수 없네
지은 자 다름 아닌 하수량인데
좋은 문장 향기를 남기었구나
회소 글씨 대체로 잘 썼지마는
권씨라서 그런지 군살이 많네
개선가 강 고을을 진동할 적에
그 당시 만백성은 엎드려 있고
많은 돛배 바다로 돌아갈 적에
그들 사기 온 누리 충만했으리
승리 또한 한때의 기쁨이었고

패배 역시 한때의 치욕일 따름
지금 다만 들밭의 가운데 놓여
나무꾼 소먹이꾼 주위 맴도네

06

백마강, 이름에 얽힌
슬픈 사연

당나라 장수가 백제를 침략한 역사적 사실에서 유래했다는 '백마강'
무심히 사용하고 있으나 이제는 본래 이름을 찾아줘야 할 때이다.

강 이름이 왜 백마강일까? 낭만적인 이름 같으나 그 유래를 알면 썩 기분이 좋지는 않을 것이다. 서기 660년, 당은 13만 대군을 이끌고 백제를 치기 위해 기벌포에 정박했는데 풍랑이 일어 더 이상 나아가지 못하고 있었다.

어느 날 당장(唐將) 소정방은 백제 무왕이 용으로 화해 강을 수호하고 있는 꿈을 꾸었다. 이에 소정방은 백마의 머리를 미끼로 용을 낚았는데 그 낚시 장소가 조룡대이고 용이 낚여서 던져진 장소가 용전(龍田)이라는 것이다. 또한 백마를 미끼로 용을 낚은 강이라 하여 이때부터 강 이름을 백마강이라 했다고 한다.

백마강은 금강의 지류로 부여를 감싸고 흐르는 16km를 특별히 지칭하는 이름이다. 삼국사기에는 백강(白江) 또는 기벌포라 했으며 삼국유사에는 사비하(泗沘河)로 나온다.

조룡대의 전설에 대해 좀 더 알아보자.

중국 당나라 장수 소정방이 백제의 도성을 함락시키려고 할 때, 어느 날 대왕포(大王浦) 하류에 갑자기 태풍이 불어 규암진을 지나 낙화암(落花巖)까지 잇대어 있던 수백 척의 당나라 병선이 순식간에 뒤엎어지고 말았다.

소정방은 이 돌연한 괴변이 왜 일어났는지를 일관에게 물었다. 일관이 말하기를, 이것은 백제를 지켜온 강룡(江龍)이 화를 낸 것이라고 하였다. 강룡을 퇴치할 방법을 소정방이 다시 물으니 일관은 용이 좋아하는 백마를 미끼로 하여 낚는 것이 좋다고 대답하였다.

그래서 소정방은 쇠를 두들겨 낚싯대를 만들고 굵은 철사를 낚싯줄로 하여 백마를 미끼로 강 가운데 바위 위에 앉아 용을 낚기로 하였다. 그러자 용은 미끼인 백마를 삼켜서 잡히게 되었다고 한다. 이 일로 뒷날 사람들이 소정방이 용을 낚았다고 하는 이 바위를 조룡대라 하고, 백마를 미끼로 용을 낚은 강이라 하여 금강(錦江)의 줄기인 부여 부근 일대의 강을 백마강이라 하였다고 한다.

삼국유사 남부여 전(前)백제 조에 의하면, "사비하(泗沘河) 물가에 바위 하나가 있는데, 일찍이 소정방이 그 바위 위에 앉아서 어룡(魚龍)을 낚았다고 한다. 그리하여 바위 위에는 용이 꿇어앉았던 자취가 있다고 하여 용암(龍巖)이라 한다."는 것이다.

어룡을 물고기와 용으로 해석하기도 하지만 문맥상으로 보면 이는 어룡으로 해석하는 것이 적절해 보인다. 흔히 잉어를 한자로 표현할 때 '어룡(魚龍)'이라 표기하기도 하므로 소정방이 혹시 어룡(잉어)을 낚은 것을 뒷날 잘못 전하여 용을 낚았다고 한 것이 아닐까.

언제, 어떤 연유로 어룡이 용으로 바뀌어 전하게 되었는지 정확히 알 수 없으나 이러한 전설은 〈신증동국여지승람〉 부여현 고적조(古蹟條)에도 다음과 같이 기록되어 있다.

호암(虎巖)으로부터 물을 따라 남쪽으로 내려가다 부소산(扶蘇山) 아래에 이르러, 한 괴석(怪石)이 강가에 걸터앉은 듯이 있는데 돌 위에는 용이 발톱으로 할퀸 흔적이 있다.

전하는 말에 의하면 "소정방이 백제를 공격할 때, 강에 임하여 물을 건너려고 하는데 홀연 비바람이 크게 일어나므로 흰 말로 미끼를 만들어 용 한 마리를 낚으니, 잠깐 사이에 날이 개어 드디어 군사가 강을 건너 공격하였다. 그러기 때문에 강을 백마강이라 이르고, 바위는 조룡대라고 일렀다."한다.

삼국유사에서 어룡(魚龍)으로 표현된 것이 조선시대에 와서는 물고기를 뜻하는 어룡 대신에 용(龍)으로 표기되고 있다. 명칭 또한 용암(龍嵓)에서 조룡대(釣龍臺)로 변화하였다. 이처럼 조룡대라는 명칭은 썩 좋은 것이 아니다.

적국의 장수가 우리나라를 침략한 역사적 사실에서 유래한 이름이기 때문이다. 며칠 전, 동료 교수들과 함께 백마강에 나가 낚시를 했는데 참게와 잉어를 낚았다. 문득 1,300여 년 전 당장 소정방도 잉어 몇 마리 잡은 것을 용을 낚았다고 소문내어 침략군의 위세를 부린 것은 아닐까.

그러나, 건곤일척의 전쟁 중에 장수가 한가롭게 낚시를 했다는

| 부여 백마강 조룡대

것 자체가 어불성설이다. 일찍이 조룡대를 현장 답사한 정약용은 그의 〈조룡대기(釣龍臺記)〉에서 "조룡대는 백마강 남쪽에 있으므로, 만약 소정방이 이 대를 올라왔다면 군사는 이미 강을 건넌 것이니, 어찌 눈을 부릅뜨고 안간힘을 써가면서 용을 낚을 필요가 있었겠는가. 또한 이 대는 백제성(百濟城) 북쪽에 있으니, 참으로 소정방이 이 조룡대를 올라왔다면, 성(城)은 이미 함락된 것이다. 배를 탄 군사들이 바다 어귀로 들어와서 성남(城南)에 이르렀으면 의당 상륙하였을 것인데, 어찌하여 물의 근원까지 수십 리를 거슬러 올라와 이 조룡대 아래에 이르렀겠는가."하였다.

승자에겐 늘 신성한 전설이 만들어져 윤색되기 마련이다. 용을 낚았든 잉어를 낚았든 백마강이 원래 이름인 사비하(泗沘河) 또는 백강으로 환원되었으면 좋겠다. 언제까지 식민지적 용어를 쓸 것인가?

소정방(592~667)

이름은 열(烈)이고 자는 정방(定方)이다. 중국 하북 출신으로 당 태종 때 이정(李靖)을 따라 동돌궐을 정벌하였고, 657년에는 서돌궐을 항복시킴으로써 중앙아시아 여러 나라를 모두 안서도호부(安西都護府)에 예속시켰다. 660년 3월 나당연합군의 대총관으로 13만의 당군을 거느리고 신라군과 함께 백제를 협공, 사비성을 함락시키고 의자왕과 태자 융을 사로잡아 당나라로 데려갔다. 661년에는 나당연합군을 거느리고 고구려 평양성을 포위 공격하였으나 전세가 불리해지자 철군하였다. 소정방은 부여 정림사지 석탑에 당군과 자신의 공적을 새기게 하였으며, 적장임에도 백제권역에 그와 관련된 전설이 많이 남아있다.

07

낙화암,
백제의 우수(憂愁)

궁녀가 절벽에서 떨어진 것도 억울한 데,
백제 망국의 책임까지 낙화암에 덧씌웠다.
인간의 잘못을 어찌하여 자연물에다 돌렸는가
예나 지금이나 인간의 탐욕은 변함이 없다는 것을 웅변하고 있다.

드디어 낙화암에 배가 도착했다. 원래 부소산성 쪽에서 올라가야 하는데 오늘 같은 무더위에 산으로 낙화암 가는 것은 힘들 것 같아 황포돛배로 백마강을 건너갔다. 낙화암 글씨는 우암 송시열이 썼다.

낙화암을 보기 전에는 바위가 낮아 사람이 뛰어내려 죽을 정도는 아니라고 들었는데 생각보다 낮지는 않았다. 부여에서 오래 살았던 부로들 말로는 예전에는 명주실 한 타래 깊이라고 했으니 백제시대에는 수심이 훨씬 깊었음을 알 수 있다. 실제로 당나라 군선이 올라올 정도라면 낮은 수심은 아니었을 것이다.

삼국유사에는 백제고기를 인용하여 의자왕과 후궁들이 같이 강에 몸을 던져 죽었다고 하여 타사암(墮死巖)이라 하나, 이는 속설이 잘못 전해진 것이며 단지 궁인들이 떨어져 죽었을 뿐이고 의자왕은 당에서 사망한 것이 당사(唐史)에 명문이 있다고 기록하고 있다. 즉, 삼국유사의 저자인 일연도 타사암에서 궁인(궁녀)들이 강물에 몸을 던져 죽은 것은 인정했다. 다만, 왕과 후궁은 아니라는 말이다. 원문을 보자.

> 백제고기(百濟古記)에 이르기를 "부여성(扶餘城) 북쪽 모서리에 큰 바위가 있는데, (바위의) 아래는 강물과 만난다. 서로 전하여 내려오기를 의자왕과 여러 후궁들이 화를 면하지 못할 것을 알고 서로 일컬어 말하기를 '차라리 자진을 할지언정 남의 손에 죽지 않겠다.'하여 서로 이끌고 이곳에 이르러 강에 몸을 던져 죽었으므로 속칭 타사암(墮死岩)이라 한다."라고 했으나, 이것은 속설이 와전된 것이다. 다만 궁인들은 그곳에서 떨어져 죽었으나 의자왕이 당나라에서 죽었음은 당사(唐史)에 명백히 쓰여 있다.

궁인의 숫자는 기록하고 있지 않으나 망국을 맞아 적군에게 붙잡혀 죽지 않으려고 바위에서 뛰어내렸다는 이야기는 충분히 있을 수 있는 일이다. 그런데 궁녀는 몰라도 후궁은 아니라는 말이다. 궁녀는 궁궐에서 일하는 여성을 지칭할 뿐 왕의 후궁은 아니니 삼천궁녀 운운하며 이를 의자왕의 방탕함을 입증하는 근거로 삼는 것은 시쳇말로 한참 가짜뉴스라고 할 수 있다.

사실, 후궁도 아닌 궁인들이 망국에 무슨 책임이 있단 말인가? 창졸간에 왕은 후궁들을 데리고 웅진성으로 피란을 갔으나 궁인들은 미처 그러지 못해 절벽에서 뛰어내림으로써 정조를 지키려고

| 부여 고란사 벽에 그려진 벽화. 낙화암 삼천 궁녀 설을 반영하고 있다.

했던 것일까?

　서기 660년 7월 13일 사비성이 함락되었는데 함락되기 전 의자왕은 궁궐을 빠져나와 웅진성(공주)으로 피란을 갔다. 이때는 후궁들이 낙화암으로 갈 겨를도 없거니와 그럴 이유도 없었다. 왕을 따라가야 하니까 말이다. 5일 뒤인 7월 18일 웅진성으로 간 의자왕은 그곳의 수비대장 예식의 배신으로 성을 나와 항복했다. 그런데 백제 멸망 시 궁녀 일부가 바위에서 뛰어내려 죽어 타사암이라 불리었다는 기록이 어떻게 낙화암 전설로 변모했을까.

　'낙화암'이란 단어가 처음으로 나오는 저작물은 '제왕운기'(卷下 백제기)(1287년)로서 삼국유사 편찬(1281년) 시기와 큰 차이가 없다. 이는 13세기 말엽에는 타사암에서 낙화암으로 변화했음을 말해준다. 낙화암이란 단어는 고려 말 이곡(李穀)(1298~1351)의 시 '조룡대하강자파(釣龍臺下江自波)'에 등장한다.

　하루아침에 철옹성이 기와장처럼 부서지고
　천 척의 푸른 바위 '낙화'라고 이름 지어졌네.
　一旦金城如解瓦
　千尺翠巖名落花

　아마 죽은 궁녀를 꽃에 비유하여 시어(詩語)로 사용하기 시작하면서부터 '낙화암'이라는 명칭이 널리 불린 것으로 생각된다. 이는 조선시대 관찬 사서인 고려사(1451년) 지리지에서 낙화암으로 기록됨으로써 확정된다. 그런데 낙화암 하면 떠오르는 단어가 삼천 궁녀이다. 유행가 가사에 실려 삼천 궁녀는 낙화암과 표리일체가 되었다.
　삼천이란 단어는 조선 성종 때 김흔(金訢)의 '낙화암'이란 시에서 처음 출현한다.

　삼천 궁녀들이 모래 먼지에 몸을 맡기니
　꽃 지고 옥 부서지듯 물따라 가버렸네
　三千歌舞委沙塵
　紅殘玉碎隨水逝

　명종 때의 문인 민제인(閔齊仁, 1493~1549)의 '백마강 부'에도 보인다.

구름같은 삼천 궁녀를 바라보니

후궁들의 고운 얼굴에 눈이 어두웠네

望三千其如雲

眩後宮之粉紅

　황해도 관찰사 홍춘경(洪春卿)(1497~1548)의 '낙화암'이란 시가 〈송계만록〉에 전한다.

나라 망하니 산과 물이 옛날과 다른데

홀로 강달이 남아 몇 번이나 차고 기울었나

낙화암 위의 꽃은 아직도 남았으니

비바람 그 당시에 다 불어 떨어뜨리지 못하였나

國破山河異昔時

獨留江月幾盈虧

落花巖上花猶在

風雨當年不盡吹

　이처럼 삼천 궁녀는 시에서 사용한 시구이다. 한시는 평측법이라 하여 한자의 고저에 따라 시어를 배치하는 시작법이 있는데 이 때문에 삼천 궁녀가 들어갔다는 설이 있다. 그런데 일제강점기에 또한번 반전이 있어났다. 당시 백제진열관장에 일본인 오사카 긴타로(大坂金太郎)란 인물이 있었다. 이 사람은 부여의 고적을 재해석하고 재맥락화하여 부여를 일본 아스카 문화의 본향으로 이념화

| 일제강점기 백마강과 낙화암 전경

함으로써 내선일체를 주장한 인물이다.

　오사카 긴타로는 낙화암을 어떻게 해석했을까? 당시 백제 조정
에는 일본인 혹은 일본 계통의 사람들이 다수 요직에 있었는데 그
들은 가족을 데리고 와서 부여(사비)에 거주하고 있었으며 왕성이
함락되자 일본인 부인들이 낙화암에 몸을 던졌다는 것이다. 이 무
슨 엉뚱한 말인가? 그는 왜 이런 해석을 했을까?

　'우리 일본과 너희 조선(한국)은 이처럼 멀리 백제시대부터 생사
를 같이 한 형제였다. 사비시대 백제와 일본의 아스카 문화는 하나
로 볼 수 있을 정도로 친연성이 강하다. 그러니 지금 우리 대일본
제국이 너희 조선을 병합한 것은 자연스러운 일이고 이는 고대로
부터 있어 온 오래된 두 나라의 관계였다.'는 논리였다. 낙화암 전

설에다 '일선동조론(日鮮同祖論)'과 '내선일체'의 그림자를 덧씌운 것이다.

낙화암 아니 타사암은 이런 것을 아는지 모르는지 백제 망국 후 1,300년이 지난 오늘도 무심히 백마강을 굽어보고 있다.

08

고란사의
새벽 종소리

낙화암 궁녀 투신도 지켜보았을 고란사,
고란사 새벽 종소리(曉鐘)는 왜 저녁 종소리(晩鐘)로 바뀐 것일까?
백마강 달빛에 물든 전설만이 전해오는구나.

부여 8경의 제3경은 고란사 효종(曉鐘)이다. 백마강 노래에도 등
장하는 고란사 종소리. 지금도 고란사 오른쪽에 범종각이 있고 최
근에 조성한 듯한 범종이 있다. 그런데, 고란사는 백제 때 사찰일
까? 백제 망국 때 궁녀들이 낙화암에서 뛰어내릴 때에도 낙화암 옆
에 고란사가 있었을까?

기록에 없으니 알 수 없으나 전설에는 의자왕이 고란초 약수를
떠 오라고 했는데 관리들이 길은 멀고 험해서 대신 가까운 곳의 약
수를 떠다가 드렸다고 한다. 이를 눈치챈 의자왕이 약수에 반드시
고란초 잎을 넣어 가져오라고 해서 할 수 없이 고란정 약수를 떠
갔다고 한다. 왕이 먹던 약수라면 정자 정도는 있었는지 모른다.

고란사 뜨락에는 연화문 방형 초석이 있는데 고려시대 것이다.
이로써 보면 고려시대 고란사가 있었던 것은 분명하다. 고려 현종

| 고란사 전경

대라고 하니 12세기 초이다. 지금의 고란사는 부여 은산면에 있는
숭각사를 정조 21년(1797년)에 옮겨서 지은 것이다. 즉, 이름은 고
란사이지만 전각은 은산 숭각사라는 뜻이다.

　고란사 약수를 한번 마시면 3년 젊어진다고 한다. 그런데 어느
할아버지가 약수를 마구 떠 마시는 바람에 어린애가 되었다는 이
야기가 전해온다. 나도 한 모금 마셨으니 한 3년은 젊어졌을까. 그
런데, 영조 24년(1748년) 문인 화가인 단릉 이윤영(1714~1759)이 그
린 고란사 그림이 남아있다. 이윤영은 이색의 후손이다. 한번 자세
히 보자. 당시는 정조 때 이건(移建) 되기 전의 건물을 그린 것이다.

　그림 왼쪽 상단에 제화가 있다. 어떤 내용인지 살펴보자.

| 고란사도(1748년), 이윤영 작(고 이건희 컬렉션)

무진년 봄에 고란사에서 반천의 윤씨 어른을 만나고
돌아가는 길에 지리산에 있는 원령(친구이자 화가인 이인상)을 방문하
였다.
강과 산의 아름다운 경치를 이야기하다가
언어로 전할 수 없는 것이 있어
대략 건묵(마른먹)을 사용하여 화폭에 담고
한바탕 웃는다.

무진년은 영조 24년(1748년)이고 능호관 이인상(1710~1760)이
38세 때 종6품 사근역(함양) 찰방으로 부임하던 해이다. 이인상은
그전에 서울에서 사재감 직장, 통례원 인의, 내자시 주부 등의 하급

직 관료로 있을 때 오재순, 이윤영, 윤면동 등과 어울리며 독서와 그림으로 교유하다가 승진하여 처음으로 지방관으로 부임하였다. 이인상과 절친한 벗인 이윤영은 이때 34세로 벼슬길을 포기하고 황해도 재령, 전라도 김제 등의 군수로 부임하는 부친을 따라 머무르며 그 지역 주변의 경승을 유람하며 지내던 시기였다. 제화에 반천(盤泉)이란 지명이 나오는데 반천이 정확히 어디인지 알 수 없으나 이 시기 부친이 김제 군수로 재직하고 있었으므로 김제 근처의 한 마을이 아닐까 한다.

그림은 백제의 구도 부여의 고란사와 낙화암을 그린 것으로 당시 유행한 실경산수화 풍이며 사찰이 서 있는 바위와 각진 주변 바위의 질감을 준법(皴法)으로 표현하였다. 고란사에 대해서는 정조 19년(1795년) 부여 고란사를 찾은 다산 정약용의 시가 전한다.

고란사를 찾아가

고란사 있던 자리 강가에 와서
배 매고 석양까지 서성거리네
꽃은 옛 주춧돌에 아직 피었고
가을 대 무너진 담 뒤에 숨었네
서럽다 여기 찾은 옛사람 자취
흐릿할 손 먼 옛날 전쟁의 흔적
하정이 남긴 시구 좋기도 하구나
읊으며 구경하니 넋이 녹누나

이윤영이 고란사를 그린 시기가 영조 24년(1748년)이고 정약용이 고란사를 찾은 때가 정조 19년(1795년), 그리고 숭각사 전각을 옮겨와 고란사를 재건한 해가 정조 21년(1797년)이다. 그러면 이윤영의 고란사 그림은 온전하게 고란사가 존재하고 있을 때 그린 것이며 정약용이 찾았을 때는 이미 고란사는 폐허 상태였다. 그렇다면 고란사는 1748년~1795년 사이 어느 때에 폐사가 되었다고 할 수 있다.

부여 8경에 고란사 효종(曉鐘)이 있다. 새벽에 울리는 고란사의 종소리는 어떠할까? 그런데 1944년 3월 31일자 매일신보에 "성지 부여의 편모(片貌)"라는 제하로 부여 8경을 소개하고 있는데 이때의 8경은 이전과 좀 다르다. 특히 고란사의 효종(曉鐘)이 고란사의 만종(晩鐘)으로 바뀌었다. 낙화암의 숙견(宿鵑)은 낙화암의 취우(驟雨)로 변했다.

고란사의 새벽 종소리는 희망이 솟고 상쾌한 시작을 알리는 긍정적인 의미였는데 저녁 종소리는 구슬프다. 게다가 낙화암에서 새벽을 지새운 두견새는 훨훨 날아갈 준비를 하지만 낙화암에 흩뿌리는 비는 사람의 심금을 더욱 심란하게 한다.

왜 이렇게 변모했을까.

1944년경이면 일제가 내선일체(內鮮一體)를 표방하며 우리 민족의 숨통을 끊어버리려고 작정하던 압제의 시기였다. 특히, 부여에 고대 일본의 아스카(飛鳥) 본향이란 허울을 씌워 내선일체에 입각한 이념적 공간으로 만들기 위한 신도(神都) 건설이 한창 진행되고 있을 때이다. 그래서 사라져가는 조선의 운명을 부여 8경에다가 덧씌운 것이다.

　망국의 상징인 낙화암에 비는 흩뿌리는데 고란사 저녁 종은 뎅
그렁 뎅그렁. 이 어찌 눈물짓지 않을 수 있겠는가. 백제의 멸망에다
조선의 멸망을 클로즈업 시킨 것이다.

이윤영(李胤永, 1714~1759)

본관은 한산으로 목은 이색의 14대손이다. 호는 단릉(丹陵), 담화재라 하
며, 일찍이 과거에 뜻을 두지 않고 산수와 더불어 평생을 보냈다. 평소에 단
양의 산수를 좋아하여 즐겨 찾더니, 부친이 담양 부사로 재직한 일을 계기
로 구담(龜潭)에 정자를 짓고 그곳에서 지냈기 때문에 단릉산인(丹陵散人)
이라 하였다. 윤리에 돈독하고 강직한 지조를 존중하여 이인상(李麟祥)과
절친한 벗으로 지냈다. 글씨는 예서와 전서에 뛰어나 이인상의 그림에 화제
(畵題)를 많이 썼다. 그림의 소재로는 모정을 중심으로 한 누각 산수, 바위
와 소나무, 연꽃 등을 주로 그렸다. 명대 오파(吳派)와 안휘파(安徽派) 화풍
을 수용하여 문기 있고 깨끗한 표현을 구사하였다. 그의 그림은 이인상과
구별하기 힘들 정도로 비슷하나 필치가 한결 부드럽고 온화한 분위기를 보
여준다고 한다.

부여 8경

부여의 빼어난 경치를 8개 선정하여 시를 쓴 것으로 이곡(李穀)의 '부여 4영
(四詠)'에서 비롯되어 상촌 신흠에 이르러 소상 8경을 본뜬 부여 8경 시로
변화했다가 일제강점기인 1910년대는 다음과 같이 정착되었다.

제1경 백제탑 석조(百濟塔夕照) 정림사지(定林寺址) 5층 석탑에 비낀 저녁노을

제2경 부소산 모우(扶蘇山暮雨) 부소산의 저녁 비

제3경 고란사 효종(皐蘭寺曉鐘) 고란사의 새벽 종소리

제4경 낙화암 숙견(落花岩宿鵑) 낙화암에서 밤 지새운 두견

제5경 구룡평 낙안(九龍坪落雁) 구룡평야에 내려앉는 기러기

제6경 백마강 침월(白馬江沈月) 백마강에 잠긴 달빛

제7경 수북정 청람(水北亭晴嵐) 수북정에 이는 아지랑이

제8경 규암진 귀범(窺岩津歸帆) 규암나루로 돌아오는 돛단배

09

백제 의자왕이
일본에 전해준 선물

의자왕 대에 백제와 일본의 관계는 매우 밀접하였다.
지금도 그렇지만 외교관계는 공식적인 측면 이외에
비공식 측면이 중요하게 작용한다.
당시 친밀했던 백제와 일본과의 관계 이면에는
의자왕의 심모원려(深謀遠慮)가 있었다.

서기 660년 백제는 신라와 당나라 연합군에 의해 멸망했다. 백제 의자왕은 항복했지만, 백제인들의 부흥운동은 계속되었고 그사이 왕자 부여풍은 일본으로 가서 원군을 청하였다. 663년 일본의 사이메이(齊明) 천황은 무려 2만 7천 명의 대병을 파견하여 백제의 부흥 운동을 지원했다. 그러나, 일본과 백제의 부흥군은 백강(지금의 금강 어귀) 전투에서 나당연합군에게 대패하였다.

이로써 백제의 사직은 완전히 종말을 고하였다. 나라가 망하자 백제인 상당수(3만여명)가 일본으로 망명하여 이주하였다. 일본으로 건너간 백제인은 일부 일본 조정에 등용되거나 백제 타운(집단 거류지)을 만들어 생활하였다. 비록 망국의 백성이었지만 이웃 섬나라 일본에서 고국을 그리며 생존을 유지한 것이다.

당시 백제와 일본(왜)의 관계는 이처럼 밀접하였다. 그런데 백제

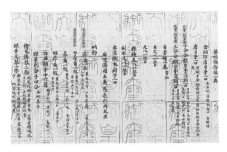

| 적칠문관목주자(赤漆文灌木厨子)
(출처, 일본 동대사 정창원)

| 적칠관목주자의 기록
(국가진보장 북창 158 第4紙 해당 부분)

와 일본과의 우호는 하루아침에 이루어지지 않았다. 그전에 무슨
일이 있었던 것일까?

일본 천황가의 보물창고인 정창원의 보물 목록인 "국가진보장
(國家珍寶帳)"에는 백제와의 관련을 추정케 하는 특유한 유물과 기
록이 남아있다. 그것은 〈적칠문관목주자(赤漆文灌木厨子)(제1주자)〉
와 〈적칠관목주자(赤漆灌木厨子)(제2주자)〉이다. '적칠문관목주자(赤漆
文灌木厨子)'의 관목(灌木)은 느티나무를 말하며 '문(文)'은 무늬를 의
미한다.

문관목은 나무결이 아름다운 느티나무라는 뜻이다. 주자(厨子)
란 여닫이문이 달린 감실 모양의 궤 또는 수납장이다. 용도는 불
상·불화·사리·경전 등을 안치 수납하기 위한 것으로 두자(豆子) 혹
은 불감(佛龕)이라고도 한다.

적칠문관목주자(赤漆文灌木厨子)(제1주자)는 쇼무(聖武) 천황의 부
계 증조부인 덴무(天武) 천황이 가지고 있던 것으로 역대 천황을 거

| 적칠관목주자(제2주자)의 납물 품목

처 쇼무 천황의 소유가 된 것이다. 적칠관목주자(赤漆欟木廚子)(제2주자)
는 모계 증조부인 후지와라 가마타리(藤原鎌足)가 소유하고 있던 것
이다. 이 두 주자는 명칭이 비슷하고 전해오는 내역도 쇼무 천황의
부계와 모계라는 점에서 비슷하다.

그런데, 적칠관목주자(제2주자)에 대해서는 국가진보장에 기록
이 나온다. "백제국왕 의자가 내태신에게 하사(進으로 표현)한다"고
유래가 쓰여 있다.

무슨 뜻인가? 적칠관목주자(제2주자)는 백제 의자왕이 일본 내대
(태)신 후지와라 가마타리에게 하사했다는 것이다. 아쉽게도 이 주
자는 현재 남아있지 않지만, 또 다른 적칠문관목주자(제1주자)는 오
늘날 남아있다. 적칠문관목주자와 의자왕과의 관계를 보여주는 문
헌 기록은 없지만 두 개의 주자는 유사한 요소가 많다. 현재 실물이

남아있는 적칠문관목주자(제1주자)도 적칠관목주자(제2주자)와 재질이 비슷하고 금속 장식 문양이 백제의 것과 유사하며 최초 소유자가 7세기 중후반에 활약했던 덴무 천황이라는 점에서 백제에서 유래했을 가능성이 높다고 할 수 있다.

그렇다면, 백제 의자왕이 적칠관목주자(제2주자)는 당시 일본 조정의 실권자 후지와라 가마타리에게 하사하고, 또 다른 무늬가 있는 적칠문관목주자(제1주자)는 덴무 천황(천황 즉위 전 왕자 시절)에게 준 선물로 추정할 수 있다.

왜 의자왕은 그들에게 이 주자를 선물로 주었을까? 백제 의자왕, 일본의 덴무 천황, 내대신 후지와라 가마타리 3명은 모두 서기 7세기 중후반에 활약했던 백제와 일본 역사의 주역들이다. 덴무 천황은 중세기 일본의 천황제 국가를 확립한 인물로서 천황이란 칭호도 덴무에서 시작되었고 강력한 중앙집권제를 실시하였으며 〈일본서기〉를 편찬하였다.

그리고 후지와라 가마타리(614~669)의 본명은 나카토미노 가마타리(中臣鎌足)로 그 유명한 645년 다이카 대신(大化改新)을 일으켜 일본의 중흥을 이끈 정치가이며 천황으로부터 후지와라 씨명을 하사받고 일본의 1천년 세도가인 후지와라 가문을 창설한 시조이다. 일본 정계의 두 실력자에게 의자왕이 선물을 보낸 것이다. 이 두 주자(廚子)는 당시 백제와 일본의 관계를 살펴볼 수 있는 매우 흥미로운 유물임은 틀림없다.

의자왕(義慈王, 재위 641~660)

삼국시대 백제의 제31대 왕이다. 무왕의 맏아들이며, 효성이 지극하고 형제들과도 우애가 깊어 해동증자라 불렸다. 대내적으로는 유교를 통해 집권력을 강화하고 대외적으로는 고구려와 연합해 신라를 고립시키고자 했다. 신라의 40여 성을 빼앗고 대야성을 함락시켜 신라를 위기에 빠뜨렸다. 그런데 고구려 공략에 실패한 당이 신라와 나당연합군을 결성하여 백제를 공격했다. 황산벌 전투에서 계백이 5천의 결사대로 분전했으나 대패하고, 항복 후 왕자·대신·장병·백성들과 함께 당으로 끌려갔다. 의자왕을 망국의 군주로 폄하하기도 하지만, 대 신라 전쟁을 성공적으로 수행하였고, 일본과 외교관계를 돈독히 하는 등 성과를 거두기도 하였다.

덴무 천황(天武, 631~685)

강력한 중앙집권 체제 확립과 천황가의 신격화를 이룩한 인물이다. 그의 시대에 '일본'이라는 국호가 성립되었고, 일본 최고 역사서인 일본서기가 편찬되었다. 이는 모두 천황으로 표상되는 새로운 나라를 선포하고 천황가의 정통성을 확립하기 위한 시도였다. 백제 의자왕은 일본 조정의 실력자인 황자 시절의 덴무에게 주자(廚子)와 발루척을 선물로 보냈다.

후지와라 가마타리(藤原鎌足, 614~669)

본명은 나카토미노 가마타리(中臣鎌足)였으나, 나카노오에 황자(덴지 천황)를 도와 소가 씨를 물리치고 다이카 개신을 수립한 공로로 후에 덴지 천황으로부터 '후지와라(藤原)'라는 성씨를 수여 받았다. 그래서 후지와라노 가마타리라고 불리는 그는 일본 역사상 가장 영향력 있는 가문인 후지와라 씨의 시조이다. 그의 차남 후지와라노 후히토(藤原不比等)는 두 딸을 문무(文武)

천황과 쇼무 천황의 황후로 들여 외척의 지위를 확립하고 후지와라 씨 번영의 기초를 놓았다. 백제 의자왕은 이런 그의 정치적 위치를 고려해 주자(廚子)와 바둑판 등을 선물로 보냈다.

국가진보장(國家珍寶帳)

서기 756년 5월 2일, 56세로 쇼무(聖武) 천황이 서거하자 49재에 명복을 빌기 위하여 사용했던 애장품과 쇼무 천황의 보물 등 600여 점을 고묘(光明)황후가 동대사 대불에 헌납하여 정창원 유물이 성립되었고 그때의 보물 목록이 '국가진보장(國家珍寶帳)'이다. 국가진보장에는 정창원 북창(北倉)에 격납된 보물의 명칭과 수량이 기록되어 있다.

10

백제 의자왕은 왜 바둑판을
일본에 전했을까?

기록에 의하면,
고대 삼국과 일본의 정치가들이 바둑을 즐겼다는 사실이 확인된다.
바둑은 요즘의 골프처럼 사교에 유용하고 선물로도 줄 수 있어
외교적 수단으로 활용되었다.
백제 의자왕이 일본 조정의 실력자들에게
바둑판을 선물한 뜻은 무엇이었을까?

일본 동대사 정창원에는 백제 의자왕의 바둑판으로 알려진 유물이 있다. 이 유물은 목화자단기국(木畵紫檀碁局)(북창 36)으로 쇼무(聖武) 천황(701~756)이 애용했던 바둑판이다. 본체는 소나무로 만들었고 그 위에 자단목으로 만든 얇은 판을 붙이고 상아와 목재, 금속을 사용하여 상감기법으로 장식했다. 이를 목화기법이라 한다.

특히, 측면에 상아로 표현된 낙타와 서역인, 새는 인상적이다. 또한, 바둑판 측면에 거북이와 두꺼비를 본뜬 바둑알을 넣는 서랍이 있는데 한쪽을 빼면 다른 한쪽도 나오는 구조로 되어 있다. 바둑판 면은 상아로 선을 그었으며 바둑알을 놓는 표시인 화점(花眼)은 17개이다. 바둑알을 한번 보자.

바둑알은 상아로 만들었다. 상아는 일반적으로 코끼리 어금니를 뜻하지만, 고대 공예품의 재료로 쓰인 포유동물의 어금니를 두

| 일본 정창원 소장 바둑판(북창 36)(좌)과 바둑알(북창 25)(우) (출처, 일본 동대사 정창원)

루 의미하기도 한다. 당시 상아는 국내에서 얻을 수 없었고 해외에서 수입한 후 가공하여 아름다운 공예품으로 재탄생되었다.

위 사진의 바둑알은 붉은색과 남색으로 곱게 물들인 후 표면에 새가 꽃을 머금고 날아가는 무늬를 새겨 넣었다. 꽃가지를 물고 있는 함화조문(衛花鳥文)은 사산조 페르시아와 중국 한나라 대부터 비롯된 문양으로 삼국시대와 통일신라시대 우리나라에서도 유행했던 문양이다. 상아에 색을 입히고 새김 장식을 하는 기법을 일본에서는 발루(撥鏤)라고 한다.

정창원 유물에는 바둑판을 넣는 함이 있는데 금은귀갑기국감(金銀龜甲碁局龕)이라 한다. 소나무로 추정되는 목재를 사용했고 상아로 귀갑문의 선을 그렸으며, 위에 동물의 발 굽이로 추정되는 얇은 판이 붙여져 있다. 얇은 판 밑에는 꽃문양을 그리고 금박과 은박을 붙였다.

전문가들은 바둑판과 그 함의 재질이 당시 일본에서는 잘 사용하지 않는 소나무이고 바둑판의 화점이 한반도에서 전통적으로 사용하는 17개이며(당은 5개, 일본은 9개) 바둑판 함의 공예기법이 한국

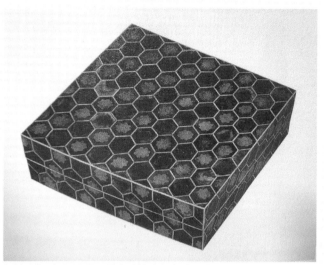

┃금은귀갑기국감(金銀龜甲碁局龕)(북창 36)(상)과 은평탈합(銀平脱合) 제4호(북창 25)(하)
　(출처, 일본 동대사 정창원)

에서만 사용하는 화각기법과 유사한 점 등을 고려할 때, 한반도에서 전해진 유물로 본다.

그럼, 정말 이 바둑판과 함 그리고 바둑알 등은 모두 백제 의자왕이 일본에 전해준 것일까? 쇼무 천황의 보물 목록인 '국가진보장(國家珍寶帳)' 제4紙(북창 제158) 내용을 살펴보자.

赤漆欟木廚子 一口
右 百濟國王義慈進扵內太臣
納物
銀平脫合子四合 各納棊子

주자(廚子) 안에 수납되었던 납물의 일부는 전하지 않지만, 은평탈합 4점과 바둑돌 516개가 정창원 북창에 보관되어 있다. 이것이 전부 백제에서 건너간 것인지 확신할 수 없으나 의자왕 선물에 포함되었을 가능성은 있다.

납물의 대부분은 서각(犀角)으로 이는 백제에서 생산될 수 없는 품목이다. 따라서 진귀한 재료로 만든 선물을 전한 것이다. 납물 품목에서 우리의 눈길을 끄는 것은 은평탈합 4점이다. 지름 11.5cm 높이 4.5cm 크기의 원통형 합이며 나무로 기형을 만들고 평탈 기법으로 장식하였다.

모두 뚜껑의 테두리에는 연주문을 둘렀으며 3점은 가운데 부분에 나무 아래로 꽃가지를 물고 있는 새를 표현하였고 1점은 중앙에 코끼리가 나타난다. 793년 소장품 점검목록인 〈폭량사해(曝凉使

解)〉에는 은평탈합과 연관되는 바둑돌이 600개라고 기록하였다.

현재 바둑알은 흰색(145개), 검은색(119개), 붉은색(132개), 남색(120개) 등 네 종류로 구성된 516개만 전하지만 원래 바둑을 둘 때는 각 300개씩 사용한 것을 알 수 있다. 흰색은 석영, 검은색은 사문석(蛇紋石), 붉은색과 남색은 상아로 만들었다.

상아는 코끼리 뿔이나 어금니로 만드는 것이니 백제의 것은 아니다. 동남아 안남(베트남)지역에서 생산된 재료를 수입해서 바둑판과 바둑알을 만들었을 것이다. 은평탈합 4개에 600개의 바둑알이 들어 있었던 것이다.

금은귀갑기국감(金銀龜甲碁局龕)은 바둑판을 넣은 함이다. 〈국가진보장〉에는 백제의 주자와 납물의 품목을 적고 있는데 거기에 목화자단기국(木畵紫檀碁局)과 금은귀갑기국감(金銀龜甲碁局龕)을 연이어 기록하였다. 두 유물은 바둑판과 그것을 담는 함으로 구성된 것이다.

856년 유물을 점검하고 작성한 '잡재물실록(雜財物實錄)'에는 의자왕이 전해준 주자의 납물로 은평탈합과 함께 목화자단기국과 금은귀갑기국감을 나열하였다. 이는 당시에 주자와 은평탈합, 바둑돌, 바둑판, 바둑함 모두를 백제에서 건너온 물품으로 인식한 것 같다. 그러면 과연 이 유물들은 백제에서 건너온 것일까?

최근 일본에서 바둑판과 바둑함을 연구한 결과 두 유물이 1cm 미만인 판재로 만들었고 내부가 비어있는 구조임에도 상당히 무겁다는 점에 주목했다. 또한 안쪽에서 송진이 관찰되어 소나무로 만든 것으로 판단했다. 현재 정창원 소장품에는 소나무로 만든 유물이 없다.

특히 장식기법에 소뿔과 같은 재료를 옻칠로 부착한 부분이 확인되었는데 이는 우리나라 고유의 화각기법과 유사하다는 의견이 제시되었다. 이상을 종합해서 정리해 본다면, 정창원에 보관되어 있는 두 주자와 바둑판, 바둑알, 바둑함 등은 백제 의자왕과 관련이 있는 것으로 추정할 수 있다. 그럼, 지금까지 도출된 내용을 토대로 한번 추론해 보자.

서기 6~7세기 백제와 일본(당시 왜)의 관계는 아주 밀접했다. 백제는 수시로 일본의 도움이 필요했고 일본은 백제의 선진 문물을 받아들여 중앙집권화를 도모하는 입장이었다. 그 중심에 일본 조정의 실권자 내대신 후지와라 가마타리(藤原鎌足)와 훗날 일본의 제40대 천황이 되는 오아마(大海人) 황자가 있었다.

의자왕은 결이 고운 느티나무에 붉은 칠을 바른 고급 주자(나무장롱)를 실권자인 후지와라 가마타리에게 선물로 보냈다. 선물이란 정성이 지극해야 효과가 있다. 바둑은 혼자 둘 수 없다. 반드시 상대가 있어야 하고 서로 실력을 겨룰 수 있는 수준의 바둑친구라면 금상첨화이다.

가마타리는 바둑을 잘 두었다. 의자왕은 바다 건너 떨어져 있는 바둑 고수 가마타리에게 그가 좋아할 만한 바둑판(목화자단기국)과 바둑알(撥鏤棊子)을 금은귀갑기국감(金銀龜甲碁局龕)과 은평탈합(銀平脫合)에 넣어 선물로 주기로 결심한다. 물론 잘 치장한 적칠관목주자(제2주자) 안에 넣어서 말이다.

그리고 문양을 아름답게 새긴 적칠문관목주자(제1주자) 1점은 따로 챙겨 훗날 덴무(天武) 천황이 되는 오아마(大海人) 황자에게 보냈다. 이 주자 안에는 발루척(撥鏤尺)이 들어 있었다. 발루척은 왕권을 상징하는 최고 권위의 신물이다. 덴무에게 준 발루척과 가마타리에게 준 발루 바둑알 모두 재료는 상아이며 발루기법으로 만들었다. 그리고 후투티 무늬가 있다는 공통점이 있다. 따라서 두 사람에게 선물로 준 주자와 납물은 모두 동일인이 주었다고 할 수 있다. 그가 의자왕이다.

그럼, 의자왕은 덴무(오아마 황자)와 가마타리에게 언제, 왜 이런 선물을 주었을까 하는 점이다. 그 배경을 한번 짚어보자.

우선, 가마타리에게 준 제2주자이다. 가마타리가 활동한 시기는 645년~669년으로 볼 수 있다. 즉, 가마타리가 덴지(天智) 천황이 되는 나카노오에(中大兄) 황자와 손잡고 당시 일본 조정의 실력자 소가 씨를 살해하는 쿠데타를 일으킨 을사년 정변(645년)부터 그가 죽을 때까지이다.

그리고 의자왕의 재위는 641~660년이다. 납물에 가마타리의 칭호가 내대신(內臣)이라 했는데 내신은 그가 을사 정변(645년)에 대한 공로로 받은 직책이다. 그런데, 을사정변으로 집권한 나카노오에와 가마타리가 친백제 외교노선을 계속 견지했다는 것에는 의견이 분분하다. 오히려 개신(改新)정권은 친신라 노선으로 전환 또는 신라와 백제 간의 균형 외교를 했다는 견해가 있다.

그러다가 654년 고토쿠(孝德) 천황이 죽고 고교쿠 (皇極)천황이 다시 사이메이(齊明) 천황으로 복위하면서 친백제 노선으로 복귀한 것으로 이해한다. 이는 삼국사기 백제본기 의자왕 13년(653년) 8월에 "왕이 왜국과 우호관계를 맺었다(王與倭國通好)."라는 기록에서도 확인된다.

일본서기에도 654년~656년에 백제가 조(調)를 바쳤다는 기록이 있다. 이를 종합해 보면, 의자왕은 백제와 일본이 우호 관계를 유지한 653년~656년 사이에 가마타리에게 주자와 바둑판 등을 선물한 것으로 생각할 수 있다.

의자왕은 가마타리에게 왜 선물을 주었을까?

일설에는 의자왕이 백제조정의 말을 잘 듣지 않는 소가 씨를 제거한 가마타리의 공을 치하하기 위하여 준 선물이라고 하지만 이는 앞뒤 정황이 맞지 않는다. 왜냐하면 을사년 정변은 나카노오에(中大兄) 황자가 주도하였는데 왜 선물을 나카노오에 황자에게 주지 않고 그와 반대편에 있는 오아마(大海人) 황자에게 주었는지 설명이 되지 않기 때문이다.

그보다는 다이카 개신으로 백제와 다소 소원해진 왜국의 외교 정책을 돌리기 위해 우군을 만들기 위한 포석이 아니었을까 한다. 다만, 덴지 천황이 되는 나카노오에 대신 오아마를 점찍어 선물을 준 것은 의아한 대목이다. 더욱이 선물이 왕권을 담보하는 발루척이어서 그 의도가 자못 궁금하다. 그가 장차 일본 조정의 실력자가 되리라는 것을 의자왕은 예견한 것일까? 아니면 소외되어 있는 오아마를 달래기 위한 것이었을까? 여하튼 두 사람에게 선물을 보낸 것은 일본 조정에 친백제 세력을 형성하여 유사시 도움을 받기 위한 것이었음은 분명하다.

이러한 의자왕의 선물이 주효했는지 몰라도 서기 663년 백제의 재건을 위한 건곤일척의 대전(大戰)인 백강 전투에 일본 조정은 2만 7천명의 대병을 파견하여 지원했다. 매우 드문 일이다. 이처럼 유물은 많은 것을 함축하고 있고 또 그것을 알려준다.

3부

그림자도 쉬어가는
식영정 마루에 앉아

그늘에서 그림자를 쉬게 하고
고요함에서 자취를 멈추게 한다.

− 장자, 제31편 漁夫

01

정약용,
젊은 날의 초상

세검정에서 굽이쳐 흘러가는 폭포수를 보며
서로를 베게 삼아 누워 시를 짓던 친구들,
정약용에게는 그때가 가장 젊은 날이었다.

실학자 다산 정약용(1762~1836)은 75세에 세상을 떠났다. 당시 평균 수명으로 볼 때, 짧은 인생은 아니라고 할 수 있으나 18년을 유배지에서 보냈고, 정조 사후 전전긍긍하며 지냈던 세월을 생각하면, 안락한 삶을 살았다고 볼 수는 없다. 40세에 강진으로 유배를 떠나 유배지에서 독서와 저술로 모진 세월을 견디었다.

정약용에게 있어 저술은 실존의 문제이며 언젠가 다가올 새 역사를 기약하는 것이었다. 그는 자찬 묘지명에서도 그것을 명확히 하였다. 유배 이후 다산의 시문은 침울하고 비장한 분위기를 풍긴다. 그에게 과연 젊은 날이 있었을까 하는 생각이 들 정도이다. 그러다 「여유당전서」에서 정약용의 젊은 시절 활달한 호기(豪氣)가 넘치는 '유세검정기(游洗劍亭記)'를 읽게 되었다.

정약용은 22세에 사마시에 합격하고 6년 후인 28세에 문과에 급제하였다. '유세검정기'는 다산이 벼슬길에 나선 지 얼마 되지 않은 30세 젊은 날에 동료들과 세검정에서 즐거운 한때를 보낸 추억을 기록한 글이다.

북한산 계곡에서 발원한 맑은 물줄기가 모인 홍제천이 이루어 낸 세검정 일대의 경관은 수려하기로 예부터 소문났다. 세검정 바위 위에는 정자가 있는데, 겸재 정선(1676~1759)의 노년작 〈세검정도〉에 정자가 나오므로 1750년대 이전에 건립된 것으로 추정된다.

다산은 '유세검정기'에서 세검정의 빼어난 풍광은 소나기가 쏟아질 때 폭포를 보는 것인데, 사람들이 비가 내릴 때는 교외로 나가려 하지 않아 푸른 숲 사이에 있는 정자의 빼어난 경관을 만끽한 사람이 드물다고 적었다. 서른 살 다산의 젊은 날 초상은 어떠했을까? 글을 인용해 본다.

때는 신해년(정조 15년, 1791년) 여름의 일이었다. 나는 한혜보 등과 명례방(지금의 명동 일원)에 모였다. 술이 몇 순배 돌자 무더위가 찌는 듯하였다. 먹구름이 갑자기 사방에서 일어나더니, 마른 천둥소리가 은은히 들렸다. 내가 술병을 치우고 벌떡 일어나며 말했다. '이건 폭우가 쏟아질 조짐일세. 자네들, 세검정에 가보지 않겠는가? 만약 내켜 하지 않는 사람에겐 벌주 열 병을 한꺼번에 주겠네.' 모두, '여부가 있겠나.'하며, 동감을 표시했다.

마침내 말을 재촉하여 창의문을 나섰다. 비가 벌써 몇 방울씩 떨어지기 시작했다. 서둘러 내달려 정자 아래 수문에 이르렀다. 양편 산골짝 사이에서는 이미 고래가 물을 뿜어내는 듯하였다. 옷자락이 빗방울에 얼룩덜룩했다. 정자에 올라 자리를 벌여놓고 앉았다. 난간 앞의 나무는 뒤집힐 듯 미친 듯이 흔들렸다. 상쾌한 기운이 뼈에 스미는 것만 같았다.

이때 비바람이 크게 일어나 산골 물이 사납게 들이닥치더니 순식간에 골짜기를 메워버렸다. 물결은 사납게 출렁이며 세차게 흘러갔다. 모래가 일어나고 돌멩이가 구르면서 콸콸 쏟아져 내렸다. 물줄기가 정자의 주춧돌을 할퀴는데 기세가 웅장하고 소리는 사납기 그지없었다. 난간이 온통 진동하니 겁이 나서 안심할 수가 없었다. 내가 '자, 어떤가?'하니, 모두들, '이루 말할 수 없이 좋다'고 하였다.

술과 안주를 내오라 하고 돌아가며 웃고 떠들었다. 잠시 후 비는 그치고 구름이 걷혔다. 산골 물도 잦아들었다. 석양이 나무 사이에 비치자 물상들이 온통 자줏빛과 초록빛으로 물들었다. 서로 더불어 베고 누워서 시를 읊조렸다.

한참 지나자 심화오(沈華五)가 이 일을 듣고 정자에 뒤쫓아 왔으나, 물은 잔잔해진 뒤였다. 처음에 화오는 같이 오자고 하였으나 오지 않았으므로, 우리는 함께 조롱하고 욕을 해댔다. 그와 함께 술을 한 순배 마시고 돌아왔는데 그때 홍약여(洪約汝)·이휘조(李輝祖)·윤무구(尹无咎) 등도 함께 있었다. - 「여유당전서」권 제14

한 편의 맛깔스러운 수필을 읽은 느낌이다. 세검정에 가본 경험이 있는 사람이라면 다산의 젊은 날 호기가 한눈에 선하게 그려질 것이다. 이들은 꽃이 피면 모이고, 눈이 내리면 모이는 그런 가까운 친구들로서 모일 때마다 붓과 종이 그리고 술을 준비하고는 거나

하게 한 잔씩 들며 시를 읊조렸다.

이날 심화오는 처음에 같이 오자고 했는데 무슨 일인지 합류하지 않다가 나중에 쫓아온 모양이다. 그래서 친구들이 뒷담화를 했다는 것이다. 얼마나 허심탄회한 사이인가? 예나 지금이나 청춘일 때 있을법한 낭만이다.

다산의 시문집에는 세검정에서 어울렸던 사람들과 함께 술 마시고 시작(詩作)한 내용이 자주 나오는데 이들은 모두 죽란시사(竹欄詩社) 회원이었다. 다산은 어느 때 모임에 참석했던 한혜보를 평하는 시를 지었다.

> 너야말로 천지간에 한 썩은 선비인데
> 어찌하여 보기만 하면 그리 좋은가
> 조만간에 동강을 함께 가게 될 것인데
> 해 저문 길 가면서 야윈 말을 몰아볼까나
> - 「다산시문집」 3권

다산의 젊은 날 모습을 보면 10년 후, 그의 인생이 나락으로 떨어질 줄 누가 상상할 수 있겠는가. 이때는 정조 15년(1791년) 여름으로 5~6월경이었을 것이다. 다산은 그때 사간원 정원(정6품)으로 있었다. 그해 10월에 윤지충이 부모의 신주를 불태우고 제사를 폐지한 진산 사건이 일어나 천주교 배격 운동이 일어났다. 다산은 형 약전과 함께 배교(背敎)하였으나 서학 문제는 이때부터 그의 인생을 휘감았다. 어쩌면 세검정에서 노닐었던 때가 인생에 있어서 가장 즐겁고 행복한 시간이었는지 모른다.

정약용(1762~1836)

자는 미용(美庸), 호는 사암(俟菴), 다산(茶山), 여유당(與猶堂)이며, 실학의
집대성자이다. 신유사옥으로 유배되어 강진에서 18년을 보내면서 목민심서
등 많은 저술을 집필하였으며, 유배에서 풀려난 후 고향 마재(현 남양주 조
안면 능내리)에서 노년을 보냈다. 강진 유배 시 기거했던 다산초당이 있다.

한혜보(1760~1824)

본명은 한치응(韓致應)으로 혜보(溪甫)는 자이고 호는 병산이다. 정조 8년
(1784년) 정시 문과에 장원급제하고 초계문신이 되었다. 대사성, 형조판서,
한성판윤, 우참찬 등 고위직을 역임하였다.

죽란시사(竹欄詩社)

한양 명례방의 다산이 거처하던 집이 대(竹)로 난간을 만들었으므로 죽란사
(竹欄舍)라 했으며, 그곳에서 결성했던 모임이 죽란시사이다. 죽란시사는
다산과 연배가 비슷한 15명으로 구성되어 있으며, 세검정에서 어울린 한혜
보, 심화오, 윤무구, 이휘조, 홍약여 등은 모두 죽란시사의 회원이었다.

| 「세검정도」, 유숙 作, 국립중앙박물관 소장(19세기)

| 일제강점기 세검정 유리건판 사진

02

운길산
수종사의 추억

어렸을 때 노닐던 곳에 어른이 되어 온다면 하나의 즐거움이 되겠고,
곤궁했을 때 지나온 곳을 성공하여 찾아온다면 하나의 즐거움이 되겠으며,
홀로 외롭게 지나가던 곳을 맘에 맞는 친구들을 이끌고 온다면
또 하나의 즐거움이 되겠다.

정약용(1762~1836)은 정조 7년(1783년) 22세 때 생원시에 합격
했다. 대과도 아닌 소과(小科)에 합격했는데도 얼마나 기뻤던지 고
향 마재로 돌아갈 때, 부친 정재원은 "이번 귀향길은 초라하지 않
게 두루 친구들을 불러서 함께 가도록 해라."라고 할 정도였다.

여기서 친구들은 아버지의 동료인 목만중(좌랑), 오대익(승지),
윤필병(장령), 이정운(교리) 등을 말하는 것이다. 아들의 과거 합격
귀향에 아버지가 자기 친구들을 붙여준 것이다. 이들은 함께 배를
타고, 광주 원님이 특별히 보내준 악대로 흥취를 돋구며 갔다. 젊은
날 정약용의 기분과 아버지 정재원의 부정(父情)을 느끼게 하는 흐
뭇한 광경이다.

정약용은 집에서 사흘을 쉰 뒤 친구들이랑 가까운 운길산 수종
사에 놀러 갔다. 이때의 정경은 〈수종사에서 노닐다(游水鍾寺記)〉라

는 글에 잘 나타나 있다.

초천에 돌아온 지 사흘이 지나 수종사에 놀러 가려고 하는데, 젊은이 10여 명이 따라나섰다. 나이 든 사람은 소나 노새를 탔으며, 젊은 사람들은 모두 걸어갔다. 절에 도착하니 오후 3~4시가 되었다.

동남쪽의 여러 봉우리가 때마침 석양빛을 받아 빨갛게 물들었고 강위에서 햇빛이 반짝여 창문으로 비쳐 들어왔다. 사람들이 서로 담소하며 즐기는 동안 달이 대낮처럼 밝아왔다.

서로 이리저리 거닐며 바라보면서 술을 가져오게 하고 시를 읊었다. 술이 몇 순배 돌자 나는 세 가지 즐거움에 관한 이야기를 하여 사람들을 기쁘게 하였다. - 「여유당전서」권 13, '游水鍾寺記'

정약용이 말하는 '인생의 세 가지 즐거움'이란 무엇인가? 그는 위 〈수종사 기문〉에서 ①어렸을 때 노닐던 곳에 어른이 되어 온다면 하나의 즐거움이 되겠고 ②곤궁했을 때 지나온 곳을 성공하여 찾아온다면 하나의 즐거움이 되겠으며 ③홀로 외롭게 지나가던 땅을 좋은 손님들과 맘에 맞는 친구들을 이끌고 온다면 또 하나의 즐거움이 되겠다고 했다.

이날 다산이 이런 말을 한 것은 과거에 합격하여 예전에 공부했던 수종사에 친한 친구들이랑 찾아왔으니 감흥이 일어 말한 것이다. 다산의 세 가지 즐거움을 대하면 너무나 따뜻하고 평범한 일상에서의 행복을 말하는 것 같아 가슴이 뭉클해진다.

「다산시문집」에는 다산이 14세 때 수종사에서 공부하면서 지은

'수종사에 노닐며(游水鐘寺)'라는 시가 있다.

> 담쟁이 험한 비탈 끼고 우거져
> 절간으로 드는 길 분명찮은데
> 응달에는 묵은 눈 쌓여 있고
> 물가엔 아침 안개 떨어지누나
> 샘물은 돌구멍에 솟아오르고
> 종소리 숲속에서 울려 퍼지네
> 유람길 예서부터 두루 밟지만
> 유기를 어찌 다시 그르칠수야

이 시의 마지막 구절인 유기(幽期)는 곧 다시 오겠다는 약속을 마음속으로 다짐한 것을 뜻한다. 다산의 객지 생활이 수종사에서 부터 시작되어 장차 수없이 돌아다닐 것이지만 언젠가 이곳 수종 사에 다시 찾아와 지내겠다는 마음속의 다짐을 저버리지 않겠다는 것이다. 이때가 14세 때인데 소과(小科)에 합격하여 22세에 다시 수종사에 찾아온 것이니 그 약속을 지킨 셈이다.

그 후 세월이 흘러 다산은 긴 유배 생활을 마치고 환갑이 가까운 나이가 되어 고향 마재로 돌아왔다. 그는 집에서 가까운 수종사에 가끔 들러, 어린 시절 부모님을 따라 처음 절에 왔던 기억과 절에서 과거 공부하면서 희망에 부풀었던 젊은 날 그리고 몇 사람과 짝이 되어 쓸쓸하고 적막하게 지내다가 돌아갔던 일 등을 회상하였다.

얼마 전 공직에서 은퇴한 나는 다산의 인생삼락에 깊이 공감하여 내 인생의 발자취가 남아있는 곳을 두루 찾아다녔다. 30년 만에 고향을 찾았고 학창 시절을 보낸 곳도 갔었다. 그러나 내 가슴 속에 깊은 인상으로 남아있는 곳은 수종사였다. 공교롭게 다산과 같은 마음이 들어 운길산 수종사를 찾아갔다.

30년 전 8월 뜨거운 여름날 스물여섯의 나이로 공직에 입문하였다. 학교만 다니다가 직장에 처음 들어가니 모든 게 낯설고 적성에 맞지 않아서 연일 스트레스에 시달리고 있던 어느 날, 동기가 불러서 나갔더니 무작정 나를 차에 태우고 어디론가 달렸다. 한참을 간 후에 도착한 곳은 운길산 수종사였다.

지금은 차가 절 입구까지 올라갈 수 있지만 그때는 산 아래 주차를 하고 걸어서 올라갔다. 수종사 대웅전 앞마당에 서서 우리는 아무 말 없이 저 멀리 두물머리 풍광을 한참 바라다보았다. 무슨 말이 필요할까? 이윽고 돌아서니 담벼락 기왓장에 쓰여있는 글씨가 눈에 들어왔다.

'묵언(默言)'

그렇게 긴 세월을 견디며 드디어 공직을 마치고 퇴직하였다. 그 시절 순간의 힐링이었지만 나는 한시도 수종사에 갔던 일을 잊지 않았다. 이제 은퇴하고 30년 만에 다시 수종사에 와서 그때 그 자리에 서서 지난 온 날들을 회상해 본다.

200년 전 이 자리에서 다산이 자신의 인생을 회고했듯이 나 또한 다산의 나이가 되어 지나온 인생을 회상한다.

'그래, 어떻게 살아왔어?'

스물여섯 살의 내가 지금의 나에게 묻는다. 궁금했다는 듯이.

정약용(1762~1836)

자는 미용(美庸), 호는 사암(俟菴), 다산(茶山), 여유당(與猶堂)이며, 실학의 집대성자이다. 신유사옥으로 유배되어 강진에서 18년을 보내면서 목민심서 등 많은 저술을 집필하였으며, 유배에서 풀려난 후 고향 마재(현 남양주 조안면 능내리)에서 노년을 보냈다. 강진 유배 시 기거했던 다산초당이 있다.

정재원(丁載遠, 1730~1792)

예천군수, 진주목사 등을 역임하였다. 정약용, 정약전 형제의 부친이다.

| 운길산 수종사 전경

| 수종사에서 바라다 본 두물머리 풍경

03

팔마비와 계일정

넘치고 모자라는 것이 어찌 연못뿐이랴.
사람의 관계도 그와 같고,
사람의 욕심도 그와 같아서 항상 모자라고 넘치는 것들이
서로를 갈라놓기도 하고 소원하게도 한다.

하마비는 들어봤어도 팔마비(八馬碑)는 생소할 것이다. 전남 순천에는 보물로 지정된 팔마비가 있다. 일명 '순천 팔마비(八馬碑)'는 고려 충렬왕 때 승평부사 최석(崔碩)의 청렴함을 기리기 위해 승평부(지금의 순천)에 건립된 비석이다.

고려사 열전에 의하면, 승평부에는 수령이 교체되면 말 8필을 기증하는 관례가 있었는데, 최석은 비서랑의 관직을 받아 개경으로 떠난 후 자신이 기증받은 말과 자신 소유의 말이 승평부에 있을 때 낳은 망아지까지 총 9필을 돌려보냈다고 한다. 이후부터 승평부에서는 임기를 마치고 떠나는 수령에게 말을 기증하는 폐단이 사라졌고, 읍민들은 최석의 청렴한 공덕을 기리기 위해 팔마비를 세웠다고 한다.

이때의 팔마비는 1,300년대 초반 쓰러져 공민왕 때 부사 최원우

가 다시 일으켜 세웠으나 그것도 정유재란(1597년)으로 소실돼 없어졌다. 광해군 8년(1616년)에 순천부사로 부임한 이수광(1563~1628)이 고을 백성들의 협조를 얻어서 이듬해(1617) 고려 당시 받침인 대석(臺石)에 비를 재건하였다.

이수광은 비를 다시 세우는 뜻을, '이곳을 지나는 청렴한 선비는 공경하는 마음이 우러나와 그 절조를 더욱 굳게 할 것이고, 탐욕스러운 자들은 장차 두려워하며 마음을 고무시켜 자신의 잘못을 고치려고 생각할 것이다.'라고 말하였다. 이수광의 이 말에 팔마비의 정신이 잘 함축되어 있다.

승평부 읍민들은 부사 최석의 청렴함을 기리기 위해 팔마비를 세웠고, 그 후 부사로 부임한 최원우와 이수광은 최석의 청렴을 본받으며 쓰러진 비석을 일으켜 세우고 중건하였다. 그러면서 공직자로서 최석의 청렴과 공평무사(公平無私)를 마음에 새기고 그것이 당대는 물론 후세에까지 길이 전해지기를 바랐다.

현대라고 해서 공직자의 자세가 어찌 다를 수 있으랴. 다시 팔마 정신을 가다듬어야 할 때이다.

연자루 앞에는 팔마비가 있으니
이끼 끼고 부스러져 깊은 상념 부치리라
당시에 청렴한 관리가 자취를 남겼으니
천년토록 맑은 풍모 다 사라지지 않았다네
― 윤근수의 「월정집」 2권

세종 때의 집현전 학사였던 이석형(1415~1477)의 집은 성균관 서쪽에 있어 냇물과 숲이 깊숙하고 그윽하였다. 망건 바람으로 명 아주 지팡이를 짚고 휘파람 불며 노래하기도 하고, 손님이 찾아오면 붙잡고 술을 마시는 모습이 마치 신선과 같았다고 한다. 띠 풀로 이엉을 한 정자 몇 칸을 동산 가운데에 짓고 이를 '계일정(戒溢亭)' 이라고 하였다. 이석형은 연못을 파고서 물이 가득 차면 열어놓고 줄면 막아서 항상 물이 넘치지도, 줄지도 않게 조절하였다. 계일정 이름을 지은 사람은 과거급제 동기인 김수온이었는데, 그는 〈계일 정기(戒溢亭記)〉에서 그 뜻을 다음과 같이 말하였다.

> 물결이 흐려지는 것은 사람이 욕심에 빠져서 점점 얽매이기 때문이다. 사람들은 물이 맑고 흐린 것은 잘 보지만 차고 넘치는 것은 소홀히 한다. 마음을 맑게 하여 본체의 밝음을 얻으려면 배움을 좋아하는 사람이 아니면 능히 하지 못한다. 조금 삼가지 않으면 교만과 넘침이 절로 이르니 곧 사람마다 반드시 경계하여야 할 것이다. 그러므로 정자 이름을 '계일(戒溢)'이라 한 것이다. - 「식우집」권 제2

넘치고 모자라는 것이 어찌 연못뿐이랴. 사람의 관계도 그와 같고, 사람의 욕심도 그와 같아서 항상 모자라고 넘치는 것들이 서로를 갈라놓기도 하고 소원하게도 한다.

이석형은 성삼문, 신숙주와 친구였다. 세 사람은 세종 24년(1442년) 진관사에서 사가독서(賜暇讀書)한 집현전 학사 6명에 포함될 정도로 막역한 사이였다. 그런데, 계유정난(1453년)과 단종 복위 사건

| 팔마비(八馬碑)

(1456년)은 세 사람의 운명을 갈라놓았다.

성삼문은 사육신의 일원으로 처형되었고 신숙주는 세조 편에서서 훈구파의 출세 가도를 달렸다. 그런데, 이석형은 그때 지방에 근무하고 있어서 용케 살아남을 수 있었다. 그는 말년에 집 근처에 연못을 파고 계일정을 지어 유유자적하였다. 이석형은 권세와 재물 그리고 복을 다 누린 사람이기에 김수온이 그것들이 넘치지 않게 늘 경계하라는 의미로 정자 이름을 계일(戒溢)이라 지었던 것이고 이석형은 그 뜻을 헤아려 삼가고 삼가 복록을 누리며 살다 갔다.

훗날 그의 현손인 이정귀(李廷龜)는 〈신도비문〉에서 "공은 청렴하고 검약하여 치산(治産)에 힘쓰지 않아 인신(人臣)으로서 최고의 지위에 이르렀으나 집은 오두막이요 양식이 자주 떨어질 정도로 가난하였다. 작은 모정(茅亭)을 동산에 짓고 계일(戒溢)이라 이름하고, 평소에 자신의 몸가짐과 자제 훈육을 모두 이로써 하였다."라고 평하였다. 아래는 실록에 실린 이석형의 졸기이다.

이석형은 성품이 온화하고 순후(淳厚)하여, 종족으로서 가난한 자는 모두 도와주었다. 한 누이동생이 있었는데, 집안이 가난하여 일찍 죽었다. 그래서 그 두 딸을 거두어 집에서 길러 혼가(婚嫁)시키기를 친자식처럼 하였다. 만년에는 녹봉이 높고 벼슬이 한가하므로 오직 시와 술로써 스스로 즐기며, 그 집을 이름하여 '계일(戒溢)'이라 하고, 예모를 갖추지 않고 한가롭게 앉아서 낮과 밤으로 읊조리었다.

공직자로서 청렴과 공평무사를 실천으로 보여주었던 승평부사 최석의 팔마정신(八馬精神)과 모자라지도 넘치지도 않게 분수를 지키고 처세를 지혜롭게 한 이석형의 계일정신(戒溢精神)은 비단 공직자에게만 필요한 것이 아니다. 직분을 가진 사람이라면 누구나 명심하고 경계해야 할 덕목이 아닐까 한다.

이수광(1563~1628)

1616년~1619년까지 순천부사로 재직하였고, 1623년 인조반정 후 도승지, 이조참판, 대사헌, 이조판서를 역임하였다. 성품이 강직하면서도 온화함을 유지하여 그 시대의 성실하고 양식 있는 관료로서의 자세를 지켰으며 학문적으로도 실사구시 태도를 보여 실학의 선구자로 불리기도 한다.

이석형(1415~1477)

호가 저헌(樗軒)으로 생원과 진사, 문과에 모두 장원하여 삼장원으로 불린 수재이다. 집현전 학사 출신이며, 성삼문, 신숙주와는 막역한 사이였으며, 말년에는 은퇴하여 계일정을 짓고 유유자적하였다. 고려의 충신 정몽주의 증손녀 사위이며 63세에 졸하였다. 계일정은 원래 한양 이석형 생가터(현 서울대 치과병원 앞)에 초가로 지어졌는데, 1880년대에 사라지고 현대에 와서 용인시 모현읍 능원리 재실 앞에 복원하였다.

04

식영정,
그림자도 쉬어가는 마루에 앉아

식영정 마루에 걸터앉아 나아가고 물러남의 철학
진정한 식영(息影)을 생각해 본다.

7월은 여름의 한복판이다. 낮에는 뜨거운 햇볕 때문에 어디 다니기가 힘들다. 이럴 때 그리운 것이 시원한 나무 그늘이다. 그래서 오늘은 그림자도 쉬어간다는 담양의 식영정(息影亭)을 찾았다.

식영정을 글자대로만 해석하면 그림자도 쉬어가는 시원한 휴식처라고 해석할 수 있으나 실은 오묘한 철학적 의미가 깃들어 있는 정자 이름이다. 장자에 나오는 이야기이다.

옛날에 어떤 사람이 자기 그림자를 두려워하고 자기 발자국을 싫어하여 그것을 떨쳐내려고 달려 도망친 적이 있었는데, 발을 들어 올리는 횟수가 많을수록 그만큼 발자국도 더욱 많아졌고 달리는 것이 빠르면 빠를수록 그림자가 몸에서 떨어지지 않았다. 그 사람은 스스로 자신의 달리기가 아직 더디다고 생각해서, 쉬지 않고 질주하여 마침내는 힘이 다하여 죽고 말았다. 그는 그늘에서 그림자를 쉬게 하고 조용히 멈추어 발자국을 쉬게 할 줄 몰랐으니 어리석음이 또한 심하다. - 「장자」, 제31편 漁夫

다분히 노장사상이 짙게 풍기는 글이다. 글의 요지는 '그늘에서 그림자를 쉬게 하고(處陰以休影), 고요함에서 자취를 멈추게 한다.(處靜以息迹)'는 것이다. 여기서 그림자와 자취(발자국)는 같은 의미의 중의어(重意語)라고 할 수 있다.

세상 사람들은 형체에 연연해하며 살아가면서 여러 가지 자취를 남긴다. 때로는 그 자취로 인하여 괴로움과 곤욕을 당하기도 한다. 그런데, 그 자취를 지워버리는 방법은 의외로 간단하다. 햇빛을 피하여 그늘로 들어가면 그림자가 없어지듯, 번잡한 현실을 벗어나 임천(林天)에 들어가 은거하면 자연히 그 자취도 사라진다.

그림자를 쉬게 한다는 식영(息影)이란 정자 이름에는 이렇듯 도가적 은둔의 정서가 스며있다.

이런 멋진 정자 이름을 지은 이는 중종과 명종 대의 문인 석천 임억령(石川 林億齡, 1496~1568)이다. 정자는 그의 사위 김성원(1525~1597)이 만들어 장인에게 드렸다. 담양부사를 끝으로 벼슬에서 물러난 장인의 노후 쉼터로 사위가 정자를 지어준 것이다. 임억령과 김성원은 장인과 사위 이전에 스승과 제자 사이였다.

임억령은 시문으로 당대에 명성을 얻었으나 관직 생활은 적성에 맞지 않아 담양 부사 직을 마친 후 담양 성산에 은거하여 식영정에서 유유자적한 생활을 보냈다.

| 담양 식영정

식영정은 명종 15년(1560년)에 건립하였고 정자 이름은 3년 뒤
인 1563년에 지었다. 이때 임억령이 고향 해남으로 돌아가면서 '식
영'이란 정자 이름을 지은 것이니 아이러니하게도 임억령이 있을
때는 정자 이름이 식영정이 아니었던 셈이다.

비록 3년이란 짧은 기간이었지만 임억령은 그늘에 들면 그림자
는 자연히 사라진다는 장자의 식영론(息影論)을 자득하고 성산의 자
연 그늘을 찾아 선옹(仙翁)이 되어 시선(詩仙)의 삶을 즐긴 것이다.

녹음이 우거진 풍광 좋은 식영정 마루에 앉아 400년 전 인물 석
천 임억령을 생각하면서 몸과 마음을 쉬니 신선이 따로 없다는 생
각이 든다. 식영정을 중심으로 시문을 교류하며 자연 속의 삶을 찬
미한 식영정 사선(四仙)은 임억령과 그의 제자들인 김성원, 고경명,

정철이다.

　지금은 광주호로 인해 주위 환경이 달라져 옛 모습을 유추하기 쉽지 않으나 당시 식영정의 풍광은 임억령과 이들 사선이 지은 〈식영정 20영(詠)〉에 잘 나타나 있다. 현재 식영정은 정면 2칸, 측면 2칸의 단아한 팔작지붕 기와집이나 16세기 건립 당시에는 띠 풀로 지붕을 덮고 대나무로 처마를 두른 소박한 모옥(茅屋) 형태였다.

　식영정 아래로 흐르는 개울을 자미탄(紫薇灘)이라고 하는데, 자미(紫薇)는 백일홍 또는 배롱나무의 별칭으로 자미탄이란 배롱나무가 양쪽으로 줄지어 피어있는 개울가라는 뜻이다.

　돌계단을 비스듬히 올라가 정자로 향하면, 오른편에 누마루 다리를 연못에 내딛고 있는 부용당(芙蓉堂)이 단아하게 서 있고, 그 옆에는 서하당(棲霞堂)이 자리 잡고 있다. 돌계단을 걸어 올라가 식영정 마당에 들어서서 오른쪽 옆으로 돌아가면 400여 년 수령을 자랑하는 소나무가 문인석처럼 위엄있게 서 있다.

그리고 노송 왼쪽 뒤에 송강 정철의 〈성산별곡〉 시비가 있다. 식영정은 송강의 가사 문학 〈성산별곡〉의 탄생지이기도 하다. 〈식영정 20영(詠)〉의 임억령 시를 통해 당시 풍광을 상상해 본다.

〈학동의 저문 연기〉

한 줄기 연기 들 집에서 일어나
아스라이 산허리 띠처럼 둘렀네.
멀리 소나무 사이 보이는 학은
놀라 날아올라 둥지로 내려오지 않네.

〈자미탄〉

누가 중서(中書)의 물건을 가져와
지금 이 산골 시내에 심었나
선녀 같은 모습 맑은 물 밑에 비치니
고기도 새도 또한 놀라고 시기한다네.

하지가 지났으니 햇볕은 더 뜨겁게 대지를 달굴 것이다. 이제는 나의 그림자를 쉬게 하고 자취를 멈추게 할 때가 온 것 같다. 명예와 공리를 내려놓는 것, 그리고 삶의 의미를 찾아 사는 것이 진정한 나의 식영(息影)이 아닐까 한다.

임억령(1496~1568)

호는 석천(石川), 자는 대수(大樹)이며, 해남 출신으로 홍문관 교리, 담양부사를 역임하였다. 성품이 호방하고 시문을 좋아해서 사장(詞章)에 탁월하였으므로 선비들이 존경하였고 '강남의 사종(詞宗)'또는 이백의 문체와 풍류를 지녔다는 뜻에서 '적선(謫仙)'이라 하기도 했다. 임억령은 박상의 문인으로 김윤제, 양산보, 고경명, 김성원, 정철 등과 교유하였다. 특히, 은퇴 후 말년을 식영정에서 보내면서 식영정 사선(息影亭四仙)이라 불리었다.

김성원(1525~1597)

자는 강숙(岡叔), 서하(棲霞)이고, 동복 현감을 역임하였으나 1596년 조카 김덕령(金德齡)이 무고(誣告)로 옥사하자 세상과 인연을 끊고 은둔하였다. 임억령의 사위이자 제자이며, 장인을 위해 식영정을 지어드렸다. 정유재란 때 어머니를 업고 피난하던 중 성모산(聖母山)에서 왜병을 만나자 부인과 함께 몸으로 어머니를 보호하다가 살해되었다.

— 05 —

주인 잃은 선비의 거문고,
탁영금

100년 된 사립문 문짝을 떼어 거문고를 만든 이유는
소리를 듣고자 함이 아니라 내 마음을 단속하기 위함이라네.
주인 잃은 선비의 탁영금.

  탁영(濯纓) 김일손(1464~1498)은 사관으로 있을 때, 스승 김종직
의 조의제문을 사초에 기록한 일로 무오사화(1498년) 때 능지처사
를 당했다.

  조의제문은 김종직이 자신이 꾼 꿈을 모티브로 하여 항우가 초
나라 의제를 죽인 것을 내용으로 쓴 조문이다. 그 의도가 어쨌든 그
냥 문집에 있었으면 아무 탈이 없었을 것인데 이것을 제자인 김일
손이 사초에 기록하고 '충분(忠憤)'이란 의견을 달아서 사단이 되었
다. 사초는 실록편찬의 기본 자료가 되는 기록이다.

  성종실록을 편찬할 때 사초를 취합하다가 실록청 당상인 이극
돈 등이 김일손의 사초에서 이 대목을 발견했다. 이것을 연산군에
게 보고하자 왕은 김일손의 사초를 가져오라는 명을 내렸다. 이극
돈이 6개 조목을 발췌하여 올렸으나 왕은 종실에 관한 내용도 모두

248 | 사유할수록 깊어지고 넓어지는 문화유산 - 안목

가져오라고 하였다.

김일손의 사초에는 어떤 내용이 들어 있었을까? 실록의 기록을 토대로 살펴보면, 조의제문 외에도 세조 대의 고승 학조대사가 세종의 8남 영응대군의 부인 송씨와 통정한 사실, 시아버지 세조가 며느리인 덕종의 후궁에게 전답과 가옥을 하사하는 등 유달리 총애하였는데, 세조가 이들 며느리에게 흑심이 있었다는 내용 등이었다.

한마디로 왕실의 감추고 싶은 추문들을 적은 것이다. 연산군은 격노하여 김일손을 일러 난신적자가 따로 없다고 했다. 이러한 사초의 기록 외에도 김일손이 문종비 현덕왕후의 복위를 주장한 것도 연계가 되었다.

종합하면, 연산군은 김일손이 세조의 왕위 찬탈을 풍자한 김종직의 조의제문과 왕실의 추문을 사초에 기록하고 현덕왕후의 복위를 주장한 것 등의 행위는 단종을 동정하고 세조의 왕위 계승과 정통성을 부인하는 것이라 생각했다. 연산군으로서는 용납할 수 없는 역적으로 생각했을 법하다. 이른바 조선시대 최대의 필화사건인 무오사화의 결말은 참혹했다. 김일손은 자신은 물론 처자가 모두 죽임을 당했다.

김일손은 거문고 연주하는 것을 좋아하였다. 직접 연주하고, 친구들과 어울려 노래 부르고 감상하는 것을 즐겼다. 거문고는 선비의 풍류에서 빼놓을 수 없는 악기이다. 그것은 거문고가 여흥을 돕는 악기이기 때문이 아니라 거문고 소리로 사람의 성정을 다스릴 수 있다고 보았기 때문이다.

거문고는 명주실을 꼰 여섯 줄로 이루어져 있는 육현(六絃)의 악기이다. 해죽(海竹)으로 만든 술대로 내리쳐 소리를 내는데 맑고 부드러우면서도 투박한 소리가 혼재되어 있어 연주하기 어려운 악기라고 한다. 거문고는 오현(五絃)과 칠현(七絃)이 있었는데 오현은 순임금이 사용했고 칠현은 문왕이 썼는데 진나라 때 칠현금이 고구려에 들어오자 국상 왕산악이 이를 개조하여 여섯 줄의 육현(六絃)으로 만들어 우리나라에는 육현의 거문고가 사용되었다.

김일손은 거문고를 두 개나 가지고 있었는데, 줄이 여섯인 육현금(六絃琴)은 독서당에 비치하여 두고 줄이 다섯인 오현금(五絃琴)은 집에 두었다. 누군가 육현금은 독서당에 두고 오현금은 집안에 두는 이유가 무엇이냐고 물으니 김일손은 "외양으로는 지금의 것을 따르나 내면으로는 옛것을 따르고자 함이다(外今內古)."라고 말했다.

「탁영집」에는 김일손의 거문고에 대한 일화가 전해온다. 김일손이 처음에 거문고를 만들려고 했으나 재목을 구하기가 어려웠다. 어느 날 동화문 밖의 한 노파의 집에서 재목을 얻게 되었는데, 바로 사립문의 문설주(문짝)였다. 노파에게 그 재목이 오래된 것이냐고 물었더니 노파는 대략 100년 정도 되었는데 한쪽 문짝은 부서져 벌써 밥 지을 때 땔감으로 사용했다고 한다. 거문고를 만들어서 타보니 소리는 맑은데 월(越, 거문고 밑바닥의 구멍)과 빈지(賓池)에 사립문을 만들었을 때의 못 구멍이 셋이 나 있으므로 옛날의 초미금(焦尾琴, 불에 탄 오동나무로 만든 거문고)과 다를 바가 없다고 생각했다. 월의 오른쪽에 글자를 새겼다.

만물은 외롭지 않아서 마땅히 짝을 만나게 되지만 백세(百世)의 긴 세월이 멀어지면 필히 만나기도 어렵다네. 아, 이 오동나무는 나를 저버리지 않았으니 서로가 기다린 것이 아니라면 누굴 위하여 나왔겠는가? - 「탁영집」권1, 잡저, 書六絃背 / 書五絃背

현재, 전하는 탁영금에는 구멍이 있고 그 오른쪽에 글자가 새겨져 있으며, 머리 부분에는 학이 그려져 있다. 학을 그린 이유에 대해 "학은 먹을 것을 생각하는데 거문고는 먹지 않고, 학은 욕심이 있는데 거문고는 욕심이 없으니 나는 욕심 없는 것을 따르겠다. 그러나, 그림의 학은 욕심이 없을 것이니 나는 장차 거문고에 학을 그려서 그 무리를 따를 것이다."라고 하여 학을 그려 넣게 했다는 것이다.

「탁영집」 기록에 따르면 김일손이 처음 거문고를 배운 때가 성종 24년, 계축년(1493년) 겨울이다. 그때 독서당에서 공부하면서 여가에 거문고를 배웠다고 하였으니 그의 나이 30세 시기이다. 그는 거문고가 사람의 성정을 다스리는데 유용한 악기라고 보았다. 그러나 김일손은 5년 후 무오사화에 연루되어 비참한 죽음을 맞았으니 거문고로도 강직한 선비의 성정은 어찌할 수 없었던 것일까?

현재 탁영금은 육현에 구멍이 나 있는 것으로 보아, 그때 노파집 문설주로 만든 것으로 독서당에서 친구들과 함께 탔던 거문고가 아닐까 생각된다. 대쪽 같은 신념과 기개로 사관의 전범을 보여준 탁영 김일손, 그의 몸은 권력에 의해 무참하게 무너졌으나 그의 올곧은 선비정신은 오늘날에도 탁영금을 통해 면면히 전해지

| 김일손 거문고(탁영금), 국립대구박물관 소장(1490년) 길이 160cm, 너비 19cm, 높이 10cm이다.
거문고 중앙 부분에 탁영금(濯纓琴)이란 글자가 새겨져 있고, 학 그림이 거문고 머리 쪽에 그려져 있다.

고 있다.

금(琴)이란 내 마음을 단속(禁)하는 것이니
걸어두어 소중히 여기는 건 소리 때문만은 아니로다.

김일손(1464~1498)

자는 계운(季雲), 호는 탁영(濯纓)이다. 경상도 청도 출신으로 점필재 김종
직의 문인이다. 1498년 무오사화 때 스승 김종직의 조의제문을 사초에 실
은 것 등을 빌미로 능지처사 당했다. 그 뒤 중종반정으로 복관되고 중종 대
직제학, 현종 대에 도승지, 순조 때 이조판서에 각 추증되고 문민(文愍)이란
시호를 받았다.

이극돈(1435~1503)

본관은 광주로, 연산군 4년(1498년) 성종실록을 편찬할 때 실록청 당상관
으로서 사초를 정리하다가 김일손의 사초에서 김종직의 '조의제문(弔義帝
文)'과 훈구파의 비위 사실이 기록된 것을 발견하고서 유자광과 함께 조의
제문이 세조의 찬탈을 비난한 것이라고 연산군을 충동해 무오사화(戊午士
禍)의 빌미를 제공하였다.

초미금(焦尾琴)

'꼬리가 그을린 거문고'라는 뜻으로 후한(後漢)의 채옹(蔡邕)이 만들었다는
거문고 이름. 초동(焦桐)이라고도 한다. 오(吳) 지방 사람이 오동나무로 불

을 지펴서 밥을 짓는데, 불길에 타며 터지는 소리를 듣고 채옹이 좋은 나무인 줄 알아 그 타다 남은 오동나무를 얻어 거문고를 만들었더니 과연 고운 소리가 났다고 하는 고사에서 유래한 말임. (후한서 채옹열전)

06

이경석의
궤장과 수이강

이경석과 송시열의 은원이 단적으로 표출된 '수이강(壽而康)'
덕담이 악담이 된 경우에서 복잡한 인간의 감정을 엿볼 수 있다.

사람의 일생을 돌이켜 보면 은원(恩怨)이 교차하는 경우가 많다. 설사 자신은 올곧게 살았다고 해도 사회관계가 어디 내 마음같이 되던가. 옛날이나 지금이나 인간관계는 어렵다.

17세기 이 땅에 미증유의 전란이 있었다. 병자호란(1636년)으로 불리는 청의 조선 침략은 국토 유린은 물론, 명에 대한 사대와 중화문명을 흠모하던 조선의 사대부들에게 정신적으로도 큰 충격을 안겨준 사건이었다.

전쟁이 끝난 후 청은 조선의 항복을 기념하는 〈대청황제공덕비〉를 세우게 했다. 조선 조정은 난리가 났다. 조선의 사대부 누가 이 치욕적인 글을 지을 것인가. 국왕 인조는 몇 사람에게 글을 짓도록 명했으나 대부분 사양하거나 불명예를 피하고자 일부러 글을 거칠게 지어 채택되지 않게 했다. 결국 비문의 글은 당대 문형인 예문관

대제학 이경석의 글이 채택되었다. 아마 직책상 부득이했을 것이다. 이것이 지금도 전하는 삼전도비문이다.

백헌 이경석(1595~1671)은 왕손이다. 그는 77세까지 장수했으나 산 것이 산 것이 아닌 인생을 살았다. 이경석은 영의정을 역임하며 45년간을 국정에 몸담았던 실리와 실용의 명재상이며 행정가였다. 그는 현종 9년(1668년) 11월 27일 왕으로부터 궤장(几杖)을 하사받았다.

조선시대 관리는 70세가 되면 치사(벼슬 사직)하는 것이 원칙이었는데, 국가 원로로서 임금이 필요로 하면 계속 조정에 나올 수 있게도 하였다. 이는 그만큼 임금이 신하를 신임하고 있다는 표시였다. 이때 왕은 궤장을 하사하였는데, 궤장이란 의자(几)와 지팡이(杖)이다. 즉, 연로하여 힘드니 의자와 지팡이를 사용하라는 뜻이다.

이 궤장을 받으면 가문의 영광으로 여겨 보존하며 대대로 가보로 전승하였다. 이때 이경석은 74세로 궤(의자) 1점과 장(지팡이) 4점을 하사받았다. 그리고 궤장을 하사받으면 기념으로 잔치를 베풀었는데 이를 궤장연이라 한다. 궤장연에 참석한 인사들은 축하의 의미로 시를 짓거나 글을 지어 칭송하였다. 이경석의 문집인 「백헌집」에는 궤장연에 참석한 삼정승과 육판서 등 고관대작의 명단과 축하 시문이 실려 있다. 그날 연회에 참석하지 못한 사람은 추후 시문을 보내어 축하하였다.

그런데, 이때 꼭 참석해야 할 사람이 참석하지 않았는데, 송시열이다. 송시열은 초대장을 받았으나 몸이 아파 가지 못했다고 한다. 이때 이경석은 축하 시문을 모아 첩(帖)을 만들려고 했는데 그 서문을 송시열에게 부탁하였다. 송시열이 써서 보낸 서문이 바로 〈영부사이공궤장연서(領府事李公几杖宴序)〉로 송자대전(137권)과 백헌집(52권)에 수록되어 있다. 서문의 끝에 이런 문장이 있다.

> 오직 공만이 한 몸 죽고 사는 것을 가리지 않고 두려움과 흔들림도 없이 꿋꿋하게 소신을 수행함으로써 나라가 끝내 무사하게 되었다. 그리하여 이로부터 주상께서 공을 알아주는 마음이 더욱 융숭해졌고, 선비들의 마음이 더욱 공을 따르게 된 것이니, 그 하늘의 도움을 받아 '장수하고 또 건강하여' 마침내는 우리 성상의 융숭한 은례(恩禮)를 받은 것이 이유가 있다고 하겠다. 내가 이로써 앞에서 이미 성덕(聖德)을 칭송하고 끝에 와서는 곧 훌륭함을 공에게 돌렸으니, 아, 여기에서 군신을 볼 수 있을 것이다. 아, 훌륭하다. -「송자대전」

 문장을 평이하게 읽으면 송시열이 이경석의 공덕을 칭찬한 말로 들린다. 그런데 글에서 '장수하고 또 건강하여'(壽而康)라는 구절이 문제가 되었다. 요즘 말로 '건강하게 오래 살았다'는 의미이니 덕담으로 여길 수도 있으나 실은 이 말은 옛 고사를 인용해 이경석의 일생을 비꼬는 뜻이 내포된 말이었다.
 옛 고사란 송나라 흠종이 금나라에 붙잡혔을 때 항복문서를 써준 손적(孫覿)을 두고 주자가 '절의를 버린 대가로 건강하게 오래살았다(壽而康)'고 비꼰 것을 이경석에게 적용한 것이다. 후에 송시열도 뜨끔했는지 현종에게 올린 상소문에서 이에 대한 실토와 변명을 하였다. 송시열의 입장에서는 이경석이 삼전도비문에서 청 황

| 이경석의 사궤장연회도첩(賜几杖宴會圖帖)(1668년), 경기도 박물관 소장

　제를 과도하게 칭송한 흠이 있는데도 궤장연에서 다들 칭송의 글
을 지은 것에 대하여 불편한 심기를 드러낸 것이다.

　이에 앞서 현종은 이경석에게 궤장을 하사하는 것에 대해 대신
들에게 의견을 구했는데 이때 송시열이 "이경석에 대한 전하의 관
계가 이원익에 대한 인조의 관계나 김상헌에 대한 효종의 관계와
비교하여 어느 쪽이 더 낫겠습니까? 오직 성상께서 헤아려서 처리
하시는데 달려 있을 뿐입니다."라고 하였다. 즉 송시열은 처음부터
이경석에게 궤장을 하사하는 것에 대하여 탐탁지 않아 한 것이다.
위 서문의 기롱(譏弄)은 이러한 송시열의 평소 심사에서 비롯된 것

임을 알 수 있다.

이 〈영부사이공궤장연서〉는 이경석의 문집인 백헌집에도 실려 있는데, 이경석은 왜 자기를 비꼰 송시열의 글을 문집에 신도록 했을까? 주위에서 송시열의 글을 신지 말자고 했으나 이경석이 실으라고 했다는 것이다. 실록에는 송시열의 기롱 글로 조야가 시끄러워지자 이경석이 차자를 올렸는데 '군자의 사귐은 서로 돕고 의로써 권해야 하는 법이지, 어찌 차마 이전의 잘 지내던 관계를 저버리고 배척할 수 있겠습니까"라는 내용이 나온다.

이경석과 송시열의 알력은 당시 성리학적 명분론과 의리에서 서로의 관점이 달라 비롯된 것일 수도 있다. 실록에 기록된 사관의 평이 의미심장하다.

> 시열은 참으로 경석을 적합지 않다고 여겼다면 그 구함에 응하지 않아도 괜찮은데, 그 기록한 글 가운데에 심지어 손적의 일을 인용하면서 그 성명은 쓰지 않고, 단지 '오래 살며 강건했다.(壽而康)'는 서너 자를 써서 기롱 폄하함으로써 경석이 깨닫지 못하게 하였으니, 또한 어찌 정인 길사(正人吉士)의 마음씀이겠는가.

사람이 임종 때 가장 후회하는 것의 하나가 맺힌 것을 풀지 못하고 가는 것이라고 한다. 그만큼 일생을 돌아보면 은원이 얽혀있다는 말이다.

이경석(1595~1671)

호는 백헌, 1637년 도승지 겸 예문관 제학으로서 삼전도비문을 지었다. 그 후 영의정을 역임하였고 1646년 효종의 북벌계획이 청에 알려져 사문사건(査問事件)이 일어났으나 이경석은 끝까지 국왕을 비호하고 관련자들을 두둔하면서 모든 것을 자신의 책임으로 돌려 국왕과 조정의 위급함을 면하게 하였다. 삼전도비문 작성자로 조야의 비난을 받기도 하였지만, 인조, 효종, 현종 3대 50년간 어려운 시국을 적절하게 대처해 나간 명재상이었다.

송시열(1607~1689)

자는 영보, 호는 우암이다. 김장생과 김집의 문인으로 주자와 이이의 학문을 모범으로 삼은 성리학자였다. 노론의 영수이며, 이경석과는 은원이 교차하는 인연을 가지고 있었다.

07

대재각,
지통재심 일모도원

병자호란의 치욕을 설욕하려던 효종의 마음이 담긴 부여 대재각 명문
백제 망국의 구도(舊都) 출신인 이경여에게 그 말은 각별했을 것이다.
꿈은 간절하나 현실은 멀리 있었던 왕과 신하의 애절한 마음을 엿볼 수 있다.

백마강 황포돛배를 타고 낙화암 쪽으로 가려고 하니 눈앞에 마치 산이 떠 있는 듯한 형상을 발견하게 된다. 떠 있는 산 즉, 부산(浮山)이다. 삼국유사에 의하면 '부여에는 산이 셋 있는데 일산(日山), 오산(吳山), 부산(浮山)이 그것이다. 전성 시기에 신인(神人)이 산 위에 살았는데 서로 날아다니며 왕래하기를 조석으로 끊이질 않았다.'라고 기록하고 있다. 실제 강에서 보니 마치 떠내려온 산 같았다.

그런데 이 부산(浮山)에는 대재각(大哉閣)이라는 정자가 있다. 그 안에 큰 바위가 하나 있고 바위에는 이렇게 새겨져 있다.

至痛在心 日暮途遠
(병자호란의 치욕에) 극심한 고통이 마음속에 있는데 날은 저물고 갈 길은 멀구나.

| 백마강에서 바라본 부산(浮山)의 대재각

위의 여덟 자 글은 효종 8년(1657년) 5월 5일 영중추부사 이경여 (1585~1657)가 간언의 수용과 폐단의 제거를 청하는 상차(上箚)를 올린 것에 대해 효종이 답한 글에서 나온 용어이다.

이경여는 병자호란 이후 공식 문서에 청나라 연호 '숭덕'을 쓰지 않을 정도로 강경파였다. 이를 고깝게 여긴 청은 조선 정부에 "이 경여를 영원히 서용하지 말고 전리에 물러나 살게 하라"고 압력을 가했으나 효종은 그의 강직한 성품을 높이 사서 영의정에 보임하는 등 중용하였다.

이때 임종이 가까워진 이경여는 유언과 같은 상소를 효종에게 올려 마지막 충언을 간했는데 그 내용은 인사, 형정, 군정, 경제, 군사에 관하여 공정과 공평을 강조하고 그에 대한 방책을 강구하여 일관성 있게 추진해 나가라는 것이다. (효종실록 18권 효종 8년 5월 5일) 이에 대해, 효종은 다음과 같이 답변하였다.

차자에서 논의한 것은 흉금에서 우러나온 말이 아닌 것이 없으니 만약 임금을 사랑하는 경의 충심이 아니면 어찌 이에 이르렀겠는가. 아, 과인이 좋아하는 것을 끊고 밤낮으로 몸달아하면서 조그마한 효과라도 보고자 하는 것은 이것이 말단적인 일이라는 것을 모르지는 않지만, 진실로 가슴에 심한 한이 서려 있는데, 날은 저물고 갈 길은 먼 것 같은 생각이 들어서이다.

어찌 슬픈 일이 아니겠는가. 과인이 어리석어 어긋난 일이 많으니, 대인 선생들이 우려해 잊지 못할 만도 하다. 스스로 반성하여 가슴에 새기지 않을 수 있겠는가. 차자 중에 재간있는 신하가 경학이 있는 신하보다 많다고 한 말이 있는데, 언제 재간있는 신하가 있었는가. 진실로 아직 보지 못했다.

근래 대각의 신하가 매양 당론을 가지고 서로 싸우고 있으므로 과인이 심히 미워하고 있는데, 점점 격동되어 혹 지나친 거조를 면치 못하기도 하니 자못 한탄스럽다. 선생이나 어른들이 이끌고 권면하여 이 악습을 없앨 수 없겠는가. 폐단을 구제할 대책을 대신과 비국의 여러 신하와 매일 서로 강구하여 노경(老卿)의 지극한 뜻을 저버리지 않을 것이니 안심하고 몸조리를 잘하여 아름다운 말과 직언을 매일 들려주기 바란다.

이 글 중에 "이성이지통재중, 유일모도원지의고야(而誠以至痛在中, 有日暮道遠之意故也)"란 구절이 나온다. 즉 '내가 밤낮으로 애쓰면서 조그만 성과라도 내려고 했던 것은 나의 가슴에 (병자호란으로 인한) 한이 서려 있는데 날은 저물고 갈 길이 먼 것 같은 생각이 들어 조급함에서 비롯된 것'이라는 것이다.

그런데 본문에 나오는 '지통재중(至痛在中) 일모도원(日暮道遠)'은 그 후 송시열이 이 문구를 발췌하여 글씨로 써서 남김으로써 북벌의 기치로 활용되기도 했다. 문구 또한 '지통재심 일모도원(至痛在心 日暮途遠)'으로 변모되거나 순서를 바꾸어 '일모도원 지통재심'으로 부여 백마강 석벽과 가평 조종암 바위에 새겨졌다.

여하튼 효종이 말한 '일모도원(日暮途遠)'은 무슨 수를 써서라도 꼭 북벌을 이루고야 말겠다는 뜻이 숨어있었다. 송시열은 이 여덟 자를 크게 써서 이경여 문중에 주었고 43년의 세월이 흐른 뒤인 숙

부여 백마강 부산 석벽의 대재각 명문

종 26년(1700년) 이경여의 손자 이이명이 고향 부여 백마강 석벽에
이 문구를 새기고 비각을 세웠다.

임금의 말씀을 모신 곳이라 해서 '큰 말씀을 모신 각(閣)'즉 대재
각(大哉閣)이라 했다. 마침, 이경여의 호가 백강(白江)이다. 이경여는
부여 규암에서 태어났고 백마강에 떠 있는 산이란 의미의 부산(浮
山) 언덕의 암자에서 공부했다고 한다. 그래서 그가 공부하던 자리
에 훗날 이이명이 대재각(大哉閣) 비각을 세운 것이다.

이경여 문중에서는 이 효종의 답변 중에서 특별히 '지통재중(至
痛在中) 일모도원(日暮道遠)' 여덟 자를 취해 간직하면서 이것이 원로 대신의 상소에 효종이 진심을 보인 것으로 해석하였다.

그러나 대업도 오래 살아야 이룰 수 있는 법이다. 이경여는 상소를 올린 뒤 곧 세상을 떠났고 효종 또한 상소를 본 후 2년 뒤 41세로 승하하여 그의 필생의 대업이었던 북벌은 끝나버리고 말았다. 북벌은 사라지고 효종의 애통한 마음만 돌의 명문으로 남아 전하고 있는 것이다.

이경여(李敬輿, 1585~1657)

본관은 전주, 호는 백강(白江)으로 부여 출신이다. 세종의 7대손이며, 1636년 병자호란이 일어나자 왕을 모시고 남한산성에 피란하였다. 그 뒤 이조참판으로 대사성을 겸임해 선비 양성의 방책을 올렸고, 이어 형조판서에 승진하였다. 배청파로서 청나라 연호를 사용하지 않음이 청에 알려져 심양에 억류되었다가 이듬해 세자와 함께 귀국해 대사헌이 되었고, 이어 우의정이 되었다. 효종이 즉위하자 영의정과 영중추부사를 역임하였다. 효종 8년(1657년) 임종이 가까워지자, 국정 전반에 걸친 개혁을 주요 골자로 하는 상소를 효종에게 올렸다.

이이명(李頤命, 1658~1722)

호는 소재(疎齋)로 이경여의 손자이다. 대사헌, 한성판윤, 이조판서 등을 거쳐 1706년 우의정에 올랐다. 그 후 좌의정에 올라, 15년 동안 노론 정권의 핵심적 존재로 활약하였다. 1721년(경종 1년) 세제(영조)의 대리청정이 실패하자 관작을 삭탈 당하고 남해에 유배되어 있던 중, 목호룡의 고변으로 이듬해 4월 서울로 압송, 사사(賜死)되었다.

꿈을 꾸다 죽어간 늙은이,
매월당 김시습

조선이 버린 천재 시인 김시습,
그는 스스로 고달픈 생을 살았지만 청사(靑史)에서는 승자이다.
김시습의 탕유(宕遊)와 청완(淸玩)의 삶은 우리 역사와 문학사를 풍부하게 만들었고
모든 이에게 감계와 교훈을 주었기에 율곡은 그를 일러 '백세(百世)의 스승'이라 했다.

부여 무량사는 아미타여래의 극락 도량이다. 절에 들어가기 전에 부도밭을 먼저 찾았다. 부도밭은 지금의 일주문 길이 아닌 윗길에 있었다. 이것은 일주문 길이 바뀌었다는 것을 의미한다. 통상 부도는 일주문 입구의 왼쪽에 둔다. 부도밭을 찾은 이유는 이곳에 특별한 인물의 부도가 있기 때문이다.

매월당 김시습(1435~1493)이다. 매월당을 방외인 또는 기인이라 한다. 그는 5세 때 세종대왕 앞에서 시를 지었다. 세종은 김시습이 나이 들어 학업을 이루면 크게 쓰겠노라고 말했다. 그리고 그에게 비단 50필을 내려주면서 혼자 힘으로 가져가라 했다. 그러자 5세의 김시습은 모든 벼슬아치가 보는 앞에서 비단의 끝을 죄다 묶어서 끌고 나갔다.

이를 계기로 어린 그를 '오세(五歲)'라고 불렀다. 그러나, 그의 나

이 21세 때 일어난 수양대군의 왕위 찬탈 사건은 그의 인생을 송두리째 바꾸어 버리고 말았다.

삼각산에서 글을 읽다가 세조의 등극 소식을 들은 김시습은 즉시 문을 닫아걸고 3일 동안 바깥출입을 하지 않다가 방성통곡한 다음 그동안 읽고 쓰던 서책을 모조리 불살라 버렸다. 그리고 광기를 일으켜 뒷간에 빠졌다가 도망하여 불가에 의탁하였고 승명을 설잠(雪岑)이라 하였다. 그의 호는 여러 번 바뀌어 청한자(淸寒子), 동봉(東峰), 매월당(梅月堂)이라 하였다.

율곡이 저술한 〈김시습전〉에 의하면, 그는 가슴에 가득 쌓인 불평과 비분강개의 용솟음을 풀어낼 길이 없어 세간의 유형·무형의 말할 수 있는 것이면 모두 문장으로 나타냈으며, 그래서 그의 문장은 물이 솟구치고 바람이 부는 것과 같았고, 산이 감추고 바다가 머금은 것과 같았으며, 신이 선창하고 귀신이 답하는 것과 같아서 보는 사람들이 그 실마리를 잡아내지 못하게 하였다고 한다.

김시습은 출사를 포기하고 방랑의 길을 택했다. 성삼문 등 사육신은 사지가 갈기갈기 찢겨 거리에 내동댕이쳐졌고 식솔들은 잡혀가 노비가 되었다. 깊은 밤 중 김시습은 동강 난 사육신의 시신을 망태기에 주워 담아 노량진에 묘를 썼다. 이것이 지금도 남아있는 노량진 사육신묘이다.

김시습의 일생은 불행했을까? 그는 일생을 방랑으로 살았다. 울분과 저항을 시로 토해 내었다. 지금 전해오는 시가 2,200여 수나 되니 원래는 그보다 훨씬 더 많았을 것이다. 김시습은 불교에 심취했다. 괴로운 인생을 불가에 의지하지 않고 어찌 견딜 수 있었으랴.

그러나 성리학자로서의 면모도 가지고 있었다. 그의 사상은 유불선이 혼재되어 있다고 평한다. 그는 다방면에서 뛰어난 재주를 발휘했으며 승려 생활을 했지만, 필자는 김시습을 천재 방랑 시인으로 부르고 싶다.

우리는 김시습을 최초의 한문 소설인 금오신화의 저자 정도로만 기억한다. 그는 어릴 적 부모를 여의고 47세 때 잠시 환속해 가정을 꾸리기도 했으나 처가 돌아가자 다시 방랑의 길을 떠났다. 그런데 금오신화를 비롯한 그의 시문을 보면 그가 자유연애를 주장했다는 점이다. 봉건시대 혼인은 가문의 결합이었지 개인의 의사가 존중된 혼사가 아니었다. 그런 시대에 그의 소설이나 시문에는 남녀의 자유로운 연애가 주조를 이루었으니 얼마나 그가 자유분방한 사유의 소유자였는지 알 수 있다.

김시습의 마지막 귀착지는 부여의 무량사였다. 위의 〈김시습전〉에 따르면, 김시습은 성종 24년(1493년)에 병이 들어 홍산 무량사(無量寺)에서 생을 마쳤는데 그의 나이 59세였다.

화장하지 말라는 그의 유언에 따라 절 곁에 임시로 빈소를 차려 두었다가 3년 후에 안장하기 위하여 빈실(殯室)을 열어보니 안색(顔色)이 살아 있는 것 같아서 승도들이 놀라 성불(成佛)했다고 감탄하고, 마침내 불교식으로 다비(茶毘)하여 잔해를 취해 부도(浮圖)를 조성했다고 한다. 그래서 부도가 무량사 입구에 있다. 탑이 훼손되어 사리는 현재 절에서 보관하고 있다고 한다. 조선 전기의 부도 양식이다.

| 무량사(상), 김시습 부도(하)

세월이 흘러 정조 임금은 김시습에게 이조판서를 추증하고 청간(淸簡)이란 시호를 내렸다. 그의 세종에 대한 은의(恩意)와 단종에 대한 충의(忠義)를 높이 산 것이다. 정창손, 신숙주, 최항 등은 세조를 도운 공신으로 일생을 떵떵거리며 살았지만 지금 그들을 좋게 기억하지 않으니 그들의 명성은 허명(虛名)에 불과했다 할 것이다.

반면 김시습은 일생을 고달프게 살다 갔지만 후세인들이 그를 의로운 사람으로 기억하고 또 그가 남긴 자취가 모두 전설이 되었으니 그야말로 진명(眞名)을 남겼다 할 것이다.

이로써 보면 역사에 이겼다는 말은 김시습을 두고 이르는 말 같다. 햇볕에 물든 역사는 100년을 가지만 달빛에 물든 전설은 1,000년을 간다고 하지 않던가?

율곡 이이는 김시습을 다음과 같이 평했다.

그 사람을 생각할 때 재주가 타고난 기량 밖으로 넘쳐흘러서 스스로 지탱하지 못하였던 것이니 경청(輕淸)한 기는 지나치게 받고 후중(厚重)한 기는 모자라게 받았던 것이 아니었는가 한다. 그러나 그는 절의(節義)를 세우고 윤기(倫紀)를 붙들어서 그의 뜻은 일월과 그 빛을 다투게 되고, 그의 풍성(風聲)을 듣는 이는 나약한 사람도 일어나게 되니, 가히 '백세의 스승'(百世之師)이라 하여도 지나친 말이 아닐 것이다. 애석한 것은 시습의 영특한 자질로써 학문과 실천을 갈고 쌓았더라면, 그가 이룬 것은 헤아릴 수 없었을 것이다.

김시습은 생애 후반기인 52세가 되던 해(1486년), 강릉에서 자신의 인생을 회고하는 시를 남겼는데 그것이 '나의 인생(我生)'이다. 그는 자신의 무덤에 '꿈을 꾸다 죽어간 늙은이'라고 적어달라고 했다. 이보다 더 김시습의 일생을 정확히 표현할 수는 없을 것이다. 그는 자신이 바라던 세상이 오기를 꿈꾸면서 살다 간 그러나 결과적으로 시대와 불화했던 천재 방랑 시인이었다.

〈나의 인생〉

내 세상에 사람으로 태어났으나
어찌하다 보니 사람 도리 다하지 못했구려
젊어서는 명리를 일삼았고
장년이 되어서는 세상에 넘겨졌소.
지나온 길 생각하니 너무나 부끄러워
더 일찍 깨닫지 못한 것을 탓한다오
후회해도 돌이키기 어려운 세월인 것을
잠 깨면 방망이질 하듯 가슴 심하게 치네
더욱이 충효도 다하지 못했으니
그 밖에 또 무엇을 구하고 찾으리오
살아서는 한 사람의 죄인이고
죽어서는 궁한 귀신이 될 뿐이지요
그럼에도 다시 헛된 공명심이 일어나니
돌아보니 근심 걱정만 더할 뿐
혹여나 나 죽은 뒤에, 무덤에 표시한다면

꿈을 꾸다 죽어간 늙은이라고 써 주시오

행여나 훗날에 내 마음 아는 이가 있다면

천년 뒤라도 내 품었던 마음을 알겠지요.

－「梅月堂詩集」卷之十四, 溟州日錄

김시습(金時習, 1435~1493)

자는 열경(悅卿), 호는 매월당(梅月堂), 청한자(淸寒子), 동봉(東峰), 벽산청은(碧山淸隱), 췌세옹(贅世翁), 설잠(雪岑) 등이다. 5세 신동이라 불릴 정도로 어릴 때부터 글재주가 뛰어났다. 21세 때 수양대군의 왕위 찬탈 소식을 듣고 3일간 통곡하다가 보던 책을 불사른 뒤 승려가 되었다. 생육신으로서 단종에 대한 절개를 끝까지 지키며 유랑자의 삶을 살다 부여의 무량사에서 생을 마쳤다. 그는 단종이 복위된 숙종 33년(1707년)에 사헌부 집의, 정조 6년(1782년)에는 이조판서에 추증되었으며 정조 8년(1784년) 청간(淸簡)이란 시호가 내려졌다.

「김시습전」

선조 15년(1582년) 4월 1일 선조 임금은 율곡 이이에게 〈김시습전〉을 지어 올리도록 명하였고 이에, 이이는 〈김시습전〉을 지었다. 즉 〈김시습전〉은 왕명을 받아 찬술한 것이다.

09

아름다운
군신 관계의 파라곤

인종은 스승이며 벗인 김인후에게 〈묵죽도〉를 그려 선물로 주었고,
김인후는 그림에 화답하는 글을 지었다.
"석우(石友) 정신이 그 안에 깃들었네"

 조선의 제12대 왕 인종(仁宗)은 이름 그대로 참 어진 임금이었
다. 명군의 자질을 충분히 갖춘 학자적 군주였으며 지극한 효자였
다. 그런데, 너무나 착하고 효성스러운 그의 성품이 도리어 수명을
단축하는 원인이 되고 말았다.

 인종은 8개월간 왕위에 있었는데, 부왕인 중종이 돌아가자 상중
에 너무 슬퍼하다가 기진맥진하여 승하하였다. 인종실록을 보면,
상중에 자식으로서 애통해하며 지극정성으로 효를 다하는 인종의
수척한 모습과 그런 임금의 건강을 염려하는 신료들의 간언이 상
당한 부분을 차지하고 있다.

 인종은 총명하였고 세자로 25년을 지내면서 군왕으로서의 품격
과 학문을 닦은 준비된 군주였다. 그런 군주가 상장례에 과도하게
몰입하다가 건강을 해쳐 갑자기 돌아갔으니 왕에게 큰 기대를 걸

었던 사림(士林)들은 허망했을 것이다. 인종의 승하에 누구보다도 애통해하며 비탄에 젖은 신하가 있었는데 하서(河西) 김인후(1510~1560)였다.

인종이 1515년생이니 둘의 나이 차이는 다섯 살로 하서가 연상이다. 김인후는 31세 되던 중종 35년(1540년)에 문과에 급제하여 관직에 나간 후 중종 38년(1543년) 4월 홍문관 박사 겸 세자시강원의 설서(정7품)에 임명되어 세자인 인종과 인연을 맺었다.

하서는 인종의 세자 시절 글공부 스승인 셈이다. 이때 하서의 나이는 34세였고 세자는 29세였다. 두 사람은 의기투합했다. 서로 잘 맞았고 예우했다. 하서는 세자가 성군이 될 것임을 믿어 의심치 않았다.

장경왕후는 아들 인종을 낳고 7일 만에 산후통으로 승하했다. 인종은 어머니 얼굴도 모르고 자랐으니 고아나 다름없었다. 계모인 문정왕후는 아들 경원대군(훗날의 명종)을 낳은 후 세자를 박하게 대했으므로 인종은 세자 시절부터 외롭고 마음고생을 많이 하며 자랐다. 이러한 때 마음에 맞는 벗을 만났으니 인종과 하서의 관계가 얼마나 돈독했을지 짐작이 간다.

중종 38년(1543년) 1월 7일 삼경, 동궁에 불이 났다.

실록에 의하면, 이날의 화재는 세자의 거처인 자선당이 완전히 소실될 정도로 대형화재였다. 다행히 세자는 왕과 같이 대내에 있어서 무사하였으나 이날 밤 화재는 실록에서 '해괴한 일'이라고 기록할 정도로 의외였다. 화재의 원인은 정확히 밝혀지지 않았으나, 후일 경원대군의 외숙인 윤원로의 소행이라는 소문이 떠돌았다.

화재 등으로 어수선하고 심란한 시간을 보내던 세자는 5월 어느 날 스승이며 벗인 김인후의 당직 날에 맞춰 세자시강원을 찾았다. 회포도 풀 겸 그에게 선물을 주려고 기쁜 마음으로 발걸음을 옮긴 것이었다. 밤중에 자신을 찾아온 세자를 보고, 하서는 놀라고 기쁜 마음으로 맞이했다. 세자는 하서에게 선물을 내밀었다. 먼저, 싱싱한 배 3개를 주었다. 하서는 이 중 한 개는 맛을 보고, 나머지 두 개는 보자기에 잘 싸서 간직했다가 집에 돌아가서 어머니에게 드리고, 그 씨는 받아두었다가 밭에 심었다고 한다.

두 번째 선물은 하서에게 특별히 하사했다는 「주자대전(朱子大全)」한 질이다. 성리학의 전범인 주자대전은 중국으로부터 수입한 신간이었다. 주자대전은 선조 대에 이황과 기대승이 발췌하여 편찬하기 시작하였고, 선조 6년(1573년)에야 교서관에서 간행하여 국용(國用)으로 사용했으므로, 이때 하서가 받은 주자대전 선물에는 세자의 각별한 뜻이 깃들어 있었다. 성리학자인 하서에게 주자대전보다 더 반가운 선물이 어디 있겠는가? 세자의 마음 씀씀이에 하서는 감읍하였다.

그리고 세 번째 선물이 바로 '묵죽도(墨竹圖)'이다. 문인화를 잘 그렸던 세자는 비단(종이) 위에 직접 대나무를 그려 하사했다. 대나무가 절벽과 골짜기 사이에서 솟아나 곧게 하늘을 떠받드는 형세이다. 하서는 묵죽도 하단 왼편에 화답하는 시를 적어 세자에게 자신의 충심을 표현했다.

뿌리, 가지, 마디와 잎새, 모두 완전하여

돌처럼 굳은 벗의 정신이 깃들었네.

조화를 바라시는 임금의 뜻을 이제 깨달으니

천지에 한결같은 마음 어길 수 없도다.

'석우(石友)정신이 그 안에 깃들었네'라는 구절에서 군신 관계인 인종과 하서의 막역함을 엿볼 수 있다. 그러나 얄궂은 운명인지 인종과 김인후의 인연은 너무나 짧게 끝났다.

1545년 6월 인종이 승하하고 조정의 권력다툼으로 을사사화가 발생했다. 태평성대를 기약했던 성군의 죽음과 이로 인한 권력투쟁은 김인후가 벼슬살이를 단념하고 은퇴하게 된 결정적인 계기가 되었다. 명종은 여러 차례 관직을 수여하고 조정에 출사를 종용하였으나 하서는 끝내 출사하지 않고 장성에 은거하면서 후학을 가르치고 도학을 연구하면서 일생을 보냈다.

훗날 하서는 임종 시 "을사년(1545년) 이후의 관직은 적지 마라"고 유언을 남길 정도로 1545년의 사건은 그에게 좌절과 울분, 그리움을 동시에 안겨주었다. 좌절이 울분으로, 다시 떠나간 벗이며 임금에 대한 사무치는 그리움으로 변하여 하서의 후반부 인생을 결정지은 것이다

인종과 김인후의 아름다운 군신 관계는 조선시대에도 군왕과 신료들의 파라곤(paragon)으로 회자되었다. 영조 17년(1741년) 왕은 효릉(인종)을 전알(展謁)하고 친제(親祭)를 행하였는데 마침 효릉의 재실 벽에 걸려있는 묵죽도 인본을 보고 직접 시 한 수를 써서 내리어 재실 벽에 붙이게 하였다.

「인종대왕 묵죽도」, 국립광주박물관 소장(좌), 묵죽도 목판, 장성 필암서원 소장(우)

정조는 김인후를 '해동의 염계(북송의 성리학자 주돈이), 호남의 공자'라고 칭송하면서 정조 20년(1796년) 문묘 종사와 함께 영의정을 추증하고 시호를 문정(文靖)에서 문정(文正)으로 고쳐 내렸다.

인종의 묵죽도는 광해군 대에 목판으로 제작되어 인본이 유포되었다. 김인후의 열혈 팬을 자처했던 정조는 인종과 김인후의 아름다운 군신 관계 이야기를 듣고 장성 필암서원에 친히 '장경각'(藏經閣)이란 이름과 글씨를 써서 하사하며 묵죽도 목판을 보관토록 하였다.

김인후(1510~1560)

호는 하서(河西)로 전남 장성 출신이며, 이항, 기대승과 함께 호남을 대표하는 성리학자이다. 인종에게 큰 기대를 걸었으나 인종이 일찍 승하하자 출사를 단념하고 학문연구에 전념하였다. 사후 호남의 유림들이 장성에 사우를 세워 추모하였는데 지금의 필암서원이다.

인종(1515~1545, 재위 1544~1545)

조선의 제12대 왕으로 휘(諱)는 호(峼)이고 중종의 장남으로 태어나 1520년 세자로 책봉되어 무려 25년 동안 세자의 자리에 있다가 1544년 즉위하였다. 성품이 조용하고 효심이 깊었으며 성군의 자질이 있었으나 상중에 너무 애통해하다가 재위 8개월 만에 승하하였다.

10

창덕궁 낙선재,
왕조의 쓸쓸한 뒤안길

헌종 임금과 경빈의 애달픈 사랑이 깃든 낙선재
제국의 마지막 황후와 왕비, 옹주의 외롭고 쓸쓸한 인생
왕조의 뒤안길 낙선재에 나그네의 발길이 머문다.

최근에 창덕궁을 두 번 찾았다. 한번은 문화유산 포럼의 회원들과 답사를 갔었고, 또 한번은 학생들과 창덕궁에서 세계유산 관련 현장 수업을 진행하였다. 창덕궁은 나와 인연이 각별하다.

지금으로부터 28년 전 창덕궁을 유네스코 세계유산으로 등재하는 업무를 담당했었다. 오랜만에 찾은 고궁은 가을빛에 한층 더 고즈넉해 보였다. 창덕궁은 어떻게 세계유산이 될 수 있었을까?

1997년 12월, 창덕궁은 우리나라 두 번째 세계유산으로 등재되었다. 창덕궁은 조선의 국왕들이 가장 오래 머물면서 국정을 펼쳤던 무대이며 왕조의 최후를 같이한 조선왕조의 상징 공간이었다.

이러한 역사성과 함께 자연의 형세에 맞춰 전각을 지어 배치함으로써 자연과 인간의 삶을 조화되게 하였고 풍수적으로 안정되고 풍광도 빼어난 조선다운 궁궐이라는 점이 세계유산 등재 기준을

충족하기에 부족함이 없다고 인정한 것이다.

태종 5년(1405년 10월 19일)에 완공된 창덕궁은 임진왜란으로 경복궁이 불타 없어지기 전에도 왕들이 창덕궁에서 주로 정사를 볼 정도로 사랑을 받았던 궁궐이다. 특히, 태종은 피비린내 나는 왕자의 난을 겪은 경복궁으로 돌아갈 생각이 없었다. 태종실록에는 "창덕궁이 완성되었으니 본궁(경복궁)에는 거처하지 않을 것이다."라는 태종의 단호한 의지가 기록되어 있다.

경복궁의 이미지가 위엄이라면 창덕궁은 사랑이라 할 수 있다. 자연 속에 궁궐이 들어있는 형국이라 아늑하고 편안한 분위기가 역대 왕들의 마음을 사로잡았을 것이다. 비록 여러 차례 화재로 소실되어 중건되었지만, 창덕궁은 아름다운 조선의 대표 궁궐로 시종일관 왕조와 운명을 같이 했다.

필자가 창덕궁을 방문할 때마다 꼭 들러 감회에 젖는 장소가 있는데, 낙선재이다. 궁궐의 아래 동쪽에 있으면서 단청하지 않은 소박한 모습의 낙선재는 아늑하고 편안하다. 낙선재(樂善齋)란 이름부터가 선을 즐긴다는 의미이니 무슨 아름다운 사연이 숨겨져 있는 것일까?

낙선재는 넓게는 낙선재, 석복헌, 수강재를 통칭하는 말이지만, 좁은 의미의 낙선재는 조선 24대 임금 헌종의 서재이며 사랑채를 지칭하는 말이다. 석복헌은 헌종의 후궁인 경빈 김씨의 처소이며, 수강재는 순조 비 순원왕후의 처소이다. 헌종 임금은 순조의 손자로 아버지 효명세자가 즉위 전에 돌아가자 할아버지 순조의 뒤를 이어 8세의 어린 나이로 임금이 되었다. 첫째 왕비 효현왕후 김씨

| 낙선재 전경

가 16세로 승하하자 헌종 10년(1844년) 9월 왕비를 뽑는 간택이 실시되었고, 삼간택에는 홍씨와 김씨 두 명의 처자가 올라왔다. 이 중 한 명은 간택을 받아 왕후로 봉해지고 간택을 받지 못한 다른 처자는 평생 혼인을 못하고 독신으로 살아가야 할 운명이었다.

간택권을 가진 조모 순원왕후는 홍씨를 뽑았고 그녀는 왕후의 지위에 올라 효정왕후가 되었다. 그런데 문틈으로 간택 장면을 몰래 본 신랑 헌종은 간택을 받은 홍씨보다 옆에 있던 김씨 처자가 마음에 들었다.

헌종의 마음을 반영했는지 김씨 처자는 비록 왕후는 되지 못했지만, 3년 후인 1847년 후궁의 직첩을 받아 경빈(慶嬪)에 봉해졌고 헌종은 창덕궁 중희당 근처에 자신의 서재 겸 사랑채를 짓고 바로 동쪽에 석복헌(錫福軒)을 지어 경빈을 머물게 했다. 이곳이 지금의 낙선재이다. 은애하는 여인을 곁에 두고 싶어했던 임금의 마음이 애틋하다.

왕후의 신분은 아니었지만 스물한 살 미남 청년 헌종과 방년 열 여섯 살 신부 경빈은 낙선재의 봄빛처럼 화사한 사랑을 나눴다. 안 동김씨 세도와 민란, 이양선 출몰 등 복잡한 정치 현안에서 벗어나 헌종은 낙선재를 자주 찾았고 둘은 꿈같은 사랑을 키워나갔다.

그러나, 그 사랑은 600일을 넘기지 못하고 23세의 나이로 헌종 이 승하하자 끝이 났다. 슬하에 자식을 두지 못했던 경빈 김씨는 18 세에 궁을 나와 무려 57년을 인사동 사가(순화궁)에서 홀로 쓸쓸히 지내다 1907년 4월 21일 75세로 세상을 떠났다.

경빈(慶嬪) 김씨가 졸하였다. 이에 대해 조령(詔令)을 내리기를, 경빈 은 연세가 높아도 아직 정력이 강건하였으므로 병환이 깊긴 해도 내 심 회복될 것이라고 기대하였는데 문득 세상을 떠나고 말았다. 지난 날 극진하게 예우해 주던 은혜를 추념함에 처창(몹시 슬퍼함)한 심정 을 어떻게 말로 표현할 수 있겠는가? 게다가 올해는 입궁한 지 주갑 (週甲;진갑)이 되는 해이므로 더욱 비감에 잠기게 된다. 순묘(純廟) 갑 신년(1824년) 화빈(和嬪)의 상례 때의 고사에 따라 모든 일을 거행하 고, 동원부기(東園副器) 1부를 실어 보내라. 성복일에는 봉시(奉侍)를 보내어 치제하도록 하고, 제문(祭文)은 직접 지어 내리겠다 하였다. -「고 종실록」 제48권, 고종 44년, 1907년 6월 1일 기록.

그 후 낙선재는 대한제국의 마지막 왕후 순정효황후 윤씨가 순종이 1926년 승하함에 따라 덕수궁 석조전에서 낙선재로 거처를 옮기고 1966년까지 머물렀다. 1963년부터는 일본에서 귀국한 덕혜옹주와 영친왕비 이방자 여사와 함께 생활하였다. 1989년 4월 21일 비운의 왕녀 덕혜옹주가 돌아가자 그동안 옹주를 돌보던 이방자 여사도 9일 뒤 조용히 운명하였다.

이렇게 왕실 사람들이 사라짐으로써 실오라기 같이 이어져 왔던 왕조의 명운도 마감되었다. 현재 낙선재는 왕조의 영화와 비극을 상기하는 장소로 사람들의 발길이 이어지고 있다. 제국의 황혼이 드리워진 뒤안길을 걸으면서 늦가을 고궁의 정취에 취해본다.

헌종(1827~1849, 재위 1834~1849)

조선의 제24대 왕으로 휘(諱)는 환(奐), 자(字)는 문응(文應)이다. 익종(효명세자)의 아들로 순조 34년(1834년)에 왕으로 즉위하였다. 재위 15년이고, 창덕궁 중희당에서 훙서하니 춘추 23세였다. 후사는 없으며 능은 경릉이다. 비는 김조근의 딸인 효현왕후 김씨이고, 계비는 효정왕후 홍씨이다. 헌종은 재임 시 주로 중희당에서 정사를 보았다.

경빈 김씨(1832~1907)

헌종의 후궁으로 1847년 경빈으로 책봉되었다. 헌종의 사랑을 받았으나 헌종이 1849년 23세에 훙서(薨逝)함에 따라 출궁하여 사저(순화궁)에서 지내다가 1907년 별세하였다.

세계유산(World Heritage)

유네스코가 세계유산협약(1972년 채택)에 따라 탁월한 보편적 가치가 있는 유산을 세계유산목록에 등재하는 제도이다. 문화유산과 자연유산, 복합유산이 있으며 한국은 1995년 12월 석굴암·불국사, 해인사 장경판전, 종묘 등 3건이 처음으로 등재되었다. 창덕궁은 1997년 12월 화성과 함께 두 번째로 등재되었다.

11

서화가와 요릿집 사장이
합심하여

만든 사찰 편액
한 사람은 보석 같은 글씨를,
또 한 사람은 기개 있는 죽난(竹蘭)을.

사찰 일주문이나 전각에 걸려있는 이름표 편액(扁額). 편액은 간단히 말해, 건물의 문 위에 써서 걸어놓은 그림이나 글씨이다. 편(扁)은 서(署)의 뜻으로 문호 위에 제목을 붙인다는 것이고, 액(額)은 이마 또는 형태를 뜻한다. 즉, 건물 정면의 문과 처마 사이에 붙여 건물에 관련된 사항을 알려주는 것이다.

필자가 사찰 편액을 유심히 보게 된 것은 지인이 주지로 있던 금산 보석사 편액을 보면서부터이다. 보통 사찰 편액은 흰 바탕에 검정 글씨 또는 검정 바탕에 흰 글씨를 양각으로 전각 하거나 사찰의 이름을 새기거나 쓴다. 때론 그냥 목판 자체에다 직접 각자를 하기도 한다.

그런데 보석사 범종루에 걸려있는 편액은 좀 다르다. 한자어로 '寶石寺(보석사)'를 쓰고 좌우에 푸른색 난과 대나무 그림을 그렸다. 관람자 측에서 볼 때, 좌측에 대나무가, 우측에 석란(石蘭)이 그려

| 금산 보석사 편액

져 있다. 편액에 조형미와 함께 회화성을 가미한 것이다.

'보석사'라는 글씨를 마치 보석처럼 아름답게 썼다. 관지(款識)를 보니 해강(海岡) 김규진(1868~1933)이다.

해강 김규진은 설명이 필요 없는 근대 서화가이며 영친왕의 글씨 선생이고 서울 소공동에 최초의 근대 사진관 천연당을 열었던 사진사이기도 하다. 그럼, 편액 좌우에 난(蘭)과 죽(竹)을 그린 사람도 해강일까?

그런데, 대나무 우측에 죽농(竹儂)이란 글자가 보인다. 보석사 편액에 난과 죽을 그린 사람은 죽농(竹儂) '안순환(安淳煥)'이다.

안순환의 직업은 우리나라 근대 요식업의 아이콘 명월관(明月館)의 주인이다. 요식업 사장이 서화를 했다는 것인가? 당대 최고의 서화가인 해강 김규진과 협찬하여 전국 유명 사찰의 편액 그림을 그린 사람이 요정의 주인이라면 믿을 수 있을까?

죽농(竹儂) 안순환(1871~1942)과 뗄 수 없는 것이 요정 명월관이다. 조선 요리옥의 원조라는 평을 듣는 명월관은 1903년 9월 17일에 문을 열었다. 이때의 명월관 형태가 어떠했는지는 정확히 알 수 없으나 개인 가옥을 빌려 식당을 열고 명칭을 '명월루(明月樓)'라고 했다고 한다. 그 위치는 서울 광화문 황토현 우포청 자리(현 동아일보 일민미술관 자리)이며, 1906년 10월 2층 양옥으로 확장하였다가 1912년에 헐고 다시 3층 양옥으로 지었다.

안순환은 17세가 되는 해에 아버지가 돌아가자 1891년에 자립을 하기 위해 서화상(書畵商)이 되었다. 이것이 계기가 되어 후대에 '서화가'라는 칭호가 안순환에게 붙었다. 25세 되던 1895년에 관립 영어학교에 입학하고 이어서 무관학교에 들어갔으나 생활의 어려움으로 자퇴하였다.

하지만 안순환의 실력과 성실함을 알고 있던 주변의 천거로 1898년에 탁지부 전환국의 건축 기수가 되었다. 그 후 판임관 육등(六等), 전환국 기수를 거쳐서 1908년 12월 궁내부 전선사(典膳司) 장선(掌膳)에 임명되었고, 1910년 8월 29일 한일병합 전까지 그 직책에 종사했던 것으로 보인다. 여기까지 이력에서 중요한 부분이 바로 전선사 장선이란 직책이다.

전선사는 1895년 4월 궁내부 관제 개혁 시에 신설된 부서로 제용원의 소속 기관이며, 임금의 반찬 및 향연(饗宴)을 맡았다. 임금의 음식 즉 어선(御膳)과 행사 때의 음식 진선(進膳)을 담당하는 관청이니 궁중음식을 전담하는 기관이다.

전선사 장선은 왕실의 연회에 관한 일을 맡아보던 우두머리 벼슬로 3품관에 해당된다. 10대에 부모를 여의고 자수성가하여 3품관이 되었으니 안순환에게는 큰 자긍심이 되었던지 훗날 안성 청룡사 편액을 쓸 때 관지에 정삼품관(正三品官)이라는 관직을 명기하였다.

그럼, 죽농 안순환이 해강 김규진과 함께 언제, 어떻게 사찰 편액을 작업했을까 하는 점이다. 그의 일생을 전반기 사업가 활동기와 후반기 유교운동 시기로 대별 한다면, 1920년대라는 시기가 도출된다.

왜냐하면 해강이 1933년에 세상을 떠났으므로 하한이 되기 때문이다. 1920년대는 해강과 죽농의 나이가 50대이고 인생 역정에서 정점이라 할 수 있으므로 그들의 그런 기품이 편액에도 반영되었을 것이다. 실제 현존하는 사찰 편액은 젊은 나이에 나올 수 있는 수준이 아니다.

죽농이 편액을 쓴 시기를 예측할 수 있는 명문이 몇군데 있다. 그 중 삼각산 도선사의 행서체 편액에는 〈宋文友堂女史書竹儂安淳煥觀〉이라고 쓰여 있고 그 시기를 〈世尊應化二千九百四十九年壬戌仲秋〉라고 병기하고 있다. 이것을 풀이해 보면, 글씨를 쓴 이는 문우당이란 호를 가진 송 여사라는 분이고 죽농 안순환이 송 여사의 글씨를 보고 낙관을 한 것으로 보인다.

그런데 글씨 쓴 사람이 낙관을 하지 않고 안순환이 자기 낙관을 하고 있다. 물론 그림을 그린 것도 아니다. 통상 누구의 글씨나 그림이 틀림없다고 감정을 할 경우에 그 감정인이 '틀림없는 것으로 보았다.'는 뜻에서 〈觀〉이라는 글자를 표시한다. 그렇다면 이것은 안순환이 감정을 했다는 뜻이다.

세존응화 2949년이라 함은 구(舊) 불기(탄생년도 기준)를 말하는 것으로 서기로 1922년이다. 즉 1922년에 죽농이 편액에 관한 일을 했다는 것이다. 다른 명문을 보자.

경기도 안성 청룡사에 죽농이 '청룡사'란 현판 글씨를 초서로 쓰고 그 옆에 〈釋迦世尊誕生二千九百五十五年〉이라고 적혀있다. 죽농이 직접 편액 글씨를 썼다. 한눈에 봐도 농익은 명필의 솜씨이다. 서기로는 1928년에 해당하며 죽농의 나이 58세이다. 여기서 죽농은 '정삼품관 죽농거사 안순환'이라고 자신을 표현하고 있다.

보통은 해강이 글씨를 쓰고 죽농이 난과 대나무를 그린 경우가 많은데 특이하게 서울 안암동의 개운사 편액은 죽농이 글씨를 썼고 좌우 쪽의 난죽은 이벽봉(李碧峯)이란 법사가 그렸다. 용주사 천왕문의 주련 글도 죽농이 쓴 것을 보면 안순환은 그림만 그린 것이 아니라 글씨도 썼음을 알 수 있다.

정확한 연도가 나온 편액이 많지는 않으나 죽농이 1920년대 50대에 여러 사찰 편액의 글과 그림을 그렸음을 알 수 있다. 이 시기는 그가 명월관 요식업을 접고 따로 식도원을 연 시기와 일치한다. 식도원은 요리옥이지만 조선 문화와 조선 정서를 콘셉트로 하였기에 이 시기 죽농이 서화에 관심을 갖고 편액을 썼다는 것을 어느 정도 유추할 수 있다.

그럼, 이 시기에 해강 김규진과 만나서 사찰을 돌며 편액을 그렸는가 하는 점이다. 안순환이 경영한 명월관과 식도원은 같은 조선 요리옥이었지만 명월관은 외양과 음식에서 서구 지향의 근대적 취향을 띠었다면 식도원은 조선의 정서를 선보이고자 했다는 점에서 어느 정도 전통적인 취향을 지니고 있었다고 볼 수 있다.

식도원에 김돈희(金敦熙, 선암사 강선루 등 사찰의 편액 글을 많이 썼음) 등 당시 서화협회 회원들이 드나들었다는 이당(以堂) 김은호의 증언이 있는 점으로 보아 식도원 운영 시기에 죽농이 해강을 만나 교류했을 개연성이 크다고 할 수 있다.

해강(海岡) 김규진(金圭鎭, 1868~1933)은 7세 때 외숙인 소남(少南) 이희수(1836~1909)에게 한문과 서화를 익혔는데 이희수는 눌인(訥人) 조광진(曺匡振)(1772~1840)의 제자로 그의 필법을 이어받아 당시 명필이라 일컬어진 인물이다.

조광진은 평양의 서예가로 추사 김정희가 높이 평가할 정도로 특히 예서에 뛰어났다. 해강은 1874년 7세 때부터 외숙인 이희수에게 10여 년에 걸쳐 한학과 서화를 사사했는데, 이때의 서화 공부는 그 후 그의 서예 예술 전개에 큰 영향을 끼쳤다.

해강은 18세 되던 해인 1885년 늦가을 11월에 중국 베이징으로 유학을 갔다. 장장 9년 동안 중국의 명승 고적지를 두루 찾아 여행하였고, 수많은 명화(名畵), 명비고첩(名碑古帖)을 보고 익혀 서법과 화법의 진수를 터득했다.

1893년 26세에 귀국하여 곧 고종의 명으로 궁중을 출입하였다. 그를 고종에게 소개한 사람은 중국에서 알게 된 민영익의 동생 민영선(閔泳璇)이다. 이렇게 해강은 조선 왕실과 인연을 맺게 되었다. 나중에 해강은 영친왕에게 글씨 공부와 사진술을 가르치기도 했다.

1895년에는 고종의 명을 받아 일본 도쿄에 건너가 1년간 사진술을 배웠고 돌아온 후 창경궁에 궁중 사진촬영소를 설치했다. 해강은 1902년에 정3품 통정대부에 임명되었다.

이상 두 사람의 일생을 종합적으로 살펴봤을 때, 해강과 죽농이 만나 명산대찰을 돌아다니며 사찰 편액 글씨와 그림을 그린 시기는 1922년부터 1928년까지인 것으로 보인다. 이 기간에 해강은 서화활동을 왕성하게 하였고, 사찰과 궁궐의 편액에 글씨를 썼다. 그리고 이 시기에 죽농은 식도원을 개설하고 요식업을 경영하였다.

언뜻 보면, 서로 대조되는 직업과 활동에 종사하여서 공통점이 없어 보인다. 죽농 안순환은 우리나라 한정식의 원형을 처음 만들고 신식 시설에서 음식을 먹으면서 기생 공연을 관람하는 근대 요정 문화를 창시한 사업가였다. 해강 김규진은 초지일관 서화가로서의 길을 걸었던 문화예술인이었기에 외견상으로 보면 교집합이 없어 보인다.

해강과 죽농이 서로의 관계를 직접적으로 언급한 글을 남긴 것은 없다. 그러나 편액이라는 현물이 남아 전하니 두 사람이 편액을 제작한 것은 사실이다. 앞에서 언급한 바와 같이 두 사람의 인생 역정을 살펴보면 공통분모가 없는 것은 아니다. 두 사람 모두 서화상과 서화관을 운영하였고 서화에 관심과 조예가 깊었다는 점, 1922년 죽농이 식도원을 개원했을 때 서화협회 회원들이 식도원에 자주 출입했다는 것은 정회원이기도 했던 해강 또한 식도원에 갔을 개연성이 크다는 점, 식도원의 방을 사군자 병풍으로 단장하고 조선의 정조를 보여주고자 했던 만큼 당시 죽농이 서화에 몰두하고 있었다는 점 등을 감안하면, 이 시기에 두 사람은 만나 교류했을 것이다.

사람은 기호나 취미가 같으면 금세 가까워진다. 특히 문화예술 분야의 관심과 기호는 사람의 흉금을 터놓게 한다. 그런데, 해강은 글씨와 그림 모두 능통한 서화가인데 편액의 그림을 왜 죽농이 그리게 했을까 하는 점이다. 혹자는 죽농의 죽난 실력이 해강보다 한수 위라서 그랬다고 하지만, 그보다는 각기 역할을 분담한 것으로 이해하는 것이 더 적절할 것 같다.

해강과 죽농 모두 글씨뿐만 아니라 죽난 그림에도 일가견이 있는 사람들이기 때문이다. 아마도 글씨는 중국 유학까지 다녀온 해강이 맡고 그림은 일찍이 서화상을 했고 식도원 운영에서 그림을 좋아했던 죽농이 담당하는 것으로 역할을 정한 것이 아닐까 추정한다.

해강 김규진과 죽농 안순환. 서화전문 예술인과 요식업 사업가의 만남과 교류 그리고 두 사람은 50대의 나이에 전국 명산대찰을 탐방하면서 사찰 편액을 제작하는 의미 있는 프로젝트를 진행하였다.

그 결과물이 지금도 남아 전하는 해강 김규진의 일필휘지한 멋진 글씨와 운치 있는 죽농의 난죽 편액이다. 이들로 인해 단순히 건물의 의미만을 전해주는 홍보성 편액이 조형미가 가미된 아름다운 예술작품으로 탈바꿈할 수 있었다.

두 사람의 풍류 인생이 만들어 낸 아름답고 기품있는 사찰 편액에는 금산 보석사 편액 외에 강화 전등사, 순천 송광사, 합천 해인사, 공주 마곡사, 부여 고란사, 장성 백양사, 완주 위봉사, 영천 은해사 등의 편액이 있다.

이희수(1836~1909)

호는 소남(少南), 산수화와 난초 · 대나무 그림에 능하였고 7세에 벌써 전(篆) · 예(隸) · 해(楷) · 행(行)을 모두 잘 썼으며, 칠흑 같은 밤에 글을 베껴써도 모두 한결같이 규격에 맞았다고 한다. 그의 이름이 세상에 알려지자 문하에서 배우고자 하는 사람과 서화를 구하려는 사람들이 줄을 이었다고 한다.

조광진(1772~1840)

자는 정보(正甫), 호는 눌인(訥人). 평양에서 살았고 벼슬에는 오르지 못하였다. 집이 가난하여 사방으로 다니며 글씨를 배웠다. 처음에 이광사(李匡師)의 글씨를 배웠고, 만년에는 안진경(顏眞卿)의 서체를 터득하였다. 특히, 전(篆) · 예(隸)에 금석기(金石氣)가 보이며 고법(古法)의 임모(臨摹)에 뛰어났다.

12

사대부들의 동창회,
독서당계회도

세종이 창안한 인재 육성을 위한 교육제도 '사가독서제도'
호젓한 동호 독서당에서 공부로 맺은 망년지교
그러나 예나 지금이나 정치는 우정보다 이해가 먼저였네.

조선시대 사가독서제(賜暇讀書制)는 국가에서 관료들에게 유급 휴가를 주어 출근하지 않고 독서(공부)에 전념토록 하는 제도였다. 초기에 6명에서 출발하여 보통 6~12명 내외로 실시되었는데, 딱히 정원이 정해져 있지 않았고 상황에 따라 신축적으로 운영하였다.

사가독서 기간은 일정하지 않았으며, 초기에는 3개월이었다가 나중에는 1~3년 정도였다. 사가독서는 설이나 동지 등의 공식적인 조회 외에는 출근하지 않으면서 자유롭게 독서하고, 계절(3,6,9,12월)마다 각기 읽은 경사(經史)의 권수를 적어 올리면서 매달 세 차례 글을 지어 보고하고 평가받는 프로그램이었다.

사가독서제는 국가에서 인재를 양성하는 것을 주요 목적으로 하였기에 별도의 전용공간에 엄선한 인재를 파견하여 독서하도록 한 기본적인 사항 외에 여러 가지 학문 장려를 위한 유인책(인센티

브)을 아울러 시행하였다.

임금이 수시로 술과 음식을 내리는 것은 물론 그들이 제출한 글을 대제학이 평가토록 하여 그 성적에 따라 호피(虎皮), 표피(豹皮), 말 장식, 후추, 서책 등을 하사하는 성은을 베풀곤 하였다.

사가독서 대상자는 홍문관, 사헌부, 사간원 등 삼사 그리고 성균관, 이조와 병조 등의 중견 실무자 중에서 문장이 뛰어난 자를 예조판서와 대제학이 의논하여 선정하였다.

〈독서당선생안〉에 보면, 사가독서 명단과 함께 그들을 선발한 대제학 이름을 명기하고 있어 실질적으로 대제학이 사가독서 대상자를 선정하였음을 알 수 있다. 그런데 사가독서는 현직을 유지한채 독서당으로 파견되는 방식이어서 소속 관서의 업무 형편에 따라 복귀하거나 외임 발령 등으로 중도에 그만두는 경우도 있었다.

사가독서를 마친 사람들은 일종의 졸업생 명부인 〈호당록〉에 이름을 올려 그 영예를 길이 전하였으며, 아울러 계회(契會)를 조직하여 동문수학한 동료들 간 유대를 견고히 하고자 하였다.

계회 모임은 주로 풍광 좋은 독서당을 배경으로 시문을 교류하며 여가를 즐기는 것이었는데 오늘날, 같은 학교를 졸업한 선후배들이 학교 근처에서 친목과 단합을 다지는 동문회를 열고 학교를 배경으로 기념사진을 찍는 풍습과 크게 다르지 않다. 이 독서당 동기 모임 광경을 그림으로 그린 것이 바로 〈독서당계회도〉이다.

현재, 동호 독서당에서 사가독서를 한 사람들의 계회 장면을 그린 〈독서당계회도〉는 두 점이 전해지는데, 하나는 중종 26년(1531년)에 그린 계회도이고 다른 하나는 선조 3년(1570년)에 그린 계회도이다.

〈1531년경 독서당계회도〉는 상단에 '독서당계회도(讀書堂契會圖)'라는 제목이 전서체로 쓰여 있고, 중단에는 가운데 솟은 응봉(鷹峰, 현재의 매봉산)을 중심으로 독서당이 위치했던 한강 변의 두모포(豆毛浦) (현재의 성동구 옥수동) 일대가 묘사되어 있다. 응봉의 우측에는 남산, 인왕산과 북악산이, 응봉 좌측으로는 푸른 석청이 칠해진 삼각산과 도봉산 등이 나타나고 있다.

계회 장면은 독서당이 바라보이는 한강에서 관복 차림으로 뱃놀이를 하는 모습으로 표현되었는데, 좌목에 참석자 12인의 호와 이름, 본관, 생년, 사가 독서한 시기, 과거 급제 연도, 계회 당시의 품계와 관직 등이 기재되어 있다. 좌목의 관직과 중종실록 등 사료를 통해 이 계회도의 제작 시기가 1531년경임을 추정할 수 있다. 장황 뒷면의 우측 상단에는 초서로 '讀書堂(독서당)'이라고 적은 종이가 붙어있다.

이 계회도는 두모포의 남쪽 가에 있던 독서당 주변의 실경(實景)을 그린 것으로 계원들이 강 위에 떠서 어디론가 향하고 있는 배 안에 의관을 정제하고 앉아 있으며 배에는 술동이 실려있고, 그 옆의 작은 배는 술동이를 싣고 따르고 있어 흥겨운 분위기를 느끼게 한다. 강가에서 그물로 고기잡이하는 어부들의 모습과 함께 활기에 찬 당시의 생활 모습을 엿볼 수 있다.

이 그림에 기재된 참석자는 모두 12인으로 허자, 임백령, 송인수, 송순, 주세붕, 이림, 허항, 엄흔, 최연 등이다. 이들은 중종 11년(1516년)부터 중종 25년(1530년) 사이에 사가독서했던 20~30대의 젊은 관

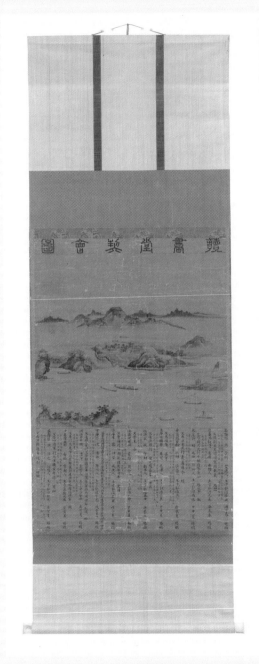

| 1531년경 독서당계회도, 비단 수묵채색, 가로 72.4cm, 세로 187.2cm, 국립고궁박물관 소장

성명	과거급제 연도	사가독서 당시 연령	계회 당시 관직	계회 시 연령
인재 장옥(張玉)	을해년(1515년)	중종 11년(1516), 24세	성균관 사성(종3품)	39세
노암 홍서주(洪敍疇)	신사년(1521년)	중종 18년(1523), 25세	광흥창수(정4품)	33세
동애 허자(許磁)	계미년(1523년)	중종 19년(1524), 29세	양근군수(종4품)	36세
희재 임백령(林百齡)	기묘년(1519년)	중종 15년(1520), 23세	영광군수(종4품)	34세
규암 송인수(宋麟壽)	신사년(1521년)	중종 19년(1524), 26세	홍문관 부응교(종4품)	33세
졸재 송순(宋純)	기묘년(1519년)	중종 15년(1520), 28세	봉상시 첨정(종4품)	39세
신재 주세붕(周世鵬)	임오년(1522년)	중종 19년(1524), 30세	사간원 헌납(정5품)	37세
척암 이림(李霖)	갑신년(1524년)	중종 23년(1528), 28세	예조정랑(정5품)	31세
수암 허항(許沆)	갑신년(1524년)	중종 23년(1528), 32세	사간원 정원(정6품)	35세
동강 신석간(申石澗)	무자년(1528년)	중종 25년(1530), 38세	이조좌랑(정6품)	39세
십성당 엄흔((嚴昕)	무자년1528년)	중종 25년(1530), 23세	이조좌랑(정6품)	24세
간재 최연(崔演)	을유년(1525년)	중종 25년(1530), 28세	홍문관 부수찬(종6품)	29세

| 좌목 참석자 12인

료들이다.

〈1531년 독서당계회도〉에 이름이 올라간 12인을 분석해 보면, 계회 참석 시 연령대가 24세부터 39세까지 다양하고 크게는 15년 차이가 난다. 20대가 2명(16%)이고 나머진 30대(83%)인데 공교롭게 39세가 3명(25%)이나 된다. 그야말로 망년지교(忘年之交)인 셈이다.

독서당계회도는 한마디로 말해서, 동호 독서당에서 한때 공부했던 사람들의 동문회 내지는 동창회의 즐거운 모습을 그림으로 그린 것이라 할 수 있다. 그런데, 계회도에서 보는 바와 같이 1531년 한강 변의 두모포에서 즐거운 한때를 보낸 이들 12인은 그 후

관직 생활에서도 계속 이런 유대를 유지해 나갔을까?

요즘도 동문과 동창이라 해도 정치관이나 시국관이 달라 다른 길을 가는 것이 흔한 것처럼 이들도 조정의 정쟁에서 같은 길을 갈 수만은 없었다. 그것은 사가독서 1세대인 성삼문과 신숙주가 계유정난이란 정치적 격변에서 각자의 길을 간 것과 마찬가지로 1531년의 계회도에 이름을 남긴 이들도 10여 년 후 을사사화라는 정변을 계기로 갈라지게 된다. 임백령과 최연은 소윤 측에 가담하여 사화의 가해자가 되었고 반면 송인수는 피해자가 되었다. 그리고 몇몇은 어중간한 처세를 취하였다.

13

어떤 삶이 행복할까,
삼공불환도

높은 관직을 줘도 자연 속에서 사는 편안한 삶과 바꾸지 않겠다는 뜻
노년에 접어든 단원의 바람(希)과 소망(願)이 투영된 것은 아닐까.

후한의 엄광(嚴光)은 광무제와 동문수학한 사이였는데, 광무제
가 황제가 된 뒤에 이름과 성을 바꾸고 숨어 살았다. 광무제가 엄광
을 찾아내어 조정으로 불렀으나 오지 않다가 세 번을 부른 다음에
야 겨우 나왔다. 광무제가 침소에서 엄광과 더불어 잠을 자던 중에
엄광이 광무제의 배에 다리를 올려놓았다.

다음 날 태사가 아뢰기를,

"객성이 어좌(御座)를 범하였습니다."

하니, 광무제가 웃으면서,

"짐이 옛 친구인 엄자릉(엄광)과 함께 잤을 뿐이다."하였다.

그 뒤 광무제가 조정에 머물러 있기를 권하였으나, 엄광은 절강
성에 있는 부춘산(富春山)으로 들어가 물가에서 낚시하며 여생을
보냈다. 후세에 그가 낚싯대를 드리우고 앉았던 자리를 엄자릉 조

| 임금의 병환 쾌차를 기념해서 만든 병풍 그림 '삼공불환도', 김홍도 작, 133.7×418.4cm, 긴본 담채,
삼성문화재단 소장(1801년)

대(嚴子陵釣臺)라고 불렀다. 이 내용은 후한서 일민(逸民) 열전 엄광
편에 나오는 이야기이다.

후대 남송의 시인 대복고(戴復古, 1167~1248)가 엄광의 마음을 읊
은 '조대(釣臺)'라는 시를 지었다.

세상사에 무심하여 낚싯대 하나면 그만
삼공의 높은 벼슬인들 이 강산과 바꾸랴
평생 유문숙(광무제)을 잘못 알아서
헛된 이름만 세간에 가득하게 하네

유문숙은 후한을 창업한 광무제를 말한다. 삼공(三公)은 황제를 보필하는 최고위 관직이다. 그런 높은 관직도 대자연에서 유유자적(悠悠自適)하는 삶과는 바꿀 수 없다는 얘기다. 엄광의 고고한 기상은 후세 시인 묵객들의 흠모 대상이 되었고, 그림의 소재로 많이 쓰였다.

그런데, 이 시에 나오는 '삼공불환'을 그림의 제목으로 쓴 단원 김홍도(1745~1806경)의 〈삼공불환도(三公不換圖)〉가 전해온다.

〈삼공불환도〉라는 제목 자체가 높은 관직을 줘도 자연 속에서 사는 편안한 삶과 바꾸지 않겠다는 뜻이니 은둔의 분위기가 물씬 풍기는 그림일 것으로 추측된다. 8폭의 병풍으로 제작된 것을 보면

방 안에 가까이 두고 감상하면서 이런 은일의 삶을 동경하고 싶어서일까?

종래 단원의 화풍은 느슨하고 여유로운 선을 바탕으로 경물의 과감한 생략을 통해 넓은 공간감을 표현하는 것이었는데, 이 작품은 공간의 여백보다도 강하고 거친 선을 바탕으로 짜임새 있게 경물을 구성한 것이 특징이다. 얼핏 봐도 사대부들이 꿈꾸는 전원생활의 이상을 그림으로 묘사한 것으로 보인다. 왼쪽 상단에 있는 제발(題跋)을 보자.

1801년 겨울 12월에 임금(純祖)이 수두(水痘)를 앓았으나 다음날로 병이 나으니 온 나라가 기뻐하였다. 유후(留後)인 한공(韓公)이 계병(禊屛)을 만들어 요속(僚屬)들에게 나누어주었으니 대개 이전에 없었던 경사를 기억하고자 함이다. 한공과 나는 신우치수도(神禹治水圖)를 갖고, 총제(摠制)는 화훼영모(花卉翎毛)를, 주판(州判)은 삼공불환도(三公不換圖)를 가지기를 원했으니 제각각 취향대로 얻고자 하였기 때문이다. 그림이 완성되자 중장통(仲長統)의 낙지론(樂志論)을 썼는데, 그 글을 취해 그림에 쓴 것은 또 그 좋아하는 바를 완성하고, 중장통의 낙지론과 단원의 그림의 (의미를) 저버리지 않고자 하였기 때문이다. 간재 홍의영이 단원의 삼공불환도에 쓰다.

발문이 그림의 정체를 잘 말해준다. 1800년 6월 정조 임금이 승하하고 11세의 세자가 즉위하니 곧 순조(1790~1834, 재위 1800~1834)이다. 그런데 다음 해 어린 순조가 수두에 걸렸는데 바로 나아서 그

쾌차를 기념해서 누군가 계병(禊屛, 행사를 기념해 만든 병풍)을 만들어 직원들에게 나눠주었다는 것이다.

요속(僚屬)이라 표현한 것으로 보아 인원을 고려하면, 10~15부 정도 제작한 것으로 추측되고, 종류는 세 가지인데, 고대 중국의 성인인 우왕이 황하의 범람을 다스린 치수를 그린 〈신우치수도〉와 꽃과 동물들을 그린 〈화훼영모도〉 그리고 자연에서의 유유자적한 삶을 찬미한 〈삼공불환도〉이다. 직원들에게 나눠 준 그림이 위의 세 종류를 섞어서 나눠준 것인지 세 종류와는 다른 그림을 나눠준 것인지는 알 수 없다.

그런데 홍의영(1750~1815)의 제발(題跋)에는 하나의 글이 더 있다. 그림이 완성되자 중장통(仲長統)의 낙지론(樂志論)을 그림에 같이 썼는데 이는 낙지론과 삼공불환도가 서로 관련이 있기 때문이라고 한다.

거처하는 곳에 좋은 밭과 넓은 집이 있다면 산을 뒤로하고 물은 앞으로 한다. 연못을 둘러 만들고, 대나무를 두루 심으며 채소밭은 앞에 만들고 과수원은 뒤에다 만든다.

배와 수레는 걸어 다니는 고생을 대신하고, 심부름하는 아이는 온몸이 움직이는 일을 그쳐준다. 맛있는 반찬으로 부모님을 모시고 처자식은 몸을 고생시키는 수고로움이 없다. 좋은 벗이 갑자기 오면 술과 안주를 내어 그를 기쁘게 하고, 좋은 때와 길일에는 염소나 돼지를 잡아 대접한다. 동산을 거닐다가 숲에서 놀고 맑은 물에 몸을 씻고 서늘한 바람을 맞으며 헤엄치는 잉어를 잡고 높이 나는 기러기를 잡는다.

기우제를 지내는 제단 아래서 바람을 쐬고 좋은 집으로 노래 부르며 돌아온다. (규방에서 정신을 편안히 하고 노자의 현묘한 도를 생각하며, 정신을 호흡하다가 지인(至人)과 같이 되고자 한다.) 도에 통달한 서너 명과 더불어 도를 논하고 책을 강론하며, 하늘과 땅을 올려다 내려다보면서 고금의 인물을 종합 평가한다.

남풍(南風)의 우아한 곡조를 타고, 청상(淸商)의 오묘한 곡을 연주한다. 한 세상의 위에 소요하면서 인간 세상을 아래로 본다. 당시의 책임을 맡지 않고, 길이 성명을 보존한다. 이와같이 한다면, 하늘을 넘고 우주 밖으로 나갈 수 있는 것이니 어찌 제왕의 문으로 들어가기를 부러워하겠는가? - 중장통의 「낙지론」

중장통(180~220)은 중국 후한말의 사람으로 조조 밑에서 참승상 군사 벼슬을 하였고 41세에 세상을 떠났다. 난세에 벼슬을 하였으나 그는 자연에서의 삶을 동경했던지 「낙지론(樂志論)」을 남겼다.

낙지론은 후대 도연명의 귀거래사에 영향을 준 것으로 알려졌으며, 전원에서의 안분지족한 삶을 노래하고 있다. 말미의 '어찌 제왕의 문으로 들어가기를 부러워하겠는가?'라는 말에 결론이 담겨있다. 김홍도는 이 시기에 왜 삼공불환도를 그렸을까?

순조 1년(1801년)이니 단원의 나이 56세 때로 노년에 해당한다. 이 그림은 자연의 원경과 사람의 모습을 디테일로 담아 대비시켜 전원의 여유로운 풍경을 나타낸 작품으로 종전의 배경을 과감히 생략하고 주제를 부각하는 단원의 후기 화풍과는 다른 스타일을 보여서 학자들은 단원 화풍의 변화라고 평가하기도 한다.

당시 조선 조정의 판도를 들여다 보면, 정조가 1800년 6월 28일 갑자기 승하하였고 세자가 순조로 즉위하였으나 정순왕후(1745~1805)가 수렴청정을 하게 되었다. 조정은 노론 벽파의 세상이 되었다. 이러한 때에 단원 김홍도는 길이 4m에 달하는 〈삼공불환도〉를 그렸다. 그런데 그 배경이 자못 흥미롭다.

1801년 12월 어린 순조 임금이 수두(水痘)에 걸렸으나 곧 병이 완쾌되었는데 대왕대비(정순왕후)는 이를 큰 경사로 여겨 약방 도제조 이병모, 제조 황승원, 부제조 남공철, 판돈령부사 박준원, 좌승지 박종보 등에게 안구마를 수여하거나 품계를 가자(加資)하고 의관에게는 상을 내렸다. 대왕대비로서는 수렴청정을 시작하는 시점에 어린 국왕이 병에 걸렸으니 노심초사하였을 것이다. 여하튼 왕의 쾌차에 조정은 안도하였고 온 나라가 경사를 축하하였다.

그런데, 홍의영이 쓴 삼공불환도 발문에는 "유후(留後)인 한공(韓公)이 계병(禊屛)을 만들어 요속(僚屬)들에게 나누어주었으니 대개 이전에 없었던 경사를 기억하고자 함이다."라는 대목이 나온다. 즉, 유후 한공은 삼공불환도를 단원에게 의뢰한 인물로 보인다.

그럼, 유후 한공이란 인물은 누구일까? 유후란 수도 한양을 지키는 근방인 개성부, 수원부, 강화부, 광주부의 경관직을 지칭하며 후대에는 유수(留守)라고 했다. 이 시기 유수의 벼슬을 한 한씨 성을 가진 자를 실록에서 찾아보면, 그는 한용귀(韓用龜, 1747~1828)임을 알 수 있다.

한용귀는 정조가 승하하고 순조가 즉위할 때는 형조판서의 직책에 있었으나, 다시, 예조판서, 이조판서를 거쳐 순조 1년(1801년) 9월에 수원부 유수로 임명되어 순조 2년(1802년) 2월 16일까지 동 직책을 수행하였다. 순조가 수두를 앓고 쾌차했을 시기에 그는 수원부 유수의 직책에 있었던 것이다. 그는 최종 관직이 영의정을 역임할 정도로 순조의 신임이 두터웠던 노론 벽파의 중심적 인물이었다.

그런데, 순조의 병환 쾌차라는 경사를 계기로 계병을 제작한 것이라고 본다면, 앞서 '신우치수도'나 '화훼영모도'는 이해가 가지만, 전원에서의 자연적 삶을 찬미한 삼공불환도를 제작한 것은 잘 이해가 되지 않을 수 있다.

왜 하필 삼공불환도였을까? 더욱이 작품을 의뢰한 자들은 삼공을 바라는 고관대작들인데 말이다. 주제를 의뢰자가 정했는지 단원이 알아서 정해서 그렸는지는 알 수 없다. 발문에 의하면, 각기 좋아하는 바를 취했다고 한 것으로 보아 단원이 세 종류의 그림을 그리고 그 가운데서 각각 취했다는 의미로 해석될 수 있는 대목이다.

삼공불환도는 길이 4m가 넘는 대작이고 이제껏 단원의 풍속화와 산수화에 등장했던 인물과 소재, 기법 등이 총동원된 인생 최대의 역작 중 하나로 평가된다. 그만큼 단원의 역량이 결집되고 완숙미가 돋보이는 명작이라는 뜻이다. 그렇다면, 의뢰자의 바람보다도 노년에 접어든 단원의 바람(希)과 소망(願)이 이 삼공불환도에 투영된 것은 아닐까 생각해 본다.

엄광((嚴光, BC,39~AD,41)

엄자릉이라고도 한다. 후한의 은둔지사(隱遁之士). 광무제 유수(劉秀)의 절친한 친구로, 유수가 군사를 일으켰을 때 그를 도왔다. 그러나 그가 황제에 즉위하자 이름을 바꾸고 부춘산에 은거했다.

김홍도(1745~1806)

자는 사능(士能), 호는 단원(檀園), 영조~순조 대 활동했던 도화서 화원이다. 29세 때 영조와 왕세자의 어진을 그렸고, 정조의 명으로 금강산 일대를 기행하고 명승지를 그려 바치기도 했다. 50세 이후에는 한국적 정취가 짙게 밴 실경산수화를 즐겨 그리면서 세련된 화풍을 이루었다.

홍의영(1750~1815)

호는 간재(艮齋), 영조~순조 대의 문신으로 1808년(순조 8년) 경기도 암행어사가 되고, 뒤에 북평사·교리 등을 역임하였다. 그 뒤 집안에 화란(禍亂)이 일어나자, 벼슬길에 나가는 것을 단념하고 서예에 정성을 기울여 행서와 초서에 뛰어났다. 여러 화사(畫師)들과 교유하여 좋은 그림에 제(題)를 쓴 것이 매우 많았다.

14

수복강녕의 삶,
곽분양행락도

군왕과 사대부, 서민에 이르기까지 롤모델로 삼았던 인물 곽자의
그는 무공으로 일세를 풍미하였으나 행복한 삶을 살아 복락의 아이콘이 되었다.
사람들은 그와 같은 삶을 염원해 그의 삶을 병풍으로 만들어 곁에 두었다.

어떤 인생을 살고 싶은가? 가장 희망하는 삶은 어떤 것인가? 묻는다면 사람마다 차이는 있을지라도 공통된 지향이 부귀영화와 무병장수가 아닐까 한다. 건강하게 오래 살고 또 출세하여 부귀와 영화를 누릴 수 있다면 이보다 더 나은 인생은 없을 것이다. 그런데 옛날 사람들 소망도 이와 같았다.

비록 젊은 날 갖은 고생을 하더라도 하늘의 비호 아래 온갖 어려움을 극복하고, 마지막에는 높은 벼슬, 풍족한 재산을 갖춘 삶, 게다가 슬하에 둔 수많은 자손의 번창함을 즐기고 오래도록 장수하는 삶이야말로 동아시아 사람들이 제일 바라던 바였다.

그런데 이런 삶을 살기가 쉽지 않다는 점이다. 누구나 바라지만 누구나 살 수 없는 부귀영화의 삶. 이럴 때는 그렇게 살았던 사람을 모델로 삼아 그런 삶을 추구하는 풍조가 생겨난다.

조선시대 궁중과 사대부가(家) 또 민간에 이르기까지 유행했던 그림이 있다. 19세기 이후에는 민중들까지 이 그림을 집안에 두고 그의 삶을 따라 살고 싶어 했다. 그 그림이 바로 〈곽분양행락도(郭汾陽行樂圖)〉이다.

곽분양행락도는 8폭 또는 10폭 병풍으로 만들어져 경사로운 행사의 배경으로 사용되었고, 방 안에 둘러서 그와 같은 삶을 살 수 있도록 염원하였다. 이른바 곽분양행락도는 복락(福樂)의 아이콘이었다.

그림은 고래 등 같은 집에 신선처럼 보이는 노인이 집 마루에 앉아 있고 주위에는 처첩과 자손들이 늘어서 있으며, 앞에서 무희가 춤을 추고 아이들은 즐겁게 놀고 있는 장면을 보여준다. 한눈에 봐도 경사스러운 날을 묘사한 것임을 알 수 있다. 그림에서 주요 키워드가 부귀영화, 장수, 자손 번성임을 한 눈에 읽을 수 있다.

그렇다면, 중앙에 앉아있는 노인의 정체가 궁금해진다. 누구길래 사람들이 희구하는 부귀영화, 장수, 다남(多男) 등을 완벽하게 갖춘 복락의 아이콘이 된 것일까? 놀랍게도 그는 전설상의 신선이 아닌 실존 인물이다. 복락의 끝판왕이라 할 수 있는 이 인물은 바로 당나라 때의 무장인 곽자의(郭子儀, 697~781)이다.

그는 구당서와 신당서의 열전에 모두 기록을 남긴 인물이다. 젊어서부터 무공에 뛰어났던 곽자의는 오로지 나라를 위한 충성심 하나로 숱한 고난을 극복하며 안사의 난에서 무공을 세워 당나라를 위기에서 구하였으며, 토번(티벳)을 평정하여 변방의 위험으로부터 나라를 안정시킨 공로로 당나라 황제로부터 분양군왕(汾陽郡

王)으로 봉해졌기에 곽분양(郭汾陽)이라고도 불리어졌다.

　곽자의는 이처럼 출장입상의 사회적 성취를 이루었을 뿐 아니라 슬하에 여덟 명의 아들과 일곱 명의 딸(사위), 수많은 친손과 외손을 두었으며 당나라 황실과도 사돈을 맺어 그의 외손 가운데서 황제가 나오기도 하였다. 만년의 곽자의는 분양왕의 신분으로 황실의 외척으로 화려한 집에서 행복하고 건강한 삶을 누렸다. 또한 슬하의 자손이 너무도 번창하였기에 자신에게 문안온 자손들이 누가 누구인지도 구별 못 할 정도여서 그저 문안 인사에 고개만 끄덕일 뿐이었다고 한다.

　흔히 곽자의가 거의 멸망할 단계의 당나라를 구해 당의 존립을 130년간 연장시켰다고 평가하는데, 보통 이러한 영웅적 인물은 주위의 시기와 질투, 모함으로 명대로 살기 어려운 경우가 많다. 그런데 그는 어떻게 부귀와 장수를 동시에 누릴 수 있었을까? 그 답이 신당서의 사관의 평에 들어있다.

　사신(史臣)은 곽자의의 일생을 '권력이 천하를 흔들어도 조정에서 미워하는 자가 없었고, 공이 세상을 덮어도 황제가 의심하지 않았으며, 욕심을 다 이룰 정도로 사치하였어도 나쁘다 논하는 자가 없었다.'라고 평하였다. 또한 신당서는 찬에서 '살아서는 부귀하고 장수하였으며, 죽어서는 애통함이 그지없었으니, 신하의 도리에 조금의 결함도 없었기 때문이다.'라고 하였다. 곽자의의 처세와 리더십이 남달랐다는 것을 말해준다.

　곽자의는 당나라 중기인 현종~덕종 시기의 인물로 우리나라의 통일신라 성덕왕~혜공왕 대에 해당한다. 성덕왕 대에 당과의 교류가 활발해지면서 당의 문물과 정보가 신라에 빠른 속도로 수용되고 전래되었는데, 아마, 곽자의 아니 곽분양에 관한 이야기나 설화도 이때쯤에는 신라에 전해졌을 것으로 추측되나 명확한 기록은 이보다 다소 시기가 늦은 최치원의 「계원필경」에 나온다.

고려시대 문인 이규보의 「동국이상국집」에도 곽자의는 충성스러운 국가의 동량이라는 이미지로 등장한다. 이런 인식은 조선시대에도 영향을 미쳐 조선왕조실록에 곽자의라는 이름이 40여 차례 등장하는데 주로 '문무를 겸비한 관리'에 대한 비유로 사용되었다. 특히, 임진왜란이 발발한 시기인 선조 대에는 곽자의에 대한 행적을 기록한 것이 11건이나 되어, 국난의 어려움 속에서 곽자의와 같은 명장을 소환하고 싶은 당시 사람들의 염원을 엿볼 수 있다.

곽자의의 이미지는 임진왜란 이후를 분기점으로 하여 점점 국난 극복의 무장이나 충신의 이미지에서 장수와 복락의 상징으로 전환되기 시작한 것 같다. 곽자의가 말년에 복락을 누리는 모습은 이미 중국에서도 그림으로 유행했고, 그것이 조선에 전해져 위로는 왕실에서부터 아래로는 일반백성에 이르기까지 가장 인기 있는 주제의 그림으로 자리 잡아갔는데 그것이 바로 〈곽분양행락도(郭汾陽行樂圖)〉이다.

그럼. 곽분양행락도는 언제 우리나라에 들어왔을까.

정확히 조선시대 어느 시기에 곽분양행락도가 들어와 유포되었는지 알 수 없으나 「열성어제(列聖御製)」에는 숙종(1661~1720)의 〈제곽분양행락도(題郭汾陽行樂圖)〉가 실려 있어 조선 왕실에서 이 그림을 감상하였고 국왕이 좋아해서 제를 달기까지 하였다.

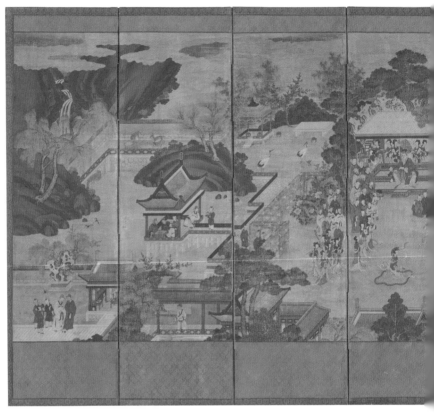

| 곽분양행락도, 8폭 병풍(조선시대), 국립고궁박물관 소장

1802년에는 순조의 가례를 위해 '곽분양행락도'가 다복과 무병장수, 자손의 번창을 축원하는 의례용 병풍으로 사용되기도 하였다. 이로써 보면, 적어도 숙종 무렵에는 그간 구국의 영웅 또는 충신의 이미지였던 곽자의가 길상과 복락을 상징하는 이미지로 탈바꿈한 것으로 생각된다.

곽분양행락도는 조선 후기 민간에도 널리 퍼져 민화에 등장한
다. 민화는 글자 그대로 민중들이 좋아하는 소재를 그림으로 그려
서 판매하는 형식이어서 작가의 이름보다 민중의 염원을 잘 파악
하여 그림의 주제로 삼는 것이 중요하다. 그 시대 민중의 욕구와 마
음을 잘 헤아릴 수 있는 방편이 민화이다. 곽분양행락도가 민화의

소재로 즐겨 사용되었다는 것은 민중의 염원 또한 수복강녕이라는 것을 말해준다. 양반들처럼 출세와 명예는 얻지 못할지라도 건강하게 오래 살고 많은 자손을 두어 집안이 번창하길 바라는 마음은 양반이나 서민이나 마찬가지라는 것이다.

이처럼, 곽분양행락도에서 묘사하고 있는 내용은 뛰어난 무장이나 우국 충신의 모습이 아니라 개인의 복락을 주제로 하고 있다. 군공보다 그의 복락의 이미지를 수연도(壽宴圖)로 표현한 것이다.

곽분양행락도는 연폭(連幅)으로 이루어진 병풍이다. 병풍은 가례나 혼례 등의 경사 시에 배경으로 둘러서 경축하는 분위기를 조성하거나 방 안의 벽면에 세워서 방을 치장하는 기능을 하는 실용품이다. 곽분양행락도는 방안의 병풍으로 두어 늘 가까이하고 눈으로 보면서 그 뜻을 새기고 곽분양과 같은 복락을 누리고 싶었던 서민들의 염원을 담은 부적과 같은 그림이다.

【참고문헌】

1부 달빛에 서린 전설은 천년을 가고

흰 우윳빛 피의 진실, 이차돈의 순교

• 삼국사기, 삼국유사, 해동고승전. 동문선.

• 립경주박물관, 『신라문자자료 II』(이차돈 순교비), 2019.

• 김영태, 「아도화상의 신구 비문에 대하여」, 『불교미술』16, 동국대학교 박물관, 2000.

천년의 미소, 마애불의 신비

• 김지은. 서산 용현리 마애여래삼존상 연구, 영남대학교 대학원 석사학위논문, 2014.

• 김성훈, 백제 태안마애삼존불상 도상 연구, 동국대학교 문화예술대학원 석사학위논문, 2010.

• 조동영, 마애불의 양식적 특성 연구, 동아대학교 교육대학원 석사학위논문, 2001.

남산 칠불암 가는 길

• 국립중앙박물관 소장, 일제강점기 조선총독부 박물관 유리건판 사진.

• 하정민, 「경주 남산 칠불암 불교조각과 석경편으로 본 통일신라의 불교신앙과 의례」, 『한국고대사탐구』 29, 한국고대사탐구학회, 2018.

• 서지민, 「경주 남산 칠불암 석주사면불상에 관한 연구」, 『불교미술사학』제25집, 불교미술사학회, 2018.

황룡사 목탑은 왜 9층으로 세웠을까?

• 삼국사기, 삼국유사, 고려사. 신증동국여지승람, 한국고대금석문(한국사데이터베이스).

• 국립경주문화유산연구소, 「유물로 본 신라 황룡사」, 『황룡사 출토 유물자료집』, 2013.

• 염중섭, 「眞興王의 皇龍寺 造成에 관한 불교적 의미의 재검토」, 『동아시아불교문화』30집, 동아시아불교문화학회, 2017.

삼국통일의 영주, 문무왕의 유언

• 삼국사기, 삼국유사, 문무왕릉비문(한국고대금석문, 한국사데이터베이스).

• 조범환, 「문무왕의 유조와 대왕암」, 『신라문화』59, 동국대학교 신라문화연구소, 2021.

• 이승혜, 「동해구 감은사의 기능과 의미 재고」, 『신라문화』59, 동국대학교 신라문화연구소, 2021.

정말 문두루 비법으로 당군을 물리쳤을까?

- 삼국사기, 삼국유사, 국립중앙박물관 소장 일제강점기 조선총독부 박물관 유리건판 사진.
- 김동하, 「경주 사천왕사지 발굴조사의 현황과 주요성과」, 『경주 사천왕사지 보존 정비와 활용』,
- 국립경주문화유산연구소, 2018.

신묘한 피리의 전설, 만파식적

- 삼국사기, 삼국유사. 해동잡록, 부사집.
- 일연학연구원, 『일연과 삼국유사』, 2007.
- 서근식, 「역학사상 입장에서 본 이견대의 의미 연구」, 『한국철학논집』제51집, 한국철학사연구회, 2016.

성령 선원가람 황복사지 불상의 모델

- 삼국사기, 삼국유사, 국립중앙박물관 소장 일제강점기 조선총독부 박물관 유리건판 사진.
- 황복사지 삼층석탑 금동사리함 명문(한국고대금석문, 한국사데이터베이스).
- 임세운, 「경주 구황동 삼층석탑 발견 금제여래좌상 연구」, 『미술사학연구』281, 한국미술사학회, 2014.

석굴암 천개석의 미스터리

- 삼국유사, 신증동국여지승람.
- 요네다 미요지(米田美代治), 「慶州石窟庵の造營計劃」, 『朝鮮上代建築の研究』, 秋田屋, 1944.
- 국립문화유산연구원, 『석굴암, 그 사진』, 2020.

불국사에는 왜 서로 다른 석탑이 서 있을까?

- 삼국유사(일연), 『佛國寺史蹟』(1708년, 繼天), 『佛國寺古今創記』(1740년, 東隱).
- 동국역경원, 『한글 대장경』(正法華經 外), 1994.
- 국립중앙박물관, 『불국사 석가탑 유물 중수문서(02)』, 2009.
- 염중섭(자현), 「多寶塔의 경전적인 건립시점 고찰 – 多寶塔과 法華思想의 의미구현을 중심으로」, 『韓國禪學』제29호, 2011.

김유신은 천관녀를 정말 사랑했을까?

- 삼국사기, 삼국유사, 신증동국여지승람, 파한집(이인로), 국역 동경잡기, 국역 성호전집.
- 국립경주문화유산연구소, 『경주 천관사지 발굴조사 보고서』, 2004.
- 한국사데이터베이스, 한국고대금석문(대태각명 석편).

얼굴무늬 수막새, 그 미소의 의미

- 삼국유사, 악학궤범(성현 등 저).
- 윤병렬,「수막새에 새겨진 선악의 철학 – 신라의 미소, 수막새를 통한 고찰」,『문화재』53집, 국립문화재연구소, 2020.

마음을 쉬고 도(道)를 즐길 만한 신령스러운 땅, 무장사지

- 삼국사기, 삼국유사, 신증동국여지승람, 완당 전집(김정희), 이계집(홍양호).
- 무장사지 아미타불 조상 사적비문(한국고대금석문, 한국사데이터베이스).

경주 포석정은 정말 향락의 장소였을까?

- 삼국사기(김부식), 삼국유사(일연), 신증동국여지승람, 고려사, 조선왕조실록(세종실록).
- 국립중앙박물관 소장 일제강점기 조선총독부 박물관 문서(경주 포석정 보존(수선)공사 준공서류).
- 국립경주문화유산연구소,『포석정 모형전시관 부지 시굴조사 보고서』, 2002.
- 박순교,「신라 경애왕의 포석정 유행과 죽음에 관한 시비」,『인문연구』78, 영남대학교 인문과학연구소. 2016.

2부 전설과 역사의 변주곡

무령왕릉의 비밀, 왕비의 은팔찌

- 삼국사기, 일본서기, 속일본기.
- 국립공주박물관,『무령왕릉 신보고서』Ⅳ (2018)·Ⅴ (2019)·Ⅵ(2020).

중국 황제의 연호로 이름을 지은 사찰, 대통사

- 삼국사기, 삼국유사.
- 충청남도역사문화연구원,『공주 반죽동 176번지 유적(공주 대통사지 추정지 3지역) 발굴조사』, 2021.
- 한얼문화재연구원,『공주 반죽동 197-4번지 유적 발굴조사보고서』, 2020.
- 노중국,「백제 성왕과 대통사(대통사지의 역사적 의미)」,『백제문화』60, 공주대학교 백제문화연구소, 2019.

백제의 익산 천도설, 왕궁리 유적의 미스터리

- 삼국사기, 삼국유사, 신증동국여지승람, 대동지지(김정호), 익산읍지.
- 익산시, 금마지(金馬志)(1756년, 남태보 편저), 2018.

• 국립부여문화유산연구소, 『익산 왕궁리 유적(발굴 20년 성과와 의의)』, 2009.
• 국립부여문화유산연구소, 『익산 왕궁리 유적 발굴조사 중간보고서』(1992, 1997, 2021)
• 송일기, 「京都 靑蓮院藏 觀世音應驗記 所收 百濟記事의 檢討 – 특히 '金剛波若經'의 別稱 問題를 중심으로」, 『서지학 연구』30, 서지학회, 2005.

전설과 역사의 변주곡, 서동과 선화공주 설화

• 삼국사기, 삼국유사.
• 국립문화유산연구원, 『익산 미륵사지 석탑 사리장엄』, 2014.
• 국립부여문화유산연구소, 『익산 쌍릉 대왕릉 출토 인골 종합학술연구보고서』, 2019.
• 문경현, 「백제 武王과 善花公主攷」, 『신라사학보』19, 신라사학회, 2010.

탑신에 새긴 망국의 설움, 부여 정림사지 5층 석탑

• 삼국사기, 삼국유사, 다산시선(정약용).
• 한국고대금석문(한국사 데이터베이스), 『대당평백제국비명』.
• 국립부여문화유산연구소, 『부여 정림사지 발굴조사보고서』, 2011.

백마강, 이름에 얽힌 슬픈 사연

• 삼국유사, 신증동국여지승람, 다산시선.

낙화암, 백제의 우수(憂愁)

• 삼국유사, 제왕운기, 고려사, 동문선, 신증동국여지승람.
• 송계만록(권응인), 가정집(이곡), 입암집(민제인).
• 부여고적보존회, 『백제구도부여고적명승안내기』, 1937.

고란사의 새벽 종소리

• 단릉유고(이윤영), 다산시선(정약용), 수북정집(김흥국).
• 손찬식, 「부여 팔경의 시적 형상」, 『어문연구』47집, 2005.

백제 의자왕이 일본에 전해준 선물

• 삼국사기, 일본서기.
• 국립문화유산연구원, 국제학술심포지엄 발표집 『정창원 소장 한반도 유물』(나이토 사카에, 신숙 발표), 2018.
• 강은영, 「백제·왜의 불교교류와 적칠관목주자(赤漆槻木厨子)」, 『역사학 연구』77, 호남사학회, 2020.
• 전해운, 「일본 쇼소인 소장 적칠관목주자와 그 내부 유물에 대한 연구」, 『조형디자인 연구』, 한국조

형디자인학회, 2014.

백제 의자왕은 왜 바둑판을 일본에 전했을까?

- 삼국사기, 일본서기.
- 국립문화유산연구원, 국제학술심포지엄 발표집『정창원 소장 한반도 유물』(나이토 사카에, 신숙 발표), 2018.
- 전해운,「일본 소소인 소장 적칠관목주자와 그 내부 유물에 대한 연구」,『조형디자인 연구』, 한국조 형디자인학회, 2014.

3부 그림자도 쉬어가는 식영정 마루에 앉아

정약용, 젊은 날의 초상

- 여유당전집(유세검정기), 다산시선(정약용).

운길산 수종사의 추억

- 여유당전집(유수종사기), 다산시선(정약용).

팔마비와 계일정

- 조선왕조실록, 식우집(김수온), 월사집(이정귀), 성호전집.
- 이두희,「김수온 식우집의 기문(記文)」,『호서문화』창간호, 유원대 호서문화연구소, 2013.

식영정, 그림자도 쉬어가는 마루에 앉아

- 조선왕조실록(명종실록), 기재잡기(박동량), 석천집(임억령), 장자.
- 임준성,「식영정에 비친 임억령의 삶과 현판」,『한국시가문화연구』47, 한국시가문화학회, 2021.
- 박연호,「식영정 원림의 공간 특성과 성산별곡」,『한국문학논총』40, 한국문학회, 2005.

주인 잃은 선비의 거문고, 탁영금

- 탁영집, 조선왕조실록.
- 탁영금 사진 (국립대구박물관)

이경석의 궤장과 수이강

- 조선왕조실록, 백헌집, 송자대전.
- 이경석 사궤장연회도첩과 궤장(경기도 박물관)

대재각, 지통재심 일모도원

• 조선왕조실록(효종실록), 백강집(白江集), 송자대전(宋子大全).

꿈을 꾸다 죽어간 늙은이, 매월당 김시습

• 조선왕조실록, 율곡전서(김시습전) 매월당집.

아름다운 군신 관계의 파라곤

• 조선왕조실록, 국조오례의,『하서선생전집』, 홍재전서(정조), 회재집.
• 인종대왕 묵죽도(국립광주박물관), 묵죽도 목판(장성 필암서원).
• 국립고궁박물관,『조선의 국가의례, 오례』, 2015.
• 김남이,「하서 김인후 상의 형성과 그 시대적 맥락」,『동양고전연구』제59권, 동양고전학회, 2015.

창덕궁 낙선재, 왕조의 쓸쓸한 뒤안길

• 조선왕조실록, 고종실록, 승정원일기.

서화가와 요릿집 사장이 합심하여

• 조선왕조실록(고종/순종실록), 대한매일신보, 매일신보, 황성신문.
• 주영하,「조선요리옥의 탄생 – 안순환과 명월관」,『동양학』제50집, 단국대 동양학연구소, 2011.
• 陳卜圭,「해강 김규진의 편액에 대한 고찰」, 경주대 대학원 문화재학과 석사학위논문, 1999.
• 金一斗,『名刹扁額巡歷』, 1979.

사대부들의 동창회, 독서당계회도

• 조선왕조실록, 속동문선, 견한잡록(심수경),「독서당선생안」(규장각 소장), 연려실기술, 국간집(호당기).
• 독서당계회도(국립고궁박물관).
• 이종묵,「윤현과 16세기 동호 독서당」,『한국문화』70권, 서울대 규장각한국학연구원, 2015.
• 서범종,「조선시대 사가독서제의 교육적 성격」,『한국교육학연구』9권, 안암교육학회, 2003.

어떤 삶이 행복할까, 삼공불환도

• 조선왕조실록(정조, 순조실록), 대전회통.
• 삼공불환도(삼성문화재단)
• 조지윤,「단원 김홍도 筆〈삼공불환도〉연구」,『미술사학연구』275.276, 한국미술사학회, 2012.

수복강녕의 삶, 곽분양행락도

- 계원필경, 고려사, 동국이상국집, 조선왕조실록, 열성어제, 경도잡지, 태평광기.
- 곽분양행락도(국립고궁박물관).
- 최진아, 「복락의 아이콘 郭子儀」, 『중국문화연구』제39집, 중국문화연구학회, 2018.

〈사진 협조 기관〉

- 국립중앙박물관(일제강점기 조선총독부 박물관 유리건판 사진)
- 국립중앙박물관, 국립경주박물관, 국립광주박물관, 국립대구박물관, 국립공주박물관, 국립고궁박물관
- 서울대학교 박물관, 경기도 박물관, 삼성문화재단
- 국가유산청 국가유산포털, 장성 필암서원, 일본 동대사 정창원

사유할수록 깊어지고
넓어지는 문화유산
안목

1판 1쇄 인쇄 | 2025년 1월 20일
1판 1쇄 발행 | 2025년 1월 25일

지은이 | 김종수
펴낸이 | 김경배
펴낸곳 | 시간여행
디자인 | 디자인[연:우]
등　록 | 제313-210-125호 (2010년 4월 28일)
주　소 | 경기도 고양시 덕양구 지도로 84, 5층 506호(토당동, 영빌딩)
전　화 | 070-4350-2269
이메일 | jisubala@hanmail.net

종　이 | 화인페이퍼
인　쇄 | 한영문화사

ISBN 979-11-90301-34-3　(03910)